与癌共舞

常约瑟 著

十二年

DIXIE W PUBLISHING CORPORATION U.S.A.

美国南方出版社

与癌共舞十二年 / 常约瑟 （Joseph Chang）著

责任编辑：夏　嫚
封面设计：黄歆真

Published by

Dixie W Publishing Corporation

Montgomery, Alabama, U.S.A.

http://www.dixiewpublishing.com

本书由美国南方出版社出版

▪ 版权所有　侵权必究 ▪

2020 年 9 月 DWPC 第一版

开本：229mm x 152mm

字数：221 千字

Library of Congress Control Number: 2020943188

美国国会图书馆编目号码：2020943188

ISBN-13: 978-1-68372-275-5

作者简介

常约瑟 （Joseph Chang）

一九五二年生于青岛。一九六八年初中毕业，毕业后去山东潍县插队落户。一九七一年考入潍坊市文工团，担任小提琴手，钢琴、手风琴演奏师。

一九七八年考入中央音乐学院钢琴系，成为改革开放后的第一批大学生。一九八〇年毕业于中央音乐学院钢琴系。

一九八〇年十二月赴美留学。一九八六年毕业于美国加利福尼亚州的拜欧拉大学（Biola University），主修财会企业管理。一九八六任职于美国农夫保险公司会计师。一九九五任职于苏黎世保险公司北美 IT 财会预算分析员、经理。

二〇〇八年被诊断出罹患末期肾癌。二〇一三年因癌症第三次扩散而离职，开始从事网络中文写作。相继在《新浪微博》《海外文轩》《博谈网》《华夏文摘》等新媒体上发表散文与纪实文学《青岛是个海》。并在《境界》杂志与《新浪微博》上开设《常约瑟专栏》。现定居南加州钻石吧 Diamond Bar，是《海外文轩》作家协会的终身会员。

我从前风闻有你，
现在亲眼看见你！

（伯 42：5）

I had only heard about you before,

but now I have seen you with my own eyes.

(Job 42:5)

目　录

序

刘　阳

常约瑟讲过两个笑话，我一直都记得。他说这么多年，身边的癌友已经走了好几轮了，只剩下他还在参加新药试验 —— 作"小白鼠"。因为药物有效率不达标，像他一样见效的人并不多。两年前，就连研发新药的公司都倒闭了，但他还活着。

我曾经对着四百多人复述这个只有他能讲的笑话，台下许多人两眼发亮，抬头看着我，露出惊喜的笑容。他说："经过那么多事情，我从试炼中增强了信心。"

另一个笑话是在二〇一八年，他抗癌十年的时候录了一段音频，发给《境界》的读者："刚开始得癌时，感觉自己快要死了，很抱怨，为什么是我得这个病？到现在，我想的是我怎么还不死？为什么我还活着？"他边笑、边说："关键是我们活着的时候，怎样才能有感谢和欢乐的声音从我们心中发出来？"

"必有感谢和欢乐的声音从其中发出"（耶 30: 19）是古代以色列，一个叫耶利米的诗人写的，记载在《圣经》里。

能讲出这两个笑话的人，主业是生病，副业才是写作。他在死亡面前娓娓道来，既不急促，也不勉强。他所写的，就是他所活的。

因此当我写下这几行字，我才忽然明白我在做什么。我正在为一个人的生命作序。这是一个邀请，邀请我用生命相合，没有推诿的可能。

或许第一次见面时，邀请就已经在我们都不知情的时候发出了，只是那时我们都还没准备好回应。可能我们彼此闻出了对方身上的什么味道吧，毕竟我人生所写的第一篇序言就是为前妻所作，她因癌症离世，靠着信仰的力量，让探望她的人反而被她安慰。

死亡是一个奥秘，被这奥秘触碰的人就获得一个机会，让生命因为接近永恒而透出温润的光。被触碰过的文字，里面不只堆积故事和语感，而是藏有宝贝。

从书中的文字，你可以看到作者是真的软弱，所以能真的信靠。并非勇敢、并不粗粝，甚至是敏感的、带着几分胆怯的，但却被带到最可怕、最粗暴的死亡面前。可奇怪的是从他的文字里，我们看到：好像恰恰在那一刻，他才真的活过来。

回想起我和妻子决定见常约瑟的那天，我们带着两个最没有耐心的乘客——一个两岁、一个半岁的婴儿，开车去洛杉矶的海滨参加一个会议。越走越觉得不对，正在担心孩子哭起来的时候，我看到路口 Diamond Bar 的牌子。我扭头对妻子沈颖说：原来 Diamond Bar 在这儿，够远的，不过这下认识路了，看来我们一定要去拜访常约瑟了，我记得他在文章中提到他家就在 Diamond Bar。

没成想常约瑟后来回信，说他正在我们住处附近的希望之城癌症中心治疗，那里成为我们第一次见面的地方。

那时我们再有想象力也不会想到，《境界》上，沈颖编辑发出唯一的一个专栏——《常约瑟专栏》会成为她自己极大的帮助。二〇一八年，她直接成为一位晚期癌症病人。这个巧合不过点明了一个事实，我们都是走在同一条路上的人。

当常约瑟的文章在新媒体平台上被点击、发送出去，他被使用"要释放那些一生因怕死而为奴仆的人"。（来 2:15）死亡作为奥秘，可以让人不致骄傲。因此，当他面对网络另一端几万、几十万、甚至几百万的读者履行这一荣耀的职事时，仍然葆有足够的真诚、足够的谦卑。

怀揣奥秘生活，就不再有偶然的相遇，也不再有作为终点的死亡。

第一部　与癌共舞

走出心中的坟墓

五年前正值我处于事业巅峰，与妻子儿女们过着其乐融融、温馨小康的日子时，没想到命运和我开了一个残忍无情的玩笑，我患上晚期肾癌。这对于我这个平时甚少去医院看病的人来讲，不啻是当头一棒、晴空霹雳、飞来横祸。

我被告知，在现代医学中我所患的晚期肾癌是个疑难的不治之症，平均存活率只有一年的时间。在短短的六个月里，我在死亡的幽谷里徘徊了两次，饱尝了两次大手术之极痛。我的世界仿佛从一座优雅、坚固的城堡坠落成一堆将被弃之的断壁残垣。

手术给我留下了一个千疮百孔、残山剩水的身躯。两次手术后，除了遗留下贯穿腹部的惨不忍睹的巨大伤痕外，我失去了左肾，因为长得如拳头那么大的原生癌长在左肾上；我失去了胰脏，因为在第一次手术切除了左肾后的三个月内，癌瘤急速地扩散到我的胰脏；我失去了十二指肠、一部分胃和脾，因为摘除胰脏的手术有如深入虎穴，需要"过五关、斩六将"，穿越肝、胃、十二指肠、脾等层层脏腑器官。

与死亡面对面的"生物人"

失去了这么多上帝创造的珍贵器官，我发现自己如同婴儿般无助，生活的每一天每一时刻都是一个未知的艰辛挑战。残留下来的胃异常的敏感，只要我稍微吃一点儿它不喜欢的食物，它就会"大闹天宫"，让我痛不欲生。失去了十二指肠，不管我咽下什么山珍海味，也无法把营养全部吸收进体内。

失去了人体内唯一的一个既是外分泌腺又是内分泌腺的胰脏，麻烦就更大了。失去了胰脏制造的外分泌液和消化酶，每顿饭前，我必须牢记要吞下一种叫 Creon 昂贵的消化酶药物，否则吃下肚子的任何食物都无法被消化掉；失去了胰脏内分泌腺制造的胰岛素，我的血糖就会上升到致命的极点，随时都会在死亡的幽谷徘徊。

为了能够把血糖控制在一个正常的范围内，在吃每顿饭之前，我必须往自己的身体内注射胰岛素。每天我必须至少五次，用尖针扎手指，以测验血糖的指数，然后根据测验后的结果，调节胰岛素的药量。我变成了一个"生物人"，每一时刻都要依赖药物维持我的生命。

最让我这"生物人"哀痛欲绝的是接到"死亡判决书"。虽然第二次手术成功地把毒瘤与胰脏切除，但手术后三个月的 CT 扫描显示肿瘤再现，并每三个月以倍增的速度繁衍，我被告知我的生命只剩下一年的时间了。在医生的建议下，我报名当了"白老鼠"，加入了当时还没有上市的一种标靶新药的临床试验。医生告诉我，如果运气好的话，这个标靶新药的临床试验也许可以把我的生命期限延长一年。

这是我一生坠落至最低谷的风雨晦暝的日子。如果说两次手术来得太快，没有让我有太多时间思想死亡就被糊里糊涂地推上了手术台，那么这次当"白老鼠"的经历就不可同日而语了。参加标靶新药临床试验的病人，每两个星期就要抽一次血，检验各种不同的指标。每三个月就要做一次 CT 扫描，观察标靶新药对肿瘤的治疗效果。每次去医院见医生听取检查结果都是一次魂飞魄散的经历，如同踏上一次通向死亡的旅途。

人固有一死，这个道理人人都知道，但轮到自己面对死亡时，并不是人人都能坦然地面对死亡。据说有人做过调研，百分之六十的癌症病人是被自己的癌症吓得抑郁而死的。

虽然无从查询这个调研的准确性，我想这个调研的结论有它的真实性。当我这"白老鼠"了解到：我的医生是用每三个月一个疗程的标靶新药临床试验作为他的计算单位来观察治疗效果时，我意识到死亡距我只是寸地尺天。我陷入了对死亡的恐惧、痛苦之中，血泪盈襟，魂断如残丝。

在我就医的肿瘤医院内有一个"社会部"，这个部门是为帮助病患者，处理一些行政上的事务而设立的。也许我的肿瘤主治医生把我当时精神低落到几乎崩溃的状况通知了这个部门，记得那一阵子，每次我去医院复查，一位在社会部工作的凯斯林女士总会出现在我的身边。

在凯斯林女士的一再游说下，我被她连拉带扯地拖进了一位心理医生的诊室。我被这位心理医生诊断患有忧郁症，她给我开了两种医治忧郁症的处方。

在从医院回家的路上，我发现自己站在一个十字路口上。我必须做出选择，要么依赖药物，控制我的忧郁症，要么祈求上帝，赐予我力量和平安。那是一个身、心、灵之间激烈厮杀的争战，最终我选择了后者。

人在绝望、无助之时才会更加依靠那创造天地万物的上帝。在这段艰难的日子里，我时常仰望穹苍，祈求上帝赐予我力量和平安。我时常阅读《圣经》，盼望圣经中神的话语变成活的泉水，医治我心灵的创伤。

解开惧怕死亡的捆绑

最终帮助我从晦暝的幽灵里解脱出来的是一个在《圣经》长卷中我意想不到的人。他既不是大名鼎鼎的十二位使徒之一，有着高谈雄辩才干的彼得，也不是写了十三封新约圣经书信的多产作家，在基督教历史长河中，被称为"最伟大的传教士"——保罗。

他是一个沉默的人，没有写过一本《圣经》里的书卷，甚至在《圣经》里找不到他讲的任何一句话。他是一个病患者，虽然《圣经》里没有清楚地记载他患的是什么病，我猜想他和我同病相怜，患上了类似癌症的不治之病。虽然这个身患重病的患者没有给后人留下只言片语，但凡是读过《圣经》的人都不会忘记他。

他就是死了四天之后，被耶稣从坟墓里呼唤死而复生的拉撒路。

病中重读《圣经》记载的拉撒路死而复生的故事，在我心灵中揭开了崭新的一页。对我来说，他不再是一位遥远的两千多年前的历史人物，他死而复生的神迹仿佛就发生在我的身边，用他默然的榜样带领我走出苟延残喘的幽谷，赋予我勇气，度过每一天无法预测的难关。

拉撒路的坟墓是个洞，用一块石头挡着。耶稣说："你们把石头挪开！"（约11：39）这短短的一句经文使我茅塞顿开，领悟出在晦暝的幽灵中徘徊的我与拉撒路钻进了同一个洞。

这洞是个黑暗的死穴，进去的人便陷入恐惧绝望中无法自拔。这洞里没有空气，人进去后便会窒息，没有了求生的欲望。这洞被一块巨石挡着，不把它挪开，洞里的拉撒路和我没有一线生机，只能束手待毙。

拉撒路与我都无法凭我们个人的力量挪开挡在洞口的巨石。他毕竟是一个已经气绝了四天的死人，他的尸首已经开始腐烂，散发着臭气。而我也是一个拿到了"死亡判决书"，被挥之不去的恶魔无情地吞噬的癌症四期病人。没有其他任何的选择，摆在我面前唯一的生路就是完完全全地依靠那至高无上、全能的神伸出祂怜悯的手，挪开挡在洞口的巨石。

在坟墓洞穴里的拉撒路"手脚裹着布，脸上包着手巾。"（约11：44）他是一具僵尸，一个被死亡紧紧捆绑住的躯壳。在"拉撒路出来！"（约 11：43）耶稣的一声呼叫下，他就从死亡中复活，身上的捆绑被解开，从坟墓洞穴里走了出来。拉撒路向我揭示了一个奥秘。

如果一个人学会了如何去面对死亡，就会知道如何去珍惜他人生旅途中每一天的宝贵时光，这是我的必修课。我开始懂得必须学会把自己完全地交托给神，坦然地面对死亡，平静地接受死亡，解开惧怕死亡的捆绑。这样我才可以从终日血泪盈襟、残丝断魂的逆境中走出来。

从惧怕死亡的捆绑中解脱出来，我如同婴儿似的开始了一个新生命。

我不再把每三个月的 CT 扫描检查报告视为"死亡判决书"，不管每次的报告是喜、还是忧，我都把它当作上帝给我这新生婴儿摆

设的 "满月酒"。相比世界上大多数没有太多时间与亲人告别就离开人世的肾癌、胰脏癌、晚期患病者，我就幸运多了，我享受到一般癌症患者得不到的 VIP 待遇。

由于我是标靶新药临床试验的"白老鼠"，每隔两个星期，我的血液就被送去两个实验室用来做各种分析、测检。每三个月我的身体就被 CT 扫描一次，肿瘤增长的任何细微变化都逃不出医生的眼睛。这是神给我的祝福，在我步入抗癌旅途终点之前，有珍贵的时间向亲人、友人们倾诉我对他们的爱。

我不再为自己成了"生物人"而自怨自艾，失去了肾，十二指肠和胰脏，让我每天都要面对不可预测的困境与挑战去维持我的生命。

每当残缺不全的胃"大闹天宫"，血糖超高或超低而引起腿脚发软，心脏压力加大，心跳急速加快，头晕眼花，我都会感慨、惊叹、赞美创造天地万物的神的大能，祂在人体内创造出这么多不可思议、无可代替的珍贵器官。我为过去自己在没有失去它们时那理所当然的心态而汗颜无地。

我不再徘徊在抑郁绝望的幽谷之中。死而复活的拉撒路从坟墓洞穴里走出来后究竟又活了多久，我无从考查。但我相信因为他经历了死亡，学会了去拥抱死亡，他活着的每一天都沉浸在上帝的荣耀之中。去数算他究竟又活了多久已经没有任何意义了，同样的道理也应该运用在我身上。

光阴荏苒，今年已经是我走在抗癌旅途上的第五个年头了。当初与我一起参加标靶新药临床试验的癌症患者大都撒手长逝了，但我还奇迹般地活着，成了试验室里硕果仅存的"稀有动物——小白老鼠"。

每个月走进医院复查时，我的肿瘤主治医生总是热情相见。握手言欢之间，他微笑的眼神好像在说："你还活着！" 他告诉我，在众多参加标靶新药临床试验的病人中，我名列百分之一的前茅，属于收到最好的疗效、活得最久的、极少数的幸运病人之一。

"我还活着！" 近年来，这句话竟成了我开口回应亲朋好友问候时的一句"口头禅"。熟悉我病情的人理解深藏在其中的含义，但有些不太了解我病情的友人听到这不寻常的开场白后会不知所措、窘默片刻，设法寻找合适的字句来继续我们的谈话。

躺在玫瑰岗的墓地，还是住在人的心中

在"与癌共舞"的五年里，远离了繁杂纷扰的工作，让我有机会与家人朝夕相处，体会蜗居家中的温暖。从相爱、到相守，这是我与内子共同牵手三十多个春秋里最情意笃深的岁月。

在后院的山坡上，我们一起浇灌生机盎然的花草，种植蔬菜，喂池塘里五颜六色的锦鲤鱼，听一对可爱的鹦鹉叽叽喳喳地唱歌，到鸡笼里拾几只母鸡刚下的捧在手里还热乎乎鸡蛋，与两只忠实可爱的狗儿嬉耍为伴。我珍惜这些与内子鹣鲽情深、相濡以沫的每时每刻，把每顿粗茶淡饭都视为上帝赐予我最后的晚餐。

我是一名幸运儿。在"与癌共舞"的五年里，我一直被家人的爱环绕着。事实上，在精神上遭受压力最大的并不是面临死亡的癌症患者，而是患病者周围最亲近的亲人，每天他们要承受即将失去亲人的痛苦是无法用言语表达的。

内子以她坚强的信心默然地陪伴着我，独自一人支撑着家庭的里里外外。三个孩子时常从他们大学繁重的学业中抽空回家看望我。在三个孩子面前，我从不回避谈论死亡。他们也从我每三个月一次延续生命的"生日"中逐渐地成长，学习如何去面对父亲无法预测的"生日"，如何不受情绪上的干扰，集中精力读好每一门选修的课程。

美国的大学毕业典礼可是一件盛事。毕业生的阖家大小、男女老少、亲朋好友都会踊跃参加，亲眼见证年轻人即将踏入社会这一人生重要的里程碑。下个月，我们的两个双胞胎儿子将从加州圣地亚哥大学毕业，而那时我却只能静静地躺在家中起居室的长沙发上闭目想象：他们将毕业帽抛向空中时群情沸腾的场面。

在我心目中，他们在毕业典礼上将要领取的不仅仅是一纸学士证书，他们将要领取的是一颗"往下扎根，向上结果"的种子。（赛37：31）这是一粒具有强大生命力的种子，这粒种子经历承受了磨炼，将无畏干旱、水涝，坚实地扎根于土壤，这粒种子将茁壮地发芽、生长、结出丰硕的生命之果。

我不是一个生性刚强、有泪不轻弹的铮铮铁汉。相反我从小个性比较敏感，待人处事有点多愁善感。这种个性在"与癌共舞"的五个春秋里，莫见乎隐，莫显乎微。实话实说，即使克服了对死亡的恐惧，我还会常常流泪。

每次送别看望我的三个孩子返回校园，止步于家门口，与他们拥抱道别时，我会流泪；当夜静人稀，在璀璨的星光下与妻子在后院并肩而坐，缠绵缱绻，我会流泪；清晨漫步于后院的山坡，沉浸在上帝创造的自然佳作——带着露水的粉红玫瑰，无名的野黄花，静静地覆盖在山坡上绽蕊满园的"爬地虎"，我会流泪；送别飞越太平洋、横跨北美大陆来看望我的亲朋好友，我会流泪；在《微博》的评论栏中，读到网友们在阅读我写的文章后动人的留言，我会流泪。

截然不同于自怨自艾，终日血泪盈襟，这是亲情感恩的泪水，这是洋溢着爱的泪水。在泪水中，我沐浴着上帝垂怜的恩泽；在泪水中，我的信心愈加坚强。

蜗居家中养病并不意味着生活在与世隔绝的世外桃源。我尝试享受着"施比受更有福"（徒20：35）的乐趣，做一些力所能及的小事，帮助周围需要帮助的人，将"春暖花开"留在他们的心间。随着我生命每三个月一次地延续，我不知不觉地当了业余的癌症咨询顾问。

不少新确诊的晚期癌症病人听闻我的病例后纷纷打电话来，询问我治疗的情况。在交谈中我听取他们的倾诉衷肠，安抚他们的痛心伤臆。我成了一个活见证，与他们分享我在抗癌旅途上经历的磨练，从恐惧死亡到接受拥抱死亡。学习如何完全地交托，每天都活在神的荣耀里。

在接受长期的标靶新药治疗的过程中，药物的副作用开始在体内反映出来，没法让我如健康人一样预先安排任何长期的计划和行程。这对于自小就酷爱音乐，经常为内子小提琴教室里的学生弹钢琴伴奏的我来说是一个新的课题与信心上的挑战。

每次看到内子写在她教学日历上学生们演奏或比赛的日程，对我来说都是一个不知能否跨越的里程碑。每次与这些可爱的孩子们登台表演都使我沉浸、陶醉在人生华美的最后乐章里。

与癌共舞——我不再惧怕死亡。虽然两个月前的CT扫描确诊，我身体里的癌细胞已经扩散到肺部，我平静地接受了这个现实。不去计算还剩多少时间走到人生旅途的终点。"一天的难处一天当就够了。"（太6：34）我心怀感恩，恬然自得地迈步于我的抗癌旅途上，尽情领略、欣赏路边风恬月朗的美景，力所能及地伸手，帮助路人，跨越荆棘寒途。

我不再把癌症视为飞来横祸，而是把它当作上帝赐给我的一个获得超绝非凡、崭新生命的阶梯。

前不久，在得知我的癌症扩散到肺部后，内子在与我一次促膝谈心中流露出她的一个心愿——她希望我们的三个孩子在我们撒手人寰之后会在他们的心里纪念着自己的父母，而不是在形式上去墓地祭拜我们。

内子的这番话让我想起十二年前，我曾经在南加州的"玫瑰岗墓园"买过两块墓地。玫瑰岗墓园——顾名思义，它坐落在南加州风景优美的玫瑰岗山上（Rose Hill）。墓地林茂叶繁，花草争芳吐艳。虽然从没有亲自去考查过，据说十二年前，我买的那两块墓地位于玫瑰岗山上的一处高地，居高临下，纵览群山翠色，风景这边独好。

近来内子在谈话中流露出她的心愿，让我开始重新思考这两块在我脑海里已经淡忘了的墓地。我真的需要长眠在这风景优美，纵览群山翠色的玫瑰岗山上吗？

想得到答案，我又重读了《圣经》里那段著名的耶稣使拉撒路从死里复活的记载。拉撒路从坟墓洞穴里走出来之后不久出席了逾越节前的一个宴席。在这宴席上他与耶稣同桌吃饭。

"有许多犹太人知道耶稣在那里，就来了，不但是为了耶稣的缘故，也是为了看从死里复活的拉撒路。"（约 12：9）拉撒路安静地坐在宾客盈门的宴席桌前，吃着自己的饭。"因有好些犹太人为了拉撒路的缘故，回去信了耶稣。"（约 12：11）

在基督教二千多年的历史中，从坟墓洞穴里走出来的拉撒路成为脍炙人口的一个见证。拉撒路出现在逾越节前的宴席上不用开口讲话，不费一句口舌就使得宴会上众多疑心重重的犹太人心服口服地信了耶稣。至于后来拉撒路死后葬在哪儿，《圣经》里没有提起，我也无从盘根问底。

但不容置疑的是二千多年来，拉撒路一直活在人们心里。他给人类的精神世界留下了一个无法估价的宝藏。他带给人们希望、信心和平安，特别是像我这种身处逆境，身患末期癌症的病人，他带领我从惧怕死亡的幽谷里走出来。他帮助我重拾、坚固了我的信心。

重读《圣经》里这段有关拉撒路的记载，我得到了答案。二千多年来受益于拉撒路奇妙见证的人们，包括我这个癌症末期患者，从未到拉撒路的墓前去祭拜、追悼他。人们甚至大都不晓得他究竟被埋在哪儿，但他永远活在人们的心里。

这不正是内子的心愿吗？下个月孩子们回家团聚时，我计划开一个家庭会议。我将在这个家庭会上提议：把在玫瑰岗山上的那两块墓地卖掉，让三个孩子决定将卖出后收回的钱捐献给需要帮助的人。至于我们的骨灰如何安葬，将在会议上商讨一个更加有意义的方式。

这举动听起来似乎不合情理，一个即将走到人生尽头的人和他的家人竟要卖掉为他长眠而准备的纵览群山翠色的墓地。但我相信当我撒手人寰时，我会站在比玫瑰岗更高、更美的天上向他们挥手遥望，给他们献上父亲的祝福。这样去做，他们一定会在心里纪念他们的父亲，也了却了内子的心愿。

写于二〇一三年，五月六日

人生末尾的"三月狂"

记得刚来美国读大学时，我对美国人的"三月狂"（March Madness）大惑不解。

每年的三月，在美国全国大学篮球比赛中胜出的前十六名校队之间，要进行最后的淘汰赛，从而选出前八强、前四强，捉对厮杀到最后的冠亚军争夺赛。在这期间，全美各主流媒体——电视、报纸、杂志、网络，争先恐后地大肆追踪报道比赛的状况和战果。人们工作之余的热门话题之一就是群情激昂地探讨、预测各自心中偏爱校队的输赢。"三月狂"（March Madness）这词由此而来。

为什么这些初出茅庐、不具盛名、还没成大器的年轻大学生的篮球赛可以吸引这么多的关注，其在媒体曝光的热度甚至比美国职业篮球赛（NBA）的报道有过之而无不及？

我在大学的一位室友解答了缠绕在我心中的迷惑。他说"三月狂"的原因是基于美国人着迷于大学生篮球赛神秘莫测的结局。不同于美国职业篮球赛 NBA，没有人可以准确地预测大学生篮球赛的输赢。在每年的"三月狂"期间，总是有些看起来不起眼的校队，初生牛犊不怕虎的年轻球员，跌跌撞撞地大破冷门，闯入前四强或冠亚军决赛。引起"三月狂"的基因就是在这些年轻人身上所蕴藏的令人神往、着迷，无法预测的未知数。

在我们每一个人的一生中，大都会有过类似"三月狂"那种让我们梦寐以求地去探索、追求、为之奋斗的未知数的经历。上小学时，我们天真地憧憬着长大以后将去做那些距我们那么遥远、渺茫、未知的伟大事业；上中学时，我们进入了青涩懵懂的少年青春期，在我们为了进入理想的大学而努力装备自己的同时，有时也会体验人生中第一次一见钟情的惊艳，沉浸在美丽而又虚幻的梦境中，把自己心中的第一朵未知能否绽放的花蕊深藏在心底；上大学时，我们饥渴地吞食着教授、讲师们传授的知识，探索追求青春的理想，为即将踏入那未知的社会与工作做最后的冲刺。

人的一生是充满了未知数的一生，正是这些未知数在我们心中激发起类似"三月狂"的那种热情和动力，驱使我们在平凡的一生中做一些不平凡的事情，把我们爱的情愫传递给身边的家人，传递给我们所居住的村镇、社区、城市，传递给我们所工作的公司、学校，甚至于造福于五湖四海与我们素不相识的人们。如果没有了未知数，失去了"三月狂"的精神，每天就会习惯于庸庸碌碌、没有理想的生活。我们的生命就会变得了无生气，枯桦朽株。

五月初的第一个星期，我把自己用中文写的几篇处女作贴到了《新浪微博》的杂谈吧上。起初心里并没有奢望会有多少人来读它们，但随着每一个清晨，当我习惯性地打开 iPad，看到点读的人次奇异地持续上升时，我开始对有多少人点读我的文章好奇起来。正如"三月狂"的基因是出于人们着迷于大学生篮球赛不可预知的未知数，我也逐渐地着迷于在《微博》上点读我文章的未知的人数了。区区一介身患末期癌症的草民借助《新浪微博》的传媒威力，竟然也可以在步入人生尽头时奇异地与网友们相遇十六万次。虽然写文章的人和阅读文章的人燕南雁北，远隔千万里，但却借着文字在灵里相交，相互勉励，探寻真理，共度人间沧桑，这真是让我难以置信的奇迹。

然而在我兴奋地浸淫于五月天的同时也接到了病情恶化的坏消息。五月的 CT 扫描屏幕上清晰地显示出原生肾癌肿瘤，除了在我的体内无情地蔓延到左肺下叶之外，又静悄悄地侵入了我的左肾上腺的内分泌腺体。另外我的甲状腺右叶也有异样的变化。（注释 1）也许是五月天带给我和内子对未知数所持有的动力和热情，也许是过去五年"与癌共舞"的历程中已经学到了如何去拥抱死亡的必修课，我和内子平静地接收了病情恶化的坏消息。

在从医院回家的路上，我们没有惊恐，我们没有惧怕，我们没有哭泣。我们没有让病情恶化的坏消息，扰乱我们的生活。"你的日子如何，你的力量也必如何。"（申 33：25）生活在今天不知道明天如何的日子里，我们更珍惜上帝赐予我们五月天里每一刻珍贵的时光，尽情地去享受、探索每天生活中的未知数带给我们的惊喜与祝福。

五月天里，我们一起参加了女儿在南加州大学获得硕士学位的毕业典礼。让原本计划孤身躺在病床上的我意外地与内子一起见证了女儿完成学业的盛况。

五月天里，我们见证了即使像我这样一个身患末期癌症，距死神近在咫尺的病患者，还是可以在最后的人生旅途中，在平琐碎的生活中，用碎石堆砌出不平凡的城垒。其间我为内子小提琴琴室的学生们伴奏了一场莫扎特小提琴奏名曲专场演奏会。在练习的过程中，莫扎特优美、简朴的旋律袅袅萦绕于家中的每一个角落，带来一股清绝脱俗、纯朴自然的气息。同时我还毛遂自荐，义务辅导学生们练习他们参加在南加州举行的三个小提琴比赛的曲目。

一时间五月天的家里热闹非凡，学生们纷至沓来，家中的空气中回响着法国作曲家圣桑的那略含忧郁，但富有活力，跌宕起伏又浪漫感人的《引子与回旋随想曲》的旋律；弥漫着拉罗作曲的那极具浓郁的西班牙风格，色彩瑰丽的《西班牙交响曲》散发出的迷人情调。也许这些年轻的孩子们体会了老师对他们的一片爱心，在五月天里，他们认真努力地练习，最终在蜂附云集南加州年轻小提琴高手的三个不同比赛中分别夺魁而出，荣获了三个第一名。

五月天里，在北美一家华文杂志征文比赛中，我写的《与癌共舞》一文获得了我一生中第一个"特优佳作奖"。阅读我贴在《新浪微博杂谈吧》上的读者遍布大陆的大江南北，香港、台湾、日本、加拿大、美国。在大西北黄土高原丝绸之路上，一所学校的毕业典礼中，校长向全体毕业生宣读了我写的一篇文章，以此对即将踏入社会、服务大众的毕业生们做最后一次的勉励，激发这些年轻人对生命的热爱、对真理的追求、对人生中未知数挑战的信心。

五月天里，读者们在《新浪微博》上留下了许多触动心弦的肺腑之言。一位年仅十九岁的癌症患者的妈妈这样写道："谢谢你，你的文章是至今为止我所读到文章中最美、最真实、最感同身受的文章，作者与癌共舞的心路历程和积极乐观的心态令人敬佩！我相信：只有活在主里的人才能做到如此的坦然，也只有活在主里的人，才能得到如此的恩典！"虽然我与这位十九岁癌友的妈妈素不相识，但从她的字里行间，我可以感受到她所承受的痛苦。我们在五月天里，同呼吸，共患难。我们感同身受到死亡的威胁，生命的未知，我们也感同身受到生命的宝贵和美丽。我们一同坦然地面对人生的逆境，我们一同活在上帝的恩典之中。

五月天里，《圣经》里有一节诗意盎然、对生命感悟颇深的经文，使我领悟到人生没有结束，只有开始。"你要将天地卷起来，像一件外衣，天地就都改变了。惟有你永不改变，你的年数没有穷尽。"（来 1：12）也许你在世的时间只剩下一年、几个月、几个星期，但你若铭记这节寓意深刻的经文，挟持着"三月狂"的热情和动力，你就可以在有限的生命中把无限的爱传递给你的家人朋友。你就可以让优美欢乐的音乐袅袅绕梁于家中的每一个角落，把愁潘病沉的家变成一个温情浓郁、悠然自得的欢乐窝。你可以继续探索、挖掘蕴藏在你身上的未知数，用上帝赐予你独特的恩赐去造福他人。

注释：

1）这个甲状腺右叶异样变化在两年后证实为恶性肿瘤，于二○一五年，羊年大年初一做了切除手术。

写于二○一三年，六月二十四日

一个生日，两个五年

今天是我的生日。昨天公司一个好友问我：打算如何庆祝生日？我告诉她：我要去医院输液，因为今天是治疗我的末期肾癌——每周一次标靶新药临床试验的日子，我要在医院里过生日了。

我出生的这个日子并没有什么特别，但与之相关的两个"五年"却是我生命中最为重要和离奇的时光。

六十一年前的我，安胎于母亲的肚子里才几个月，就随同年轻的母亲住进了戒备森严、令人毛骨悚然的青岛李村监狱。这个李村监狱是清朝德国人占据青岛时为关押中国犯人而建。因监狱里没有医疗设备，我出生的这一天，母亲被"人道"地送回家里产下我，之后又被押回李村监狱服刑。

六十一年前的今天，我呱呱落地于这个世界。在生命中的头五年，我没有机会吸吮母亲的奶水，而是由教会里好心的姊妹抚养。直到五年后母亲出狱，我才重新回到她的怀抱。

是什么原因造成这一人间悲剧，让一个年轻的母亲被迫与自己的亲生骨肉分离，在阴森的牢房里饱尝精神与肉体的折磨长达五年之久？在那风起云涌，共和国阶级斗争此起彼伏的岁月里，母亲至死也没有亲口给我做任何的解释。

母亲于二十五年前去世，身为海外游子的我，开始对这段神秘的悲惨遭遇四处查访，经过一番周折后，终于揭开了这个令人错愕的生日之谜。

五十年代初期，母亲除了生儿育女、相夫教子之外，还在青岛广饶路（现改为登州路）的一个小基督教堂讲道。一个主日，教会的一位长老把一个陌生的年轻人带到刚讲完道的母亲面前。这年轻人声称自己是青岛海军学校的学生，需要三十元人民币买火车票，探望远在四川年老多病的妈妈。心地善良的母亲不觉有疑，当即捐献了三十元人民币给这位从不相识的年轻人。

根据当时青岛人民法院对母亲的宣判，这位年轻人实际上是被国民党抓壮丁来到当时的青岛海军学校的。一九四九年解放军进驻青岛后接管了这所国军的军校，但这个被国军当壮丁抓来的年轻人经不住思乡之情的折磨，起了弃军回乡的念头。天真的年轻人万万没料到，自己这一轻率的举动不仅犯下了当逃兵的"滔天大罪"，还连累了好心给他捐献路费的母亲。

就这样，母亲为了给一个陌生人捐献区区三十元人民币（折合现在大约五美元），被青岛人民法院以"瓦解中国人民海军"的罪名判了五年的徒刑。而在母亲肚子里的我也在这阴森悚然的青岛李村监狱度过了十月怀胎中的大部分时光。

母亲捐献五美元，饱受五年牢狱之苦；母亲胎中的我，伴随母亲入狱，出世后五年才重返母亲的怀抱，在那"红色恐怖"的岁月里，如此荒诞的"今古奇观"不知发生过多少……

真巧，五年前的今天正是我第一次做肾癌手术后出院的那天，也是手术后的"第一个生日"。从此我把这一天当作我第二次出生的生日，我又开始了一个新的生命。至今这新生命已经度过了五个春秋。

最初，医生在手术中快刀斩乱麻，把如拳头那么大的毒瘤及左肾一并摘除掉。不料命途多舛，手术后仅四个月，癌瘤迅速蔓延、扩散、侵入到体内最重要的器官之一——我的胰脏。当为我手术的主治医生——UCLA 医院的泌尿科主任史密斯医生告诉我癌症扩散到胰脏的噩耗时，我潸然落泪，哀思如潮。

一经确诊为胰脏癌晚期的绝大多数癌症病人便知道木已成舟，只得束手待毙。百分之九十以上的病人在一年之内死亡，其中只有百分之十到百分之二十五的病人是被医生考虑手术治疗的幸运儿，但开刀手术的治愈率很低。在我步砌走向死亡之际，上帝伸出了祂的垂怜之手。在南加州"希望之城"医院，一位著名的外科手术医生——艾伦赫尔医生同意为我做手术。艾伦赫尔医生直率地告诉我，由于胰脏深藏于人体左上腹部的后腹腔内，做外科手术摘除它难度很高，在他外科手术生涯诸多病历中，他也只做过八九次这种胰脏恶性肿瘤切除手术。虽然没有百分之百的把握，他仍愿意亲自竭智尽力地为我操刀。

这是一个难度极大、危险极高的手术。在长达六个小时的手术中，艾伦赫尔医生展现了他极高的医术和丰富的临床经验。胰脏是一个体积微小，长约十二公分，厚约二点五公分的长形扁平腺体。它的重量只有八十克。由于它位于左上腹部的后腹腔内，摘除胰脏的手术有如深入虎穴，需要"过五关、斩六将"——穿越肝、胃、十二指肠、脾等层层脏腑器官。直白地说：艾伦赫尔医生要把我肚子里的五脏六腑都掏空，才可以深入到腹腔后部的位置，着手切除胰脏。

就这样，在第一次手术后的第六个月的一个清晨，我又一次被赤裸裸地推上了冰冷悚然的手术台。当麻醉师向我体内注射麻醉液时，我不禁含泪默然长叹：婴儿时我赤身露体，呱呱落地到这个世界；在经历了一场尘世间短暂的坎坷沧桑后，现在又赤裸裸地徘徊于死亡的幽谷之中。

麻醉液缓慢地流进我的血脉，在我陷入昏迷的弥留之际，一句悲壮的圣经经文油然在脑海里浮现："我父啊，倘若可行，求你叫这杯离开我，然而，不要照我的意思，只要照你的意思。"（太26：39）

朦胧中感到自己的大脑恢复了意识。在手术室加护病房里，我从全身麻醉的昏睡中苏醒过来。首先依稀映入眼帘的是两个仿佛穿着红衣的天使的身影。模糊的影子渐冉至清晰，我看到穿着红色外衣的内子和三姐天使般的微笑。在她们的背后挂在病房墙上的时钟向我无声地提示：六个小时过去了。我的第六感觉即刻告诉我，垂怜的上帝之手没有把"杯"取走。我还活着，手术成功了！

六十一年前的今天，蒙冤入狱的母亲生育了我，我们母子经受了五年的分离之苦。五年前的今天，上帝把我从死亡幽谷中带领出来，赐给我第二次生命，把医生原本宣判的最长生存一年的时间延长至今。经历过人生跌宕起伏的我笃信不疑——启示无处不在，而这个日子绝非巧合。

五年过去了，大部分与我一同参加标靶临床试验的肾癌病友都撒手人间。在医生的眼里，我成了极少数的几个幸存的"稀有动物"之一。我的病案成了医生临床试验报告中的"今古奇观"。

今天上午，在医院接受肾癌临床新药试验输液时想起昨晚与公司友人的谈话，我要怎样庆祝这个让我获得两次生命的日子呢？一股强烈的写作欲望油然而生。于是我在医院里一气呵成写下了这篇庆生的文章。一方面纪念我慈爱的母亲，以及与她一同生活在那荒诞的岁月里，因信仰而饱受残害逼迫的老一辈神忠心的仆人们。另一方面数算上帝在我身上的奇妙恩典，勉励自己珍惜神赐给我在这世界上的每一天，力所能及地把神的爱传递给周围需要帮助的人，将信心与希望的种子撒向他们的心田。

写于二〇一三年，　七月二十四日

我的"提前量"与最后"六件事"

高难度的工作

感恩节又快到了。岁月如梭，这将是自我在二〇〇八年六月被诊断出罹患末期肾癌后的第六个感恩节。六年前被医生正式通告只有一年存活期的我，做梦也没有奢望过自己竟然会乘坐在通往生死边界的列车上颠簸了六个春秋。

最近又听闻两位癌友匆然而去，他们二人从确诊罹患癌症到最后离世的时间都仅仅不到半年。他们的骤然离世让我更清晰地听到我所乘坐的列车车轮隆隆的滚动之声——那么逼真，那么逼近。

感谢上帝赐予我手中的一支笔，让我在将要迎来的第六个感恩节之际写下一些琐碎的人生经历和它们带给我的点点思考。既是对过去岁月的回顾和反思，也是对我此刻的安慰与勉励。这一切还得先从我的职业说起……

我就职的苏黎世保险公司是一家享有盛名的国际保险业巨头。（Zurich Insurance Group Ltd）公司的总部设在苏黎世，分公司遍及世界一百七十个国家和地区，在北京也设有一个分公司，在全世界雇用的员工高达六万人之多。公司的股票市场价值三百四十亿美元，公司的年盈利四十亿美元。

我工作的部门是属于苏黎世保险公司在北美的一家子公司的 IT 财务部。我的具体工作之一是负责 IT 数亿美元的年度预算。这是一个难度极大，挑战性极强的工作。一个公司经营的成功或失败往往与编写年度预算计划有着密切的关系。在年度预算中把公司的收入与支出算得过高或过低都会给公司下一年度的运转造成不可弥补的损失。

因为 IT 是个日新月异、新陈代谢周期很短的科技行业，许多现行的 IT 硬件或软件也许在一年之后就被新生的科技所取代，这给我们这些负责编写预算的财务分析师造成了极大的困扰，我们无法猜测到在今后的十八个月中会发生哪些新一代科技取代现行的 IT 系统，从而精确地计算出由此而产生的相应的预算数字。

这是个看起来费力不讨好的工作。每年夏天，从六月份开始，我们要加班加点忙忙碌碌地工作三个多月，编写出下一年度的公司预算计划。如果明年的实际开销大大低于我们编写的预算数字，我们财务部的工作人员就会被认为是一群才疏技拙的蠢材，不具有料远若近的预算才能；如果明年的实际开销超出了预算，麻烦就更大了。这是一个任何行家不敢触及的红线，因为它会直接影响到公司的年度盈利、股票红利、公司信用评级。

即使我们完成了一部近乎完美、毫无瑕疵的数亿美元的庞大 IT 年度预算，总财务长也会在来年向我们提出新的挑战，要求我们展现出 "继续革命" 的首创精神，主动采取措施——精兵简政、削减开支，从既定的预算计划中再为公司节省出几百万美元来。

可以想见，我们这些在 IT 财务部工作的财务分析师与我们的主管每年都要承受多么大的压力去完成工作。在我担任 IT 财务分析师的前九年工作中，竟然有十一个人轮番上阵担任我的部门主管。

尽管他们过去都有过深厚的工作经验和辉煌的资历，但都无法应付公司总财务长与 IT CIO 所设立的高标准和期待。他们不是引咎自责、封金挂印、就是被炒了鱿鱼，或者不堪工作重荷而另择它职，前后纷纷"败下阵"来。九年期间，十一位主管的平均任期连一年都不满。

记得有一位 IT 财务主管叫埃尔，从他的履历表上看，他的阅历极为丰富，属于美国财务界的精英分子之一。他毕业于名牌大学，曾经任职于全美顶尖一百名公司的财务主管，是美国六大会计公司的高级会计师。他在我们主管的宝座上还没有做满一年就被辞退了，临走前我请他吃了一顿午饭。吃饭期间，我好奇地询问他的感受，想从他口里了解一下我们公司的工作环境和难度，以及公司文化与其他大公司有什么不同之处。他苦笑着地对我讲，这是他走南闯北，在江湖里拼打多年中难度最大、工作环境最错综复杂的一份工作。甚至在接到被辞退的红头文件时，他还搞不清楚自己到底是犯了什么大错误才被炒鱿鱼的。

频繁的临阵走马换将，出陈易新的 IT 新科技，永无休止的削减开支，错综复杂的人际关系……多年来，在这变幻莫测、风起云涌的工作环境中，我逐渐地学习到如何未雨绸缪、防患未然，以兵来将挡、水来土掩的成熟心智去处理每一个突如其来的挑战与变化，把危机化为转机。

"万能的提前量"

在这种不可预见、变幻莫测的环境中工作使我逐渐养成了料远若近的思维习惯，让我持有一股人们生活中没有的"提前量"。

每当评估任何一个新的 IT 投资项目时，我总要提前与同事们做一个投资盈利分析，预算未来五年内的投资效益，确保这些新的 IT 投资项目不会血本无归后，才把正式的投资项目上报 IT CIO 和公司总财务长审批。

在实施已被批准的年度预算或投资项目时，我总是密切地与 IT 各部门的主管及投资项目负责人合作，核实每一项预算的必要性与合理性，即使这些预算已经事先通过了层层部门的专家与上级部门的批准。在这核实的过程中，我常常可以嗅觉出一些潜伏的变化，从而提前重新预测年度的支出与投资的资金数字。

这个"提前量"成了我的一件秘密武器、制胜法宝。如果总财务长突然临时传下"军令"，要求 IT 从已经批准的年度预算中缩减几百万美元的开支来添补公司的收入，我的"提前量"可以帮助我，迅速地从早已提前做好的新的年度预测中可以节省的各项开支报告，送给我的顶头上司 CIO，疏解他的烦愁、减轻他肩头上的压力；如果 IT 急需引进一项没有事先计划在内的新项目，我的"提前量"可以帮我把从众多项目中节省出来的资金投进这类临时增加的项目中，借此为总财务长与 CIO 排难解危。

我的"提前量"让我成了 IT 部门的"当红人物"。因为我经常可以解决 IT 各部门主管负责人的燃眉之急。有一年，他们甚至提名让我荣获全公司的年度"优秀员工"奖——一种类似"劳动模范"的最高荣誉。在那年头里，我经常接到许多人力资源猎头公司打来的电话，探试我是否有意跳槽到别的公司工作。每次我去 IT CIO 那豪华宽敞的办公室开会，他的开场白总是一句幽默的玩笑话："Dr. Chang, what do you have for me?" 意思是"常博士，有何高见？" 言外之意：我的"提前量"为我在 CIO 的心里挣得了一个"荣誉博士"的地位。

然而十余年来，"提前量"——这个让我得以在变化万端、错综复杂的 IT 沙场上驰骋纵横、毫发无损的常胜武器，在我与癌共舞的五年当中竟然失去了它的灵气，一点儿也派不上用场了。

我无法用"提前量"去预测我体内的肿瘤在三个月内会增长多快，因为按照现代医学所统计的规律，我身上的肿瘤应该以每三个月倍增的速度增长，早在四年前，我就该沦落到不可救药的地步了。

我无法用"提前量"去预测我在这世界上还能够活多久，因为五年前，医生就坦率地告诉我，我的剩余时间只有一两年了。

我无法用"提前量"去预测我目前服用的标靶临床试验新药是否真有疗效，因为这药是一个新发明，我的肿瘤医生 Dr. Pal 是唯一被研发这个新药的公司授权临床试验这个新药的医生。医学界对这个新药仅限于理论上的认知。要想评估它应用在肾癌病人身上的疗效，还需从我们这些第一次参加临床试验的病人的资料中搜集数据。

希望与绝望

我就诊的医院是位于南加州的一家肿瘤专科医院——"希望之城"（City of Hope）。顾名思义，医院的宗旨是在提供治疗的过程中点燃癌症病患者的希望和抗癌的信心。每次去"希望之城"医院就诊，都会见到众多不同年龄、不同种族的癌症病患者。其中有坐着轮椅，或步履蹒跚的老年人；也有正当壮年，外表看似身强力壮的中年人；最令人心疼的是见到那些天真可爱的孩子们。如果我尝试用我的"提前量"去看这些人，我会看不到希望，我仿佛不是走在一座希望之城里，而是恍惚地穿梭在一群距死神近在咫尺的幽灵之中。

一个人若失去了希望，取而代之的便是绝望了。八月底的一天，我例行打开电脑，阅读每日新闻，一条英国广播公司 BBC 商业版的头条新闻震惊了我——我服务过多年的大老板，现任职于苏黎世保险公司的 CFO 总财务长皮尔先生 Pierre Wauthier 自杀身亡了。

皮尔先生之死震惊了公司的每一个员工，由于他身居要职十多年，是一位在公司内人人皆知的大人物。不可置信！惊恐、伤心、怀念、悲哀。几天来，公司的主管和员工们被这突如其来的噩耗吞噬了。总公司为了安抚员工的情绪，甚至破例给每人发了一封内部慰问信，信中提供了免费的心理医生的电话号码，央求因听到此噩耗而心灵破碎，需要得到心理疗伤的员工们主动打电话去寻求专业的心理医生的治疗。

也许是为了保护隐私权，BBC 的新闻报道并没有详细讲述皮尔先生自杀的原因，只简短地报道了总公司主席约瑟夫•爱克曼 Josef Ackermann 因皮尔之死而引咎责躬，辞去了统领公司一把手的要职。在总公司发给每一位员工的内部文件中也避而不谈皮尔先生的死因，也许最终世人都不会得知皮尔先生自杀的真正原因。

俗话说同病相怜。作为一个癌症四期的病患者，我或许比一般人更能体谅理解皮尔先生遭受的痛苦折磨。据我所知：几年前医生在他的脑子里发现了肿瘤，做了切除手术。手术后他在家休养了一段时间后又回公司上班了。虽然我不了解皮尔先生的具体病情，却可以想象出他一定是经历了与我相似的煎熬，实在是无法承受精神和肉体上生不如死的折磨了。

尽管皮尔总财务长的职位在万人之上，像我这类小人物很少有机会直接与他接触，但是我们的职业使我们持有一个共同点——我们都具有同一种"提前量"。不幸的是，也许正是这个平时在我们工作中施放出正能量的"提前量"，使皮尔先生在手术后看到的不是希望而是绝望，由此才走上了一条不归之路。

皮尔总财务长的悲剧向世界提出了一个严峻的问题，像我们这类在生死边缘游荡的人应该如何度过世上最后的一段日子呢？

生命末期中的最后六件事

《新浪微博》大 V 李开复先生于十月十号发表了一则短信，介绍了一位身患脑癌的美国著名会计公司 KPMG 总裁尤金·欧凯利 Eugene Desmond O'Kelly 是如何策划他生命中最后一百天内想做的六件事情：1）放下一切 2）完美时光 3）活在当下 4）遗愿清单 5）温馨道别 6）分享过程。

虽然我还没有机会找到这本《追逐阳光》Chasing Daylight 来细读它的内容，但我惊异地发现这位欧凯利先生在他生命末日所做的这最后六件事情，除了其中一件事之外，竟然与我不谋而合。这六件事情看似简单，但在生命的末期，并不是人人都可以做到的。知识渊博、深谋远略的皮尔总财务长不幸没有做到，我这个昔日在皮尔先生门下工作的优秀员工也近乎差点做不到。

对于处在生死之界的绝症患者们如何可以放下一切，活在当下？每日都得忍受肉体痛苦和精神折磨的人们，何以把生命的末日当作完美时光，并冷静地安排遗愿清单，甚至还要令人匪夷所思地与亲友们温馨道别，分享自己将要离世的过程？

俗话说聪明反被聪明误，我发现倘若用人的智慧，以我的"提前量"思维方式去做这六件事情，便会导致我的精神提前陷入崩溃、毁灭的深渊之中，是断断行不通的。这是一个巨大的超然战场，在这残酷的战场上，天使与魔鬼为争夺灵魂的控制权而激烈地搏斗着。近年来，《圣经》里有一节脍炙人口的警句成为我在这属灵争战中贯颐奋戟的金盔玉甲："应当一无挂虑，只要凡事藉着祷告、祈求和感谢，将你所要的告诉神。神所赐出人意外的平安，必在基督耶稣里保守你们的心怀意念。"（腓 4：6-7）

每日佩戴着这副盔甲，我从上帝那儿得到了一个新的"提前量"。这个新"提前量"不按常理出牌，不注重现存的数据，不从人的角度去做徒劳的预测。凭借这个"提前量"的盔甲，我可以有幸在我生命的末日选择希望而不是绝望，去做与欧凯利先生不谋而合的那最后的六件事情。

　第一件事情：一无挂虑，放下一切

放下一切的前提是一无挂虑，把尘世间的烦恼俗琐之事都统统抛弃脑后。假如没有这个"提前量"，一个人即使辞退了工作也无法放下一切，无忧无虑地生活，在生命的末期珍惜每一刻的时间。在这方面美国两位最富有的企业家比尔·盖茨与巴菲特做了很好的榜样，他们放下一切，一无挂虑，把一生中积累富可敌国的财富，在他们还活着时提前全部裸捐给慈善机构。身为"月光族"的我，虽说死后没有什么财富可捐赠，但也要学习他们这种放下一切的精神，一无挂虑地度过我生命末期的每一天。就像《圣经》中约伯所说："我赤身出于母胎，也必赤身归回。"（伯1：21）。

第二件事情：凡事祷告，完美时光

在死亡界徘徊的人可以有完美时光？听起来这是一件靠人的力量不可能做到的事情。然而"在人这是不能的，在神凡事都能。"（太

19：26）只要我们有凡事祷告的"提前量"，上帝就会派遣天使来到我们身边，在我们生命的最后日子里与我们小坐片刻，让我们依靠在祂的肩膀上，使我们可以度过在这世界上最后的完美时光。有一首优美动听的歌曲《你把我升起》（You raise me up）生动地倾诉了凡事祷告的完美时光：

当我失落的时候，噢，我的灵魂感到多么疲倦，
当有困难的时候，我的心背负重担。
然后，我会在寂静中等待，
直到你的到来，并与我小坐片刻。
你鼓舞了我，所以我能站在群山顶端，
让我能走过狂风暴雨的海。
当我靠在你肩上时，我是坚强的，
你鼓舞了我，让我能够超越自己。

第三件事情：凡事感谢，活在当下

在身患癌症的五年期间，我也有软弱、失落的时刻，因为天使与魔鬼一直都在争夺我灵魂的控制权。有时我会羡慕那些在没有任何提前预警下遭遇死神突然降临，毫无精神负担和肉体痛苦就离世的人们。有时我感叹：为什么上帝没有让我搭上他们所乘坐的"超速高铁动车"，反而为我"买"了一张"慢车票"，让我在死亡的边界慢慢腾腾地晃悠了五个春秋，而且这辆"慢车"停靠的"站台"似乎也越来越多——原本每三个月才去做CT扫描的时间表，现在缩短为每两个月一次，因为我所参加的标靶临床新药的试验要求在更短的周期病例报告中检验新药的疗效。也许是我下意识的"提前量"告诉我，我所乘坐的"列车"距终点越来越近了，每两个月一次的CT扫描都令我这乘客忐忑不安。

有时我会扪心自问：如果命运重新给我一次选择的机会，让我从"超速列车"与每两三个月就要停下的"慢车"中择其一，我会选择"买"哪一张通往生死边界的"列车票"呢？

从上帝那里得到的新"提前量"帮助我解答这个困扰我的难题。我应该学习做一个凡事感谢的乘客。只有提前把凡事感谢的功课学习好，我才可以活在当下，悠然自得地乘坐在距离终点站越来越近的"慢车"上。

心存凡事感谢的心，我才可以尽情领略那些"快速动车"的乘客们来不及看到的路边风光，享受岁月静好、良辰美景。心存凡事感谢的心，我才可以活在当下，不让最近三次CT扫描显示出肿瘤持续增长的报告扰乱心中的平安。心存凡事感谢的心，我才可以顺服上帝的旨意，学会不要庸人自扰，懂得上帝并没有给我买"快车票"或"慢车票"的选择。心存凡事感谢的心，我才可以把我乘坐的"慢车"行使的每一里路，每一次停站，每两个月的CT扫描，每一星期的标靶新药临床试验治疗都当作上帝对我信心的考验。

第四件事情：告诉上帝，遗愿清单

在欧凯利先生遗愿清单上有些他一生想做但未能做的事情，例如去意大利旅游。很遗憾这样的事我也已经无法去做了。每个星期都要去医院接受治疗，让我无法出远门做长途旅行。我甚至也无法出门做近距离的出行，因为这标靶新药在我的血脉中扑杀癌细胞的同时也伤害好细胞，它所引起的副作用使我身体疲倦，一天之中经常需要小睡片刻，来补充精力。

记得六月间，当我三姐听闻我的肾癌开始扩散到肺部和其他体内器官时，精通医学的她从电话里温柔地告诉我："你若难受，你就哭吧，不要逞强。"善解人意的三姐是一位资深的医学家，她对我的病情及目前世界医学界对末期肾癌的科学研究很了解。听到三姐的这几句肺腑之言，我的泪水不禁夺眶而出。

当一个人陷入绝境中时，哭泣是一种释放，把压抑在内心无法忍受的痛苦释放出来；哭泣是一种坦承，承认人力量和能力的有限，不要靠着人的意志逞强；哭泣也是一种与上帝交通的特别方式，告诉上帝我们的遗愿清单，向上帝坦承我们的软弱，求助上帝在我们的生命末日给予我们平安和力量。

第五件事情：出人意外的平安，温馨道别

人世间没有"提前量"的道别是很残酷、痛苦的，特别对那些还在月台上翘首以待的亲友们。他们眼巴巴地望着自己的亲人乘坐通往死亡的快速列车骤然离去，为没有机会温馨道别而嗟叹惋惜，顿足捶胸。

相比之下活在当下，一无挂虑的我可以在我乘坐的"慢车"上凡事祷告，凡事感谢，有一段完美的时光与自己的亲人们温馨道别，享受上帝赐予我特别的"提前量"的恩典。每当接待从远方来探访的亲朋好友们，我都会特别珍惜与他们相聚的每时每刻。每当三个孩子从他们繁忙的工作与学业中抽空回家看望我，在与他们相聚的短短时间里，我都会发自肺腑地向他们倾诉我是多么地爱他们，以他们为豪。每当为内子的小提琴琴室的学生弹钢琴伴奏时，我都会陶醉在人生最后的华美乐章里。每当与内子在厨房里一起烹饪，刷锅洗碗，我都会沉浸在出人意外的平安中，把每顿粗茶淡饭珍视为"最后的晚餐"。

第六件事情： 保守心怀意念，分享过程

我很幸运，上帝不仅赐给我出人意外的平安，而且保守我的心怀意念。祂赐予我一支笔，磨墨濡毫，让我把自己心里纯真的感动、爱、与癌共舞的情感过程淋漓尽致地写下来与人们分享。这支笔使我在短短的五个月里，霎时成了一位"百万暴发户"——我发表在《新浪微博》上的文章被点击了超过一百二十万次之多，我竟然在生命的末期积累了一生中最丰盛的财富。

两位网友在读了我的文章后，在《微博》上留下了这样的评论："世人往往把疾病视为恐怖的事物，可是你却把它变成了带着福音的礼物！"

"读着您的文章，我的眼前浮现出一位身体虚弱的、但内心充满平安、盼望的，脸上洋溢着满足笑容的人，您的文章一定是用尽全身心的力量写出来的。谢谢您告诉我：活着就是奇迹；虽身患癌症仍能满足、感恩地活着就是神迹。有时我会莫名其妙地觉得自己一无所有，看完您的文章，我知道我需要有一颗感恩的心——天天以感恩的心享受生活、珍惜每一天。"

的确，活着就是奇迹。愿每一位读到这篇文章的人，天天心存感恩的心，认真对待每一天，心怀喜悦地享受生活吧。

写于二〇一三年，十一月二十日

我在美国"洋上访"

"告御状"是旧时处于社会底层的平民老百姓企望官署衙门帮助他们伸张正义、陈冤得雪唯一的、最后的手段，"上访"则是现今群众越过底层相关的国家机关到上级国家机关反映问题并寻求问题得到解决的一种途径。改革开放三十多年后的中国大陆，来自全国各地到北京上访的人仍大有人在。网络媒体上充斥着各种北京城内光怪陆离的上访奇闻，不少忧国忧民的网友们纷纷在网上各抒己见，探讨此现象的社会根源，呼吁政府改革、完善现存的司法制度。

与中国相比，美国人去华盛顿首府上访是绝少听说的，一般民间的冤情申诉大都在当地民选的地方政府或地方法院得以解决。所以当我在网上读到发生在中国的那些令人匪夷所思的上访消息，心里不禁对这些弱势群体产生同情之心，同时也暗自庆幸自己生活在一个民众不需去"京城上访""告御状"的国家。

然而身患癌症长久蜗居家中养病的我，在去年六月天里接到我的肿瘤科主治医生的一封电邮之后，竟意想不到地被迫亲身卷入了一场在美国的"洋上访"。我在这"洋上访"期间所经历的惊愕、无奈、忐忑、痛苦、绝望，其戏剧性的大起大落也许不亚于那些在太平洋彼岸硬着头皮，赴京喊冤的访民们的遭遇。尽管事过境迁，回想起来还是心有余悸，现在我把在美国"洋上访"的原委写下来，与大家分享这段难忘的经历。

导火索

二〇一三年，六月六日，星期四

下午四点二十分，收到我的肿瘤主治医生 Dr. Pal 的一封电邮件："你的医疗保险公司给我们医院出了难题。他们声称你的医疗保单不包括任何有关临床试验的医疗费用。这听起来真令人费解，因为四年多来，你在我院所接受的治疗大都与临床试验的新药物有关。请速与你的保险公司联系，澄清你的医疗保险单所包括的医疗费用。"

从医生信中的字里行间，我嗅到一股紧迫不安的不祥气息。

按照 Dr. Pal 的既定治疗方案，从六月份的第一个星期起，我应该开始接受临床标靶新药试验的第一次治疗。这是一个还没有被美国药检局 FDA 批准，处于早期临床试验的新药 ASONEP，Dr. Pal 是唯一指定主管这一新药第二阶段临床试验的主治医生。

第二阶段标靶新药 ASONEP 临床试验的目的是验证药物是否可以有效地抑制肾癌瘤的增长，病人们分为两组，每组二十二人，每一位病人必须符合三个基本条件才可以参加试验。第一个条件是：每一位参加临床试验的病人必须是肾癌末期患者。第二个条件是：已被美国药检局 FDA 批准的、现有治疗肾癌的药物对他们已无法产生任何疗效，癌瘤正在他们的体内持续蔓延、增长。第三个条件是：参加者必须出于自愿签署一份厚厚的文件，个人承担这个新药可能在人体产生的许多不利的副作用或无法有效地抑制癌瘤增长的后果。

换句大白话来说，这是一批走在肾癌死亡线上的"先锋敢死队员"，而我目前的病情完全符合加入这个"先锋敢死队"的条件。六年前，在动过两次大手术、切除了肾与胰脏之后，我就参加了当时还没有被美国药检局 FDA 批准的一个治疗肾癌的标靶新药 Afinitore everolimus 的临床试验（这个药现已被 FDA 批准了）。但去年上半年的几次 CT 扫描清楚地显示出 Afinitor 已无法有效地继续抑制我体内的癌瘤，它们开始蔓延到我的左肺下叶及左肾上腺的内分泌腺体。另外，我的甲状腺右叶也有异样的变化。

在内子的支持、鼓励下，去年五月底，我签署了自愿参加标靶新药 ASONEP 的临床试验同意书，并按医嘱停止服用 Afinitor。按照医生的计划，在停止服用 Afinitor 的这一个星期，我的身体会把在体内残留的药物排除干净，以利于开始新药的临床试验。同时医院在这期间要取得我的医疗保险公司的批准，同意支付标靶新药临床试验的医疗费用。

然而医生为我所制定的这一周密的医疗方案，看来要因保险公司拒付费用而夭折了。

"上访"保险公司

二〇一三年，六月七日，星期五上午

我的医疗保险公司是美国医疗健康保险业的龙头老大——"联合健康医疗保险公司"简称 UHC，公司的业务遍及全美五十个州及世界上二十多个国家，提供种类繁多的个人、家庭、公司团体医疗健康保险服务。投保公司的人有 8500 万之多，公司的年营业额高达 1100 亿美元。

我是通过我工作的公司买的团体员工医疗保险。在美国长期生活的经历告诉我，医疗保险应是每个家庭不可缺少的一项重要开支。从医院里寄出的账单都是升斗百姓不敢问津的天文数字，若没有买医疗保险的话，万一家里人有个三长两短，真会让人倾家荡产。为此我每年都会毫不犹豫地选择公司为员工提供的最优厚、保费最昂贵的 PPO 保险卡。特别是自六年前，我被诊断出罹患末期肾癌之后，我更不敢轻易怠慢公司每年一次的保险注册，总是提前把下一年的医疗保险手续办好。

清晨我按照医生的吩咐打电话给我的 UHC 医疗健康保险公司，踏上了我的"洋上访"的征程。

接听我电话的电脑"机器人"自动语音系统把我带入一个弯弯曲曲，自西向东又急转自南向北的"深宅迷宫"。这电脑"机器人"用"她"那略带亲切但单调、沉闷的语音首先欢迎我打电话来 UHC，然后问了一大堆有关我个人身份的问题，诸如：我的姓名、年龄、是否是六十五岁的退休员工、是否是在职员工、是否询问医疗保险的具体包含条例或是医疗账单支付问题，甚至在我还没有谈到我"上访"的正题之前，就问我是否愿意在电话结束时参加一个客户服务质量的问答调查。

在与这电脑"机器人"的电话交谈中，我竭力字正腔圆，口齿清晰地回答"她"一连串的问题，但"她"的"大脑"好像有点痴呆，多次表示听不明白我的回答，让我几乎把每句话都要重复多次。与"机器人"纠缠了近二十多分钟之后，我终于被接通到 UHC 的客户服务中心了。接电话的是一位女士，尽管她把原先"机器人"问过我的问题重新问了个遍，我还是不厌其烦地回答了一遍，毕竟与一个活人讲话比对着一个操着单调、沉闷语音的"机器人"讲话要畅快多了。听了我简短的诉求后，她在电话里讲，我的诉求不在她的工作范围之内，她需要把我的电话转到另一个部门去。

让我大失所望的是她把我重新转回到由"机器人"掌控的自动语音分机，我需要耐着性子再一次耐心地回答"机器人"的一连串问题。然后再一次被转到客户服务中心，再一次被告知我的诉求不在她的工作范围之内，然后又再一次把我转回到"机器人"的自动语音分机。

不知不觉，我与这"机器人"和UHC客户服务中心的接线工作人员在电话中周旋了近二个小时，其间我哭笑不得地在原地徘徊转悠了三圈，好像是一只足球被人们在中场踢来踢去，但就是进不了球门。我开始意识到我这"洋上访"的难度还挺大，想去摸一下"衙门外的鼓"都无法摸得到，更别提击鼓鸣冤了。

当我第四次被"机器人"接通到客户服务中心时，我要求直接与经理对话。这次的接线员是位资深工作人员，她没有被我咄咄逼人的语气激怒，也没有按我的要求转给她的上司，或顺水推舟地推卸给"机器人"。她一面冷静地在电话里听我的诉求，一面迅速地查阅我的保险条例。她告诉我，在UHC与我公司团体医疗保险合约中的确有这么一个附属的条例，凡是与临床新药试验有关的一切费用均不在我们的医疗保单之内。

我惊愕地问她：过去四年来，我一直都是在接受临床新药试验的治疗，UHC也一直都在支付有关的医疗费用，为什么现在突然改变了政策，拒绝支付费用呢？她坦率地回应说：她自己也搞不清楚，但她为我提供了两个继续"上访"的建议。第一个建议是：上访UHC在犹他州的一个申诉中心，但她说这申诉中心不接受任何电话或电子邮件，只接受从邮局寄去的书面申诉，并且处理案件的时间历日旷久，一般要等一个半月的时间才有音信。第二个建议是：上访我自己的公司，澄清为什么公司在为员工买的团体医疗保险合约上暗中附加了这么一条投保人浑然不知的条例。

对我这癌症末期病人来说，上访 UHC 申诉中心显然是一个打不起的"持久战"。这"持久战"中与我作战的将是个"隐身巨人"，它是全美健康保险业的龙头老大，豢养着一个精通法律的律师军团，驻扎在一个电话打不进去，电子邮件射不进去的隐身兵营中，让我完全无的放矢，无所适从。更让我不寒而栗的是我已经遵照医嘱、停止使用 Afinitor 两个星期了，若再加四十五个漫长的日夜，体内的癌瘤将有长达两个多月的时间没有任何药物抑制。这期间癌瘤将会增倍繁衍，肆无忌惮地侵占新的领域，吞噬新的器官。换句话讲，等不到那"隐身巨人"显身，我也许已不战而溃，刀折矢尽了。

别无他路，摆在我面前的唯一选择：只有上访我自己工作的公司了。

造访我的公司

二〇一三年，六月七日，星期五 下午

我工作的公司是一家享有盛名的跨国公司，总部在 Zurich，分公司遍及世界一百七十个国家和地区。在北京也设有一个分公司，在全世界雇用的员工高达六万人之多。

下午，我给公司在北美洲的人事部打了一个电话，接电话的是一位名叫特丽丝 Telese Hampton 的人事部工作人员。她听完我的申诉之后，对我的处境深表同情。她让我写一个书面报告，详细地把我"上访"的原委写出来，她收到后转发给她的上级做调查。她说：这种与健康保险合同有关的法律问题很复杂，需要上报到一个法律专家顾问组去审理。

我在书面申诉书上写了两个要点，第一点是希望与自己的公司核实一下，我们的员工医疗健康保险合约上是否有这么一条排除临床试验费用的条例。第二点是想了解合约上的具体内容。我使用的临床试验的新药是制药厂免费提供的，但除了新药之外，医院还提供了许多其他医疗服务，如：护士输药液、CT扫描、医生会诊、验血、验尿。这其中有哪一项被排除在保险合约之外？

特丽丝的回信证实了我心里不想听到的事实，我们的员工医疗健康保险合约中确实不包含临床试验的费用。她在信中引用了保险合约的一条原文："与临床试验有关的输液医疗服务的费用不在保险的范围之内。" 而我的肿瘤主治医生让我参加的标靶试验新药要求每一个病患者每星期必须输液一次。

对于我这样一位手持一张自特为全美国健康投保人中最牛的金卡持有者来说，保险里的合约无疑是"隐身巨人"投来的当头一棒，我被打得两眼冒金星，不知所措。说我的保险卡是金卡，一点也不为过，因为持这种PPO卡的人可以去任何一家你喜欢的医院看病。它的保费非常昂贵，每月近两千美元。现在得知这张金卡竟然不付临床试验的医疗费用，我顿时傻了眼。手中的金卡骤然成了一文不值的废卡，因为市场上所有的传统医药都已经无法有效地抑制我体内癌肿瘤的增长。

听到我这张金卡变废卡的荒诞奇闻，特丽丝看上去显得无能为力，因她只不过是公司人事部里区区一名普通员工。毕竟我们这个偌大的跨国公司，与UHC签署的这个公司员工医疗保险的合约是经过双方的法律顾问周密磋商而写出来的，具有法律约束力的。但特丽丝鼓励我不要气馁，继续"上访"。她建议我去"上访"人事部专管与UHC打交道、谈判员工医疗保险合约的主管——罗伯特经理Robert Pellymounter。她把罗伯特经理的电子邮箱和电话告诉了我。

我即刻给罗伯特经理发了一封求救电邮，为了让我这求救的"鼓声"可以使更多的官员听到，我特意在收信人上加上了两位上层领导。一位是公司的副总裁娣罗斯 Deborah Aldredge，她是罗伯特经理的顶头上司。另一位是珍恩·福兰克林 Jan Franklin，她是公司的高级副总裁，曾任 IT 的 CIO，是我过去的老板，与我关系不错。

一线曙光

二〇一三年，六月十日，星期一

收到罗伯特经理的回信，信中只写了简短的两句话：他会调查我的申诉，争取尽快给我答复。

在等待罗伯特经理调查我的申诉期间，公司内的一位好友黛碧 Debbie Wong 告诉我一个意想不到的信息，让我这原本毫无胜算的访民睥睨觊觎一线希望的曙光。黛碧告诉我加州政府有一条法律规定：所有在加州经营医疗健康保险的公司必须支付有关临床试验的费用。

在黛碧的帮助下，霎时我在网上找到了让我欣喜若狂的加州法令。这个法令叫《1981 参议院 37》（1981 Senate Bill 37），早在一九八一年就被加州政府通过，立为法令。这个三十多年前立下的加州法令，好像是特地为我此次"上访"而提供的法律根据。这法令明文规定：在加州经营健康保险的公司必须支付临床试验第一阶段至第四阶段的一切医疗费用，违者犯罪，将受到法律制裁。

柳暗花明又一村，当我一口气把整个《1981 参议院 37》读完后，如释重负，好似抓到了一根救命稻草。白纸黑字，我感到法律是站在我这一边的，我即刻写了第二封上访信给罗伯特经理。在这封信中，我据理力争，以法制人，语气比第一封信强硬起来，信中强调公司与 UHC 签署的员工团体健保合约违反了加州《1981 参议院 37》法令，应该马上修正。

悬鼓待椎

二〇一三年，六月十二日，星期二

罗伯特经理没有因收到我转发给他的《1981 参议院 37》法令而即刻给我明确的答复，他的回信还是公文式的简单两句话：他还在积极地进行调查，争取尽快给我答复。

按捺不住悬鼓待椎的焦虑等待，我给罗伯特经理写了第三封电邮。信中除了重申公司的健保合约违反了加州法令之外，还见证了自己过去四年来参加临床试验新药的亲身经历。告诉他近年来由于美国社会对癌症医学研究的重视，各大医院、研究中心、药厂投入了巨大的人力、财力，不断地研制、发展新的治癌药物。有关这些治癌新药的临床试验多如雨后春笋，我们公司的员工健保合约应将顺匡救把这造福于人类的临床试验费用包括进来。

"隐身巨人" 现身

二〇一三年，六月十三日，星期三

清晨我接到了一位陌生女士的电话。她自我介绍是从 UHC 健保公司的癌症中心打来的，"隐身巨人" 终于现身了。

据这位女士讲，我的公司已经与 UHC 商讨我的申诉了。他们正在要求我的医院把我的病历、临床试验的治疗方案和费用都呈报给 UHC. 其中医疗费用的预算也要同时呈报给我的公司。从她的口里，我才了解到半个月来，UHC 拒绝受理我的主治医生的多次要求，成功地把我的病历和治疗方案阻挡在他们的大门之外。

我询问她是否晓得加州《1981 参议院 37》法令，她告诉我：虽然她自己还没听说这个法令，但她会把这一信息以书面形式呈报给她的上司。电话中我向她倾诉了"上访"几天来的一肚子苦水，并表达了我不可至信的惊愕，偌大的 UHC 癌症中心的工作人员竟然对《1981 参议院 37》一无所知，这不等于上阵杀敌的士兵没经过射靶的基础训练吗？

功败垂成

二〇一三年，六月十四日，星期四 下午三点至五点。

经我再三地催促，医院财务部的工作人员终于在下午三时计算出有关我临床试验前体验的预算。洋洋洒洒一整页的数据把每一项医疗服务项目都巨细无遗地精算到角分，无怪乎他们花了整整两天计算这个总数近一万五千美元的预算。

我随即把医院的这封信转发给罗伯特经理，暗自忖思：也许公司的人事部门接到这份一万五千美元的医疗预算，会与 UHC 达成协议，批准支付我临床试验的医疗费用。

两个小时之后，半个月来令我望眼欲穿的答案终于来了。罗伯特经理给了我正式答复。与往常一样，他的公文式电子信件写的简洁明了：

"谢谢你的耐心等待。人事部的律师团队仔细审阅了公司的法律合同，确认本公司的员工医疗保险合同是根据美国联邦政府的 ERISA 劳工法律而建立的。(The Employee Retirement Income Security Act of 1974) 这个联邦 ERISA 法案取代了加州政府颁布的《1981 参议院 37》法案。所以我很遗憾地通知你，本公司员工医疗保险不包括任何有关临床试验的医疗费用。"

读着罗伯特经理这封用词简练的电子邮信，我的心痛苦地紧缩起来，整个人仿佛掉进了一个令人窒息的冰窖里。我随即写了一封简短的电邮，通知我的主治医生："我战败了，医生，因为有一个联邦法可以取代加州的法案，所以我的医疗保险不会承担任何临床试验的费用。"

在电脑上把信寄出后，我与内子一起吃了晚餐。吃饭时，我把"洋上访"失败的结局告诉了内子。与过去五年里每次我接到医疗报告的"死亡判决书"时一样，内子的反应异常的平静。她没有多言，因为在死亡临头的时刻，任何语言都是废话了。她以超乎常人的沉默给予我支持与安慰。

一位不速之客

二〇一三年，六月十四日，星期四 下午六点半

吃过晚餐，电话铃响了。我拿起了电话，耳边响起主治医生 Dr. Pal 熟悉、亲切的声音。他说他现在正在离我家不远的一个地方办事情，若是我同意的话，我们可以约在附近的一个日本寿司餐厅见面。我几乎不敢相信自己的耳朵，一个繁忙的大牌主治医生，

竟然屈尊大驾，百忙之中亲自跑到一个普通病人家来探访。

半个小时后，我在日本寿司餐厅的门口见到了 Dr. Pal， 他看上去还没有吃晚餐。我们在餐厅内找了一个座位，他把随身带来的手提电脑放在餐桌上，立即向我解说起来。他说："这不是世界末日，我们还有其他的药物来治疗你的肾癌。" 边说着，他用手指向他的电脑屏幕："你可以尝试这个已经被联邦药检局 FDA 批准的药物。这个图表是我发表在医学杂志上报告的一部分，上面总结了过去几年来，这个药的临床试验结果。在平行线以上长短不同的竖条代表服用了这个药后活着的人数与年数，在平行线以下的竖条代表用过这个药后死去的人数。"

Dr. Pal 说着把电脑推进到我面前，让我仔细地看这个图表。这个被 FDA 批准的治疗肾癌的标靶药物叫 Pazopanib。在五颜六色的图表上可以很明显地看出：在平行线以上的竖条多于平行线以下的竖条。也就是说凡接受这个药物治疗的肾癌病人，还活着的人比已经死去的人数多。在这些活着的人当中，有人活了三个月、五个月、六个月、一年等不同的时间，其中一个人活得最久的时间是五年。

为了打消我的疑虑，Dr. Pal 以他近似权威式的语气说："这是一个你很值得一试的标靶治疗药物，它的优点是有确凿的试验证据证明它的疗效，而那个保险公司拒绝支付治疗费用的新药 ASONEP 仅仅处于第二试验阶段，目前还没有任何试验结果来证实它在晚期肾癌病人身上的疗效。"

短短半个小时的谈话，我仿佛在迪斯尼乐园里坐了一趟云霄车，从深邃的低谷瞬间被抛向云霄中。在晕眩神迷之中我看到一线光明。在与 Dr. Pal 道别时，我感激涕零，泪如雨下，谢谢他在"洋上访"

失利、心神疲惫的时刻亲自来探访、安抚我受伤的心，并向我提供了新的医疗方案，解决了保险公司拒付保费的难题。

那天深夜，我打开公司的电脑，写了一封给人事处罗伯特经理题为"我认输了"的信。信的大意如下：

"罗伯特先生，读了你最后的判决，我认输了。谢谢你花费一个星期的时间去调查，终于给了我一个明确的答案。我的主治医生听到这个消息后，今晚亲自探访了我，向我提出了一个新的治疗方案，他将采用一个已经被联邦药检局批准、保险公司认可的药物为我治疗。

尽管我认输了，可我还是不理解这个联邦政府的 ARISA 法律为什么可以取代加州的《1981 参议院 37》法案。当然对我这个精疲力竭的癌症末期病人来说，现在去寻根问底已经毫无意义了。然而让我大惑不解的是一个我引以为豪、服务了近三十年的公司，一个每年动员自己的员工捐赠上百万美元给儿童心脏病医学科研慈善机构的公司，竟然无法给予自己的员工提供最好的医疗保险。我无法理解我们公司的精英律师团队在员工的医疗保险合同中，如此天衣无缝、巧妙地潜伏了一个令天真的员工们毫无察觉的条约，把临床试验的医疗费用排除在保单之外。

一个健康的人是很难真正体会到癌症末期病患者的心情的。此时此刻，我没有期望你完全理解我的心情。虽然我这次的"上访"以失败而告终，但我希望在你有空之余与你的上级领导重新检阅公司员工的医疗保险合同，修正有关不承担临床试验医疗费用的条约，因为医学家们在活人体中做临床新药试验将造福于世界成千上万癌症病患者。最后对你在我这次'上访'中所展示的专业精神，我再次表示由衷的感谢。"

这封电子邮件的收信人除了罗伯特经理以及他的顶头上司——人事部的主管娜罗斯副总裁之外，我还心血来潮地加添了公司的一把手——CEO 杰夫·德里 Jeff Dailey 总裁先生。

意外的 "上访" 结局

二〇一三年，六月十五日，星期五

吃过早饭，我照例坐在起居室窗前的写字桌前打开了公司的电脑。首先映入我眼帘的是公司总裁杰夫·德里的复信。从电邮件发出的时间上推测信是杰夫总裁早上八点钟步入他那位于洛杉矶威尔逊大街公司总部三楼豪华的办公室后即刻发出的。也许他看到了我昨天深夜写给罗伯特经理的那封题为 "我认输了" 的信之后有所触动，决定过问一下我这个 "上访" 草民的事。他的复信大意如下：

"我很同情你的处境。今天下午或者最迟下个星期一，人事部的罗伯特经理会与你联系，讨论一下你的困境，同时我鼓励你去公司的员工基金会寻求经济上的帮助。"

杰夫总裁信中提及的这个员工基金会我略有所知，它是公司的员工们自掏腰包捐款设立的一个慈善基金会，专门对一些意外遇到困难的员工家庭提供小额经济帮助。因为我的临床试验医疗费用昂贵，我非常清楚这个员工基金会无力支付我庞大的医疗费用，所以也就不想花费精力与时间去申请补助。但是我心里还是略有宽慰，毕竟我的 "洋上访" 惊动了我们公司的总裁大人，平时一个像我这样的升斗小民无法见到的大人物。

在杰夫总裁发出他的信后仅仅一个多小时，家里的电话铃响了，打电话的人是罗伯特经理。他在电话里告诉我，假如我的主治医生仍然同意我参加 ASONEP 新药的临床试验，他可以设法修正公司的员工医疗保险合同。

我简直不敢相信自己的耳朵，惊讶地拿着电话，半晌说不出话来。"上访"多日，四处碰壁、身心交瘁的我，对这个迟来的喜讯竟然一点也兴奋不起来。特别是听了我的主治医 Dr. Pal 前一天晚上在日本寿司店里提出的新的治疗方案，我对参加这个临床试验新药 ASONEP 已经不感兴趣了。我甚至暗自忖量，倘若 Dr. Pal 一开始就让我接受那个被联邦药检局 FDA 批准的 Pazopanib，也许我就没有必要这么神魂颠倒地背水一战"洋上访"了。

电话里另一端的罗伯特经理因为听不到我的回答，急促地追问道："你还在线上吗？你听到我刚才说的话吗？" 罗伯特经理的话音打断了我的思绪，我懵怔片刻，便把主治医生的来访以及新的治疗方案向他详尽道来。我告诉他即使我这次不参加治疗肾癌的新药临床试验，他也应该设法修正公司员工医疗保险合同，把有关临床试验的医疗费用包括在员工的保险单内，这样才可以使那些与我同病相怜，在癌症死亡线上挣扎的员工不至于处于百般无奈的绝境中。

一反他那人事部门工作人员特有的敦默寡言的矜持，罗伯特经理与我在电话里持续交谈了半个多小时。他耐心地倾听我对公司员工医疗保险的修正意见，甚至谦虚地征求我的具体想法，什么时候让修正的医疗保险合同付诸生效。我们之间的谈话气氛仿佛是一个各抒己见、畅所欲言的例行工作会议。很难令人想象到这是一个患了末期癌症、喊冤叫屈的"上访"人员与一个握有"生杀判决权力"的现代"衙门"官员之间的交谈。

当我们将要结束这意犹未尽的交谈时，罗伯特经理猛然把话题一转，回到我"上访"的主题上来。他执着地要求我再次询问一下我的主治医生的意见，是否考虑我参加新药 ASONEP 的临床试验。经不住他再三地要求，我很不情愿地写了一封信给 Dr. Pal，再次征求他的意见。

Dr. Pal 即刻写了回信："假如贵公司的保险合约可以支付临床试验费用，我仍然建议你参加新药 ASONEP 临床试验"。这一次他没有解释为什么他一反昨晚在日本寿司店里安慰我的那一番话，为什么他放弃了那个已经有确凿的试验证据、被联邦政府药检局 FDA 批准的 Pazopanib，而选择在我身上冒险试用一个还没有任何试验效果的新药物。

一时间我也顾不上去寻思这些"为什么"，我意识到这不是一个处于我这样地位的病人在短时间内可以悟出其所以然的道理。我唯一可以做的就是马上把 Dr. Pal 的决定用电子邮件通知罗伯特经理。

午时，我的电脑邮箱突然收到从"希望之城"医院 The City of Hope 不同部门寄来的通知与贺信。医院财务部的工作人员通知我，保险公司 UHC 正式批准了我的临床试验费用。医院管理部门来信恭喜我，可以继续在他们的医院接受世界上最先进的治疗，医院预约部门告诉我第一次临床试验的日期与时间。

我的主治医生 Dr. Pal 则写了一封幽默的信："你做了一件不可思议的事情，在我从医的这些年来，目睹了许多病人被保险公司拒之门外的例子。我想我们医院的管理部门应该考虑聘请你担任医院的专家顾问，专门为那些弱势癌症病人上访保险公司，争取他们的权益。"

"我的意念高过你们的意念"

我这次"洋上访"的结局的确令人不可思议。现在回想其中的许多细节，我仍然迷惑不解，说不出个所以然来。但其中有一个确凿不疑的事实，那就是整个"洋上访"不是由我个人的意念而主导的。正如上帝在旧约圣经《以赛亚书》中所说的一段寓意深远的经文："我的意念非同你们的意念，我的道路非同你们的道路。天怎样高过地，照样，我的道路高过你们的道路，我的意念高过你们的意念。"（赛55：8-9）

我原计划走的"上访"道路是去敲美国医疗健康保险业的龙头老大"联合健康医疗保险公司"的大门。但我吃了个闭门羹，不得入其门也。

我原计划依法办事，按照加州法案《1981参议院37》为自己据理力争。不料半路杀出个程咬金，一个美国联邦政府的ERISA劳工法律取代了加州政府颁布的《1981参议院37》法案，我只好举起白旗认输。

我原先认为自己穷途末路，在法律面前没有其他选择，只有坐以待毙。但我的主治医生竟然亲自来探访安抚我受伤的心，并且向我提出了新的治疗方案。

我原以为我"洋上访"的信件如石沉大海，那些公司的高级官员们对我的诉求置若罔闻。但人事部的罗伯特经理事后告诉我："你不晓得有多少人在幕后为你奔忙。副总裁珍恩·福兰克林多次打电话来询问我们对你诉求的进展，虽然她没有回复你的信。"

我原以为我的"洋上访"以失败告终，为此写下了那封题为"我认输了"的邮件。虽然我不经意地把素未谋面的公司总裁杰夫·德立列为收信人之一，但心里并没有期待身居要职的他会真的读到我的信。然而统领公司几万员工的杰夫总裁不仅阅读了我的信件，还亲自给我写了回信，甚至特别指示人事部门的罗伯特经理重审公司员工的医疗保险合约。

正是有了爱

过去我总认为虽然美国不是一个完美的社会模板，但她的民主、法治是生活在这个自由世界里的人的最重要的保障。但是我的"洋上访"遭遇教训了我：世界上任何国家的律法都不是完美无缺的，即使是像美国有着这么悠久的民主、法治传统的国家。人所需要的最重要的保障不是这些成文的法律条约，而是人的心里是否有着上帝赐予的大爱。

《圣经》告诉我们："如今常存的有信、有望、有爱这三样，其中最大的是爱。"（林前 13：13） 正是有了爱，从未谋面的杰夫总裁倾听到了我这"上访"草民茹泣吞悲、擂鼓喊冤的心声；正是有了爱，我的主治医生才不辞劳苦地亲自跑来我家附近探访、安抚我绝望的心；正是有了爱，才有许多不相识的人在幕后为我奔忙；正是有了爱，在短短的几个小时之内，人事部门的律师团队修改了公司员工医疗保险些合约，并通知联合健康医疗保险公司 UHC 立即在分布于北美几万名员工中付诸生效、执行。

正是有了爱，六年前，我这个被主治医生判决只有一年存活时间的肾癌末期病人，现在每天还活在信心与盼望之中。

· 写于二〇一四年，九月十二日

躺在手术台上过春节

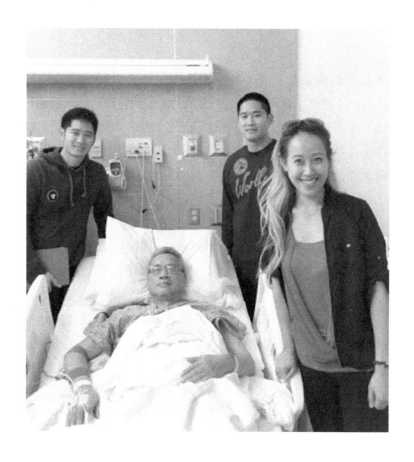

早起出门——在迷雾中行驶

今天是大年初一，当人们放响"开门炮"，走亲、访友、拜年，
相互喜贺羊年之时，我却被推进了南加州肿瘤医院"希望之城"

医疗中心 City of Hope Medical Center 的手术室。这是我有生以来第一次在手术台上过春节。

清晨我起了个大早。五点钟宋明道牧师来到我家，为我做了祷告。五点十五分，我坐进停放在车库里的车里。当内子打开车库门，把车开到马路上时，我们猛然发觉车子笼罩在一片迷迷蒙蒙的浓雾之中。四周漆黑一片，伸手不见五指。车灯射出强烈的光，但照射范围仅仅五、六英尺，车子很快就消失在翻滚着的黑色浓雾之中。内子用几乎行走式的蜗牛速度小心翼翼、缓慢地开着车。

我静静地坐在车内，感觉我们的车子仿佛是一个太空梭驰进了无边无际的黑暗星际，在黑暗中我们看不清航道，分不清天与地的界限。在这恶劣的天气中开车的内子依靠的是她对附近街道的熟悉与自己的信心，而不是视觉上的辨识。

外科医师——Dr. Robert Kang

望着车窗外的这幅浓雾缭绕的画面，让我想起两个星期前我在外科医生 Dr. Robert Kang 的办公室里看到的一个类似的图像，那是我的 CT 扫描片子。Dr. Kang 是一位年轻的美籍韩国医生，在他的指点与解说下，我看到在我的右甲状腺上有两个肿瘤。如同眼前缥缈不定、天地界限分不清的浓雾一样，在 CT 扫描片子上，我身体里的肿瘤看上去混沌、模糊，没有清晰的边角，没有规整的形状。

Dr. Kang 说，因为肿瘤与我的喉咙管之间没有清楚的界限，手术时剥离肿瘤要特别小心、仔细，以免伤及我的喉咙。另外由于我的原生癌是肾癌，癌细胞转移的可能性高，所以我的手术比普通的甲状腺切除手术要复杂、困难。他说，尽管目前的切片化验结果是良性肿瘤，但由于切片时取出的组织样品微少，化验的结果可能不准确。为了得到准确的证据，在手术过程中，他会割下较大的一片肿瘤切片，当场送去化验室检验。如化验结果仍然是良性，他将只切除我的右甲状腺，保留左甲状腺。但若化验结果证实是原生肾癌扩散，他将把左甲状腺也一并切除。

Dr. Kang 讲话时冷静、平和，精准到位。他参照 CT 扫描图里的肿瘤图像，把手术方案以及可能的危险性都娓娓道来。在讲话中，Dr. Kang 用的几个关键动词让我印象深刻：剥离、切除、割下……。当我听到这些外科医生口中常用的动词时，我的目光自然地转移到他的手上。他有一双非常美丽、修长的手，想必这是一双不寻常的灵巧之手。这双手将持握一把五寸长的利刀，划开我的脖子，在血淋淋、模糊不清的脖子内部剥离紧紧附贴在我喉管上的肿瘤，把它整个儿地切除下来。若是这双持利刀的手稍有不慎，切除了不应该碰触的其他敏感部位，后果将将不堪设想。

"你们还有什么问题吗？" Dr. Kang 微笑着向内子与脑子里正在开小差的我轻声地问道："没有，没有，您讲得太清楚啦。" 我与内子齐声回答。

与 Dr. Kang 握手道别时，我暗自思忖：我将做的"割喉"手术的成败将取决于医生的这双手了。

到达医院——我的代号是 158480

六点钟，我们到达医院。在医院主楼的大厅里，我与其他几位等待手术的病人注册时，医务人员给我们每人手腕上系了一个白色条子，上面印有病人的姓名、生日、病人的号码。这是医护人员在手术前后识辨病人的唯一标记，我的代号是158480。

七点钟，病人与陪伴而来的家属跟随一位工作人员乘电梯来到二楼。在宽敞、明亮的二楼大厅里摆设着许多舒适的沙发，这儿是病人家属的休息室。为了安抚家属焦虑的心，近几年来，医院在这儿放置了一个电脑屏幕，上面显示病人进入手术室的时间、手术完成后离开手术室与进入观察室的时间，其功能类似飞机场候机室显示航班到达、起飞、延误的屏幕。

在二楼大厅里，病人们与家属一一拥抱告别，因为病人要进入观察病房做手术前的准备工作。但我们被告知：在被推进手术室之前，家属可以进入观察病房，与病人做最后的告别。

暂时告别了亲属，病人们跟随一位医护人员走进了一个通往观察病房的走廊。我环视四周，与我一起走在这个走廊里的一共有六个人，其中两位男性年龄与我差不多，另外三位女性很年轻，年龄在二十至三十岁之间。从外表看去，这些人都很健康，步履轻松，看不出他们其实已经患有癌症。

寂静的走廊里回响着"嚓嚓"的脚步声。六位病人安静无语地跟随着那位医护人员，每个人似乎都边走、边寻思着即将面临的不可预测的命运。大家都心知肚明，现在用脚走在这个走廊的每个人，几个小时之后将无法用自己的脚走出这个走廊。

观察病房——没有隐私的伊甸园

观察病房是病人在手术前后临时停留的地方。这是一个非常大的房间，在靠近墙壁的两边摆设了许多移动床位。床位之间有一面薄墙，薄墙之间没有门，但有一个可以遮掩的拉动布帘。一位护士让我量了体重之后，便把我带到我的移动床位。

观察病房对我来说并不陌生，自从六年前被诊断出患有末期肾癌，这是我第四次光顾这个地方。一位年轻貌美的金发女护士走到我的床边，她自我介绍了姓名，然后询问我的出生日期、姓名，并且检验了系在我手腕上的白条子上写的代号。验证身份后，她吩咐我脱掉所有衣服，披上一件医院提供的薄纸衣，说罢她转身离去，随手把布帘拉下。

记得六年前，我第一次在这布帘遮掩下脱掉所有的衣服，一丝不挂地围上薄薄的纸衣时心里不免有羞涩之感。但是经历过三次手术，熟悉了手术前后的程序，我对这"第四脱"已调整好心态。如同在伊甸园里没有犯罪前的亚当和夏娃一样，我对自己"赤身露体，并不羞耻"了（创2：25）。因为我清楚地知道，用来为我遮羞的这布帘与薄纸衣只会维持很短的时间。过不多久，当我被推进手术室，昏迷于麻醉药之后，我身上的这层薄纸衣将被人轻易地扯去，我将赤裸裸地躺在手术台上长达四个小时之久。我还知道手术室里的护士，也许就是刚才那位年轻貌美的女护士将把一个导尿管小心翼翼地插入我的下体，直至膀胱以便尿液在长时间的手术中流出来。其实在这儿病人没有什么隐私，人的七情六欲以及披在我们日常生活外表的遮羞布，在这个伊甸园式的观察病房里全然失去了生存的土壤与作用。

在观察病房里，我把脱掉的衣裤鞋袜放进两个塑料袋里，交给转身回来的女护士。她生怕我脱得不彻底，又问了一个例行的问题："你身上还有其他可以摘取下的物件吗？比如：手指上的戒指，活动的牙齿之类的东西。"我指着那两个塑料衣袋，笑着答道："这是我的全部家当，我已经脱得一干二净。现在我是世界上一无所有的人了。"说这话时，我感到尘世间我们为之辛苦操劳的那些物质财富——房子、汽车、保险、退休储蓄等，现在对我来说已毫无价值与意义。

在观察病房里，我例行被要求签署三份同意书。在麻醉师的同意书上，我同意让麻醉师在手术中为我输入麻醉剂。即使麻醉药可能导致我脑死亡、瘫痪、中风、失去知觉、心脏衰竭、甚至于死亡。在外科医生的同意书上，我同意让外科医生在手术过程中，因可能发生的意外而随机应变，临阵做出紧急的决定，即使手术可能导致失败与死亡。在输血同意书上，我同意让医生在紧急需要的情况下为我输血，即使医生无法百分之百地保证我会免于由此而引起的血液感染与相关的并发症。

七点五十分，手术前的准备工作就绪，陪伴我来医院的内子、女儿、宋明道牧师被获准进入观察病房，与我做手术前的最后道别。我在心里默祷："天父，谢谢你从未抛弃我，谢谢你在我手术之前给我平安，谢谢你让我拥有家人与友人的爱。"

手术室——躺在祭坛上的羔羊

八点二十五分，我被推进了手术室。手术室里很低的温度令我不禁打了一个冷战。两个护士把我从移动床抬到手术台上，我直挺挺地平躺在上面，眼睛望着头顶上方两个巨大的圆形手术灯，耳边传来手术台四周的医生、护士在准备手术工作中的轻声交谈。我感到自己仿佛是躺在祭坛上的羔羊，有如圣经旧约中的以撒，被父亲亚伯拉罕摆放在祭坛上，把掌握自己生死的权柄交托在上帝的手中。

几分钟后，麻醉师在我体内输入麻醉药，我的头开始感到昏眩。

八秒钟后，我便堕入沉睡中。在接下来的近四个小时中我毫无知觉，下面记录的手术中发生的这几件事是手术后我清醒过来时才得知的。

Dr. Kang 手持一把五寸长的手术利刀划开了我的脖子。他首先做的一件事情是从甲状腺肿瘤的中间部位切下来一块，让一位护士火速送到楼上的化验室检验。在等待化验结果时，Dr. Kang 没有浪费时间，他小心翼翼地从我的喉咙管上剥削肿瘤。半个小时后，手术室的电话铃响了。Dr. Kang 让护士接通了电话。电话是化验医师打来的，她告诉 Dr. Kang 化验分析证实这是从我的原生肾癌转移扩散出来的恶性肿瘤。

按照 Dr. Kang 的原计划，倘若右甲状腺的切片化验结果是恶性肿瘤，他会把我的左甲状腺也一并摘除。在他持刀准备割除左甲状腺时，为了慎重起见，他决定咨询一下我的肿瘤主治医生 Dr. Pal，于是他让护士接通了 Dr. Pal 的电话。

Dr. Pal 是一位年轻的肾癌、膀胱癌专家，他虽然年仅三十出头，却已经在美国的医学杂志上发表了一百多篇学术论文。许多美国的制药厂和科研公司都与他合作，把他们研发的新药让 Dr. Pal 用于他的病人临床试验上。六年多来，我就是参加临床试验的癌症病人之一。

在电话里了解到切片化验结果之后，Dr. Pal 做出了一个大胆的决定，他建议 Dr. Kang 刀下留情，不要把我的左甲状腺切除。在电话里两位医生相互交换意见后，Dr. Kang 最终采纳了 Dr. Pal 的这个不同寻常的治疗方案。他同意他会静观其变，几个月后，如果发现原生肾癌转移到我的左甲状腺时，他将再度操刀把它割除。

手术后——圣灵降临

中午十二点三十分，手术结束。Dr. Kang 来不及脱掉手术服，从手术室径直急步奔去二楼大厅。他从坐在沙发上的一群病人家属中找到了只曾见过一次面的内子，把她和陪伴在旁的女儿一起带去一个会客室。

在会客室里，Dr. Kang 摘掉了还戴在嘴上的蓝色口罩，对内子与女儿说，手术成功地完成了，病人已被推去观察病房，正在从麻醉药中苏醒过来。但他也告诉了内子与女儿癌症病人家属最怕听到的坏消息，切除下的肿瘤经过化验分析，确认原生肾癌再次转移了。

我所患的肾癌有个很长、很难记的英文医学名称 Renal Cell Carcinoma 简称 RCC，这是一个令医学界谈虎色变的不治之症，因为目前世界医学界还没有研发出令人满意的药来对付这个癌症。RCC 癌细胞仿佛是一个看不见的敌人，隐藏、潜伏在人类的血液中，出其不意地攻击人体内不同部位上的器官，所向披靡，令人猝不及防，毫无招架之力。凡患有这个罕见癌细胞的末期癌症患者平均存活率只有一年。自从六年多前被确诊以来，这是我的原生肾癌的第四次转移。

在这种情况下，任何企图安慰病人家属的话都是徒劳的。会客室的气氛骤然凝固，内子与女儿沉默无语。这时 Dr. Kang 意外地向内子提出了一个与他外科手术医生身份毫无相关的建议："我可以为常先生做一个祷告吗？" 看到内子茫然地点头默许后，Dr. Kang 与内子和女儿三人手牵手开始为我与家人祈祷。

据内子事后回忆，在祷告中，Dr. Kang 首先感谢上帝的恩赐与怜悯，使手术顺利完成。其次他为我在四次手术所遭受的痛苦，以及六年来我的家人承受的压力与负担而祈祷，求上帝赐予我们平安与力量。最后他把我的生命交托在上帝的手中，因为现代的医学抑制不住 RCC 在我身上的转移，只有至高无上的上帝握有主宰我生命的最高权柄。

在 Dr. Kang 祷告期间，内子与女儿感到圣灵突然降临到原本空气窒息的房间，进入了她们的心里，她们感到出人意外的平安，泪水不断地从她们的眼睛里流出。这是圣灵的工作，是圣灵藉着 Dr. Kang 的祷告，使她们在灵里得到释放与平安。

出院—"我的羊听我的声音"

中午十二点四十五分，在观察病房，我从麻醉沉睡中苏醒过来。恍惚中我听见主耶稣在耳边细语："我的羊听我的声音……。谁也不能从我的手里把他们夺去。"（约 10：27-28）我看到了 Dr. Kang，他简短地告诉我：手术成功，但切片化验证实是 Reno Cell 扩散。他说我可以当天下午就出院，嘱咐我在家好好休息、养伤。听到我不需要住院，当天就可以回家，心里暗自窃喜，我可以回家躺在自己的床上过羊年了。

几分钟后，内子与女儿来到我的病床前。内子微笑着柔声问我感觉如何，我张开嘴巴想回答她，却发现自己的喉咙发不出声音，只好竖起右手大拇指，用手势告诉她："赞美主，我还活着。"

下午一点钟，内子与女儿与我道别，因为她们俩下午分别都有工作去做。宋明道牧师坚持留下陪伴我，他说要一直等到我的小儿子马可下班后开车来接我时才肯离开。他打开那两个装着我衣服的塑料袋，帮我穿上衣服和鞋袜。然后我告别了"伊甸园"里的白衣天使们。一个医务人员用轮椅把我推到楼下的大厅，我便与宋牧师坐在大厅内的沙发上等候儿子马可来接我回家。

回家——"出人意外的平安"

下午三点多钟，儿子匆匆走进医院大厅。宋牧师与儿子马可把我搀扶进车内才放心地离开医院。看着他离去的背影，心里充满了感激之情。在这大年初一的日子里，从清晨五点钟他就来到我家为我祷告，在医院陪伴我和家人一整天，他把上帝出人意外的平安带给了我与家人。

我坐在车里舒心惬意。尽管麻醉药在体内逐渐失效，脖子开始隐隐作痛，但一想到手术后不需住院，今天晚上可钻进自家被窝里睡觉，愉快的心境便使肉体上的疼痛减轻了许多。儿子马可一边开车，一边为他的迟来向我道歉。他解释说，在他工作的皮肤科医生门诊室，今天中午一下子来了三个没有预约的病人，作为医生助手的他不想为了早点儿赶到医院接我而请假离开，因为医生在为病人治疗时需要有人在一旁做助理工作。

看着儿子马可一脸歉疚的表情，我心里暗暗为他骄傲，因为他遵守了我们之前的一个约定。就是六年前当癌细胞扩散到胰脏，我"行将就木"时与家人的一个约定：即我一个人因癌症倒下，全家其余的人不可倒下。无论我的病情恶化到什么程度，都不应该影响他们正常的工作、学习与生活。对我这个经受着癌症第四次复发的病人来说，能够看到家人遵守这个不容易履行的约定，是一件多么令人欣慰的事情。

儿子马可开车在高速公路上飞驰，清晨的迷雾早已消失得无影无踪。

车窗外南加州的天空看上去特别的蔚蓝、清新，几朵白云飘逸在空中，令我感受到一种超然的纯净与宁静。

半个小时后，马可把车开回家门口的马路上。就在今天凌晨，这条不到百米的小街还笼罩在黑暗的浓雾中，而此刻坐落在小街尽头我的家宅沐浴在金色的阳光下。一切如我所料，一切和往常一样，两只可爱的狗儿迫不及待地向我雀跃欢叫，而内子的琴室里也传出了悠扬的小提琴琴声。我的脑子里涌现出《圣经》里的一段话："应该一无挂虑，只要凡事藉着祷告、祈求和感谢，将你们所要的告诉神。神所赐出人意外的平安，必在耶稣基督里保守你们的心怀意念。"（腓4：6－7）

写于二〇一五年，二月十九号

我的帮助从何而来

医药公司破产了

在医学上，人们称之为奇迹的病例大都出于一些概率极低的病例。它们超出了医学常理，医生们无法从科学的角度对其做出合理的解释。在过去的一年里，在上帝的眷顾下，我有幸经历了这样的神迹。

在我就诊的"希望之城"医院的门诊三楼有一个特别的部门——临床试验药物输液室，说它特别是因为凡走进这个部门接受临床试验的病人都是一些末期癌症患者。在接受了美国联邦药检局

FDA 批准的药物治疗无效后，他们破釜沉舟，志愿当"小白鼠"，允许医生在自己的身体上试验正在研发的新药，他们企望这些还没有被 FDA 批准的新药可以抑制体内癌细胞的增长。

这个部门还有个特征就是从这儿走出去的患者，除了少数病人转诊到三楼的另一个治疗室接受 FDA 批准的治疗癌症药物之外，大部分患者都去了临终关怀机构或者回到家里，与家人度过生命的最后时光。

去年十月六日，在这个临床试验室里破纪录地当了七年之久的"小白鼠"之后，我也终于离开了这个位于三楼的特别部门。然而我并没有像其他出走这个临床试验室的病人一样，去了临终关怀机构或转去另外一个部门继续接受治疗。

我离开这个三楼临床试验室的原因非常少见，研发、制造我使用试验新药的公司出人意外地宣布破产了。

几年前，这家位于圣地亚哥的一家名不胜传的小型科研公司——Lpath 开发了一种针对癌症，包括肾细胞癌的试验性新药物——ASONEP（也被称为 Sonepcizumab 或 LT1009）。二〇一三年四月，在接受了长达五年之久的另外一个临床试验药物的治疗之后，我的癌症第三次复发，我的主治医生决定让我尝试这个仍然在早期人体试验阶段的新药。

在两年的治疗中，这个 ASONEP 临床试验药物在我身上的疗效出奇的好。我体内众多的癌瘤，除了在右甲状腺上的癌瘤增长速度明显，于去年春节前，经外科手术切除外，其余的癌瘤都被抑制住了。然而参加这个临床试验药物的其他患者却没有我这么幸运，他们平均仅接受了四个月的临床试验便因病情恶化而悄然退出试验。由于有疗效的人数低于百分之五十，这个 ASONEP 临床试验被迫中断，Lpath 公司随之宣布破产，我也因此被迫断了药源。

当主治医生把这个消息告诉我时，我感觉有些遗憾，毕竟这个药破纪录地延长了我两年的生命。在我最后一次接受 ASONEP 临床试验那天，我坐在椅子上，一只胳膊上插着输液管，药液一滴一滴缓慢地流进我的血管里。我拿起手机，朝着挂在输液架上印有 ASONEP 标签与我的名字的药袋拍摄了一张照片，以此纪念这个——也许是医学史上最后一袋用于人体临床试验的 ASONEP。

喜、忧参半的"假期"

按着常规我的主治医生应该刻不容缓、立即为我计划一个新的治疗方案，重新找到新的药物为我治疗。因为过去七年里我的病情证实：在没有药物的控制下，扩散在我体内不同器官上的癌肿瘤会一个劲儿地疯长。但我的肿瘤主治医生向我提出的新治疗方案让我傻了眼，这个新的治疗方案竟然是停止对我进行的临床试验药物的治疗。

主治医生给了我两个月的"假期"！他解释说，七年来我体内的各个器官吸收了太多的抗癌药物，这些抗癌药物以毒攻毒，好坏细胞通杀不误。他希望我这个全身浸满了"毒"的人可在两个月的"假期"中有个喘息、休养的机会。临别时主治医生对我说："放心，在家好好休息，你是我的老病号，我不会忘记你的。"

告别了主治医生，在回家的路上我的心情喜忧参半。喜的是：我终于解放啦！在解放的这两个月假期间，我将是个自由人。不再受抗癌药物的奴役，被强烈的药物副作用折腾得整天疲惫不堪。

忧的是：我体内的许多癌瘤在没有药物的抑制下会伺机迅速扩散、蔓延。

我的忧虑不是完全没有根据的。七年前我接受了第一次肾癌切除手术之后，短短的五个月内，因没有药物抑制，癌细胞以迅雷不及掩耳之势侵占了我的胰脏。在我接受了第二次切除胰脏手术之后的三个月内，同样因没有药物抑制，癌细胞又猖狂地蔓延至我的左右肺、淋巴及其他器官。自此我的主治医生对我的病情如临大敌，一直让我持续不断地接受临床试验新药的治疗。

在这次的"假期"中，我体内的癌细胞会不会故伎重演，扩散增长呢？这可是一个没人可以解答的难题，甚至我的主治医生也解答不了。他慎重地告诉我，二个月的"假期"结束后，我必须马上做一次 CT 扫描。到那时他才可以晓得我这个末期癌症患者的病情发展到一个什么地步。

"生死判决书"

两个月的"假期"很快就过去了。十二月七日，我去医院做了 CT 扫描。两天之后，内子开车带我去医院见主治医生，听取 CT 扫描报告。我们按照预约的时间准时到达医院。在三楼门诊室里，一位女护士为我测量了体重、体温、血压，她让我们稍等片刻，告诉我们主治医生马上会来见我。

女护士转身离开后，小小的门诊室房间里只剩下我与内子。我们静静地坐等着，各自在默默地祷告。我们互相没有讲话，一切尽在不言中。

这不是我们第一次坐在这里束手待毙地等待着我的"生死判决书"。在过去的七年期间，因为我是临床试验的"小白鼠"，每隔二三个月我就得做一次 CT 扫描，为科研机构提供试验数据。每次坐在这儿等待医生告诉我 CT 扫描结果都是一场精神上的炼狱。

然而这一次的等待与往常不同。在以往的等待中，我经常祈祷、仰望上帝，同时也期待临床试验药物在我身上会有疗效，可以抑制住癌瘤的增长。但这一次没有了临床药物治疗，我惟一可以仰望的只有那万能的创造天地万物的上帝了。

也不知在这寂静的门诊室里等了多久，我的默祷被从门外走廊里传出的一阵急促的脚步声打断，像往常一样主治医生推开门疾步走进门来。他满面笑容地与我和内子握手，问我说："你收到我发给你的短信了吗？"

我顿时茫然若失地说："没有呀！我没有收到你的短信。"

主治医生听罢立即查了一下他的手机，哑然失笑地说："真抱歉，今天早上我看到你的 CT 扫描报告，激动之下把短信错发给 Mark 了。"（Mark 是我的小儿子马可，去读医学院之前曾经在主治医生手下工作了一年）

接着主治医生把 CT 扫描结果告诉我们，我体内大、小不等的众多癌瘤在这两个月的"假期"里没有任何增长。我与内子目瞪口呆，简直不敢相信自己的耳朵。我小心翼翼地问主治医生："怎么会是这样呢？"

主治医生坦率地回答：他也无法从科学的角度解释这个结果。他说唯一可以想出的理由是：两个月前，那个破产了的 Lpath 医药公司制造的临床试验新药仍然有一些零星残余的药物沉淀在我的体内，它们可能在继续发挥杀伤癌细胞的效力。现在他要再给我两个月的"假期"，等这两个月之后的 CT 扫描报告出来之后再来重新审视我的病情。

告别主治医生后，在回家的路上内子笑着说："听到如此大的好消息，你刚才为啥问医生 '怎么会这样呢'？" 经内子的这一提醒，我自己也忍不住地笑起来，意识到自己傻傻地问了一个主治医生也无从回答的问题。

我的主治医生是当今在美国享有盛名的一位肾癌医学专家，但他从不掩饰对我病情发展的困惑不解。当他分析临床试验病人的数据时，从理论上他无法解释，为什么我这只"小白鼠"可以接受临床试验长达七年，大大超出了其他病人仅四个月的平均时间。为了获取准确的临床试验疗效的平均数据，他甚至 "忍痛" 割爱，把我的异常数据排除在他的医学报告之外。他经常惊喜地对我说："看来，你这个癌症四期病人比许多二三期癌症患者活得还要长。"

"我的帮助从何而来？"

今年春节前的"假期"中，我做了第二次 CT 扫描。对于这次扫描，事先我与内子心里做好了最坏的准备。因为我们知道在停止用药四个月后，我身体内残存的药物荡然无存。如果按照主治医生两个月前的推断，癌细胞死灰复燃的可能性非常高。

在做了 CT 扫描后的第二天，我接到主治医生的电话。他在电话里兴奋地说：我体内所有的肿瘤全部在"冬眠"，没有增长、扩散的迹象。我手里拿着电话，惊讶地半晌说不出话来，震惊之下听不见在电话另一端的主治医生后来又讲了些什么……。

我意识到在自己的身体上发生了一个难以置信的奇迹！一个末期癌症病人——癌细胞先后复发了四次，经历了四次外科手术，依赖临床试验药物存活了七年，因制药厂意外破产而断了药源，在没有任何药物的治疗下体内所有的癌瘤竟然"冬眠"了！

我感到上帝好像跟我开了一个玩笑，在这个玩笑中许多医学理论都被颠覆了。原本主治医生只给我开了两个月的"假期"，推测我体内的癌细胞在没有药物的抑制下会扩散、蔓延到我的其他器官。他甚至都已经为我找到了一个新的临床试验药物，把我这只"小白鼠"重新关进他的临床试验的"笼子"里。

让主治医生大为震惊的是我这只"小白鼠"一反医学常理，我体内的癌细胞似乎在"冬眠"中没有睡够，现在又进入"春眠"了。我的"假期"由此而一再延续，从两个月变为六个月。

旧约圣经中有段经文淋漓尽致地诠释出我此刻的心情：

"我要向山举目，我的帮助从何而来？我的帮助从造天地的耶和华而来，祂必不叫你的脚摇动……，保护你的是耶和华，耶和华在你右边荫庇你……，你出你入，耶和华要保护你，从今时直到永远。"（诗：121）

我要向山舉目我的幫助從何而來我的幫助從造天地的耶和華而來祂必不叫你的腳搖動保護你的必不打眺保護以色列的也不打眺也不睡覺保護你的是耶和華耶和華在你右邊蔭庇你白日太陽必不傷你夜間月亮必不害你耶和華要保護你免受一切的傷害祂要保護你的性命你出你入耶和華要保護你從今時直到永遠

詩篇一百二十一篇

这是三十多年前我的母亲送给新婚的我和内子的一段旧约圣经里的经文。母亲把这段经文用毛笔写在宣纸上，并找专业人士以卷轴装裱起来。三十多年以来内子一直把它挂在我们卧室的墙上，成为我们属灵生命的灵粮。

"你出你入，从今时直到永远"

不是吗？如果没有上帝的帮助、恩典和怜悯，我这样一个不可救药的末期肾癌患者怎么可能成为跻身于占全美百分之二存活率的肾癌患者中的幸运儿？如果没有上帝的荫蔽，我这样一个每二三个月就要面对一次"生死判决书"的人，怎么可能每天都充满了感恩、平安和喜乐？如果没有上帝的保守，在没有任何药物治疗的情况下，我体内的癌细胞怎么会"冬眠"了又"春眠"？

为了庆祝上帝在我身上彰显的神迹，内子决定办一次不同寻常的除夕年夜饭。生平头一次，我们俩穿上了民国时期的服装。内子穿着枫叶红的裙子，这是一件色彩艳丽、高雅别致，我母亲生前送给内子的一件清代古装。裙子的正面有用金色丝线刺绣的精致图案，裙子从上到下缝制了两道二寸宽、长长的湛蓝色的带子，上面绣着浅蓝色的花纹，在除夕夜的灯光下闪闪发光。犹如一颗颗晶莹剔透、海蓝色的蓝宝石镶嵌在枫叶橙红的山谷中，涨满了秋日的丰裕与幸福。

我穿的蓝大褂是民国时期一位在中国传播福音的宣教士的遗物，老宣教士在青岛传教时，在一个教会里认识了我的母亲。百年前先辈们之间的友谊传承到我们这一代。多年前老宣教士去世，他的女儿便把这件蓝大褂送给了我。

我们二老穿着这"奇装异服"让刚进门来吃除夕年夜饭的女儿看傻了眼。第一次见到自己的老爸老妈穿这种老式服装,女儿笑得弯了腰。为了留下纪念,我们二老当了模特儿,拍摄了好几张照片。当我把照片贴在《微信》朋友圈后,亲友们好评如潮。有人说:"除夕晚餐、穿中服、吃中餐、尊国礼、老少三代团团圆圆、幸福美满!愿你身体中的癌瘤永远冬眠!"有人说:"张张都那么美!张张都散发出香气,令人喜欢。神的荣光映照在每个人的脸上,彰显出神的慈爱。我看不够,看了还想看,实在太美了!阿门!"

其实我自己也是看了又看这些照片,但我不是自己在私下臭美,而是越看越感恩,耳边回响着母亲三十多年前赠送给我们的那段《诗篇》里的经文:"保护你的是耶和华,耶和华在你右边荫庇你……。你出你入,耶和华要保护你,从今时直到永远。"(诗 121:5-8)

写于二〇一六年,三月五日

不要问上帝 "为什么"

猜一猜

七月二十一号，在《微信》圈里我晒出三张照片，并写下了这样的留言：

"今天我去医院见到我的癌症主治医生，听他讲解我上星期做的CT扫描报告结果。从医院出来，我们去医院附近的一家中餐馆吃午饭。这是我们第一次来这家餐馆，它的墙壁与椅子是红色的，挺好看，于是我们拍摄了几张照片。我的左手腕上还带着医院给我的注册条子呢，从照片上猜一猜我的 CT 扫描报告结果是好消息，还是坏消息呢？"

这个留言发出后，许多关心我的亲朋好友纷纷留言。他们对我这次的 CT 扫描结果的猜测清一色地认为是好消息，这是从近百条留言中摘录出的一小部分：

@ 梅：看到你们俩喜悦的笑脸，肯定是好消息。常约瑟你又打了一个大胜仗！

@ 向兆和：一定是好消息！从照片上看，你与娜姐精神都不错，好似在这家餐馆庆祝好消息。只是就少了点小酒。祝你永远有好消息！

@Rose：喜乐的心乃是良药，恭喜你！

@ 喵喵妈：肯定是特别、特别好的消息！

@ 荣：从两人的表情看是好消息！

@ 老潘：你脸上灿烂的笑容就是最好的答案！

@mi：喜从心来，好消息！

@Susan：你们那么开心，定是好消息！

@ 音乐：肯定是好消息！因为这家餐厅的墙壁和椅子的颜色是红的，对中国人来说，红色象征吉祥、喜气。夫人的衣服也是红色的，你脸上充满了喜悦，这一切都显明你又战胜了疾病，赢得了时间！朋友都会为你高兴，祝福你！

@ 老三：从你们俩温柔的微笑推测，神控制住了你体内的癌细胞。

@ 伶俐：看你们的笑容就知道一定是好消息！祝福、祝福！

@ 叮当：小舅还"卖关子"呀。

看到大家这些异口同声一边倒的猜测，我重新仔细地端详了那三张照片。的确，照片中我的左手腕上还戴着在医院注册时护士给的白色的条子，笑容满面地注视着镜头。身穿红色衣服的内子含情脉脉地微笑着。在餐厅红墙、红椅背景的衬托下，我们俩喜气盈盈，好似在庆祝什么喜事。

猜错了

其实大家都猜错了。

在餐厅拍摄照片的三十分钟之前，在"希望之城"医院二楼的一间会诊室里，我与内子见到了我的癌症主治医生——苏曼达·保尔医学博士 Dr. Sumanta Pal。他热情地拥抱了我，把我介绍给站在他身后的两位实习医生："这是我的一位非常特别的病人，他在我这儿接受治疗已经八年了。"

自从去年十月主治医生停止了我的临床试验药物之后，这是我做的第五次 CT 扫描了。之所以在短短的九个月里主治医生让我做这么多的 CT 扫描，是因为在没有药物的控制下我的癌症会随时复发。

他想通过频繁地 CT 扫描，在最早的第一时间发现我体内的癌细胞是否扩散，及时让我返回临床试验室，接受治疗。

我的这位主治医生不仅是一位医术精湛的肾癌专家，同时也是一位善于与病人沟通信息的传递者。每天他面对着众多患有绝症的病人，要把病人与家属最不希望听到的坏消息告诉他们，这可不是一件容易做到的事情。过去八年的经验告诉我，每当 CT 扫描中发现新情况时，他总是技巧性地先报喜，后报忧，让病人在听到坏消息之前有一个情绪上的缓冲。

他打开电脑，找到我的 CT 扫描报告之后便开始逐句地讲解起来。他说："你的这次 CT 扫描结果很好，分布在你体内各个器官里的癌瘤仍然处于'睡眠'状态，没有任何增长的迹象。你可以继续享受你的'假期'，三个月之后再回来做 CT 扫描复查。"

接着他在电脑里我的病历上写下了这样一段话："近来病人感觉良好，体重略有增加，每天坚持锻炼，每日平均走一万步，经常去海边呼吸新鲜空气与散步。" 主治医生对我的行踪这么了如指掌，是因为我们在脸书上互粉。每当在脸书上我贴出我在海边沙滩上散步的照片时，他总是为我点赞。 而当我看到他在脸书上晒出他那美貌的妻子与两个可爱的孩子甜美的照片时也会衷心地为他点赞。

我并没有因主治医生在开场白中讲的好消息而兴奋得冲昏了头脑，我轻声地问："接下来的报告呢？" 因为我注意到他还没有读完 CT 扫描报告。"我正要往下解释给你听呢。" 主治医生微笑着对我说："这次我们发现八年前你被手术割掉的左肾原处又长出了一个新肿块。"

"我需要做手术吗？"

"现在还不知道，但我会为你预约一位外科医生，他会决定下一步的治疗方案。"

"怪不得上个星期我做完 CT 扫描之后，一直没有从你这儿听到消息，原来事情不是这么简单。" 我开着玩笑对主治医生说："No News is bad news" 没有消息就是坏消息。因为在过去八年中，每次我做完 CT 扫描之后，主治医生总是提前把好消息通过电子邮件或打电话通知我。但若是坏消息，他就要等到我去他的门诊室时才会当面解释给我听。

"是呀，我本想提前告诉你的，但后来我决定还是与你面谈比较好些，因为你的这个 CT 扫描结果不是在电话里三言两语可以解释清楚的。" 主治医生连忙解释道。告别了主治医生，我们走出医院大楼时内子对我说："咱们找个地方去吃午餐吧。"

在内子开车去餐厅的路上，我的脑子飞快地旋转。记得一年半前，当癌细胞转移到我脖子上的右甲状腺时，最初主治医生也是这样安慰我说：不要担心，肾癌通常只会转移到肺、肝、淋巴系统等其他地方，而转移到甲状腺的病例是非常罕见的。但后来我还是在脖子上挨了一刀，切除下来的右甲状腺肿瘤化验后证实是癌细胞在我体内的第四次扩散。

我的第六感告诉我，我身体内的癌细胞又复发了。想到我可能又要赤裸裸地被人抬上冷冰冰的手术台上，任由外科医生手持锋利的手术刀，血淋淋地划开伤痕累累的腹部，把癌瘤与邻近的器官一并切除，我不禁打了一个寒战，顿时整个人陷入恐惧之中。

从医院开车到餐厅只需十五分钟。接下来发生的事便是我与内子满面笑容地在餐厅里互拍照片，我们还请了一位侍者为我们合拍了一张甜甜蜜蜜的夫妻照。是什么秘密武器在短短的十五分钟把我从愁云惨雾中释放出来，好像什么事也没有发生，愉悦地与内子在餐厅吃午饭、拍照片？

不要问上帝"为什么"

记得八年前，当我刚被诊断出末期癌症时，我被这个坏消息击垮了。特别是当主治医生告诉我，肾癌的存活率只有百分之二，我的生命仅剩下一年时，在医生面前我泪如雨下、悲痛欲绝。那时从早到晚，终日纠结在我脑子里的三个字是"为什么？"我捶胸顿足地问上帝："为什么是我？为什么我会得癌症？"我问自己："为什么？我要这么早就离开这个世界，留下内子与三个还没有成人的孩子？"我追问主治医生："我的这个癌症到底是什么原因造成的？"我甚至仰望天空向上帝隔空喊话："为什么基督徒也要得此绝症？"

遗憾的是上帝似乎没有听到我的呐喊，祂沉默不语，没有搭理我的"为什么"。

甚至我的主治医生也拒绝回答我的"为什么"，他坦诚地告诉我，尽管医学界对诸如：环境污染、遗传基因等引发癌症的起源有所共识，但他并不晓得我罹患癌细胞的起因。

当我没有得到我发出的"为什么"的答案时，我被恐惧吞噬了。

我惧怕死亡，很不甘心自己还没有活到六十岁就要告别这个世界；我惧怕手术，每次赤裸裸地躺在手术台，感觉如同上了断头台；我惧怕手术后痛不欲生的感觉，那种撕心裂肺的痛苦达到了令人难以忍受的极点；我惧怕每次去接受临床试验药物治疗时，护士在我胳膊上的静脉血管上扎针。八年期间这些血管被扎了上千次，我担心有一天这些百孔千疮的血管无法再自动修复。

每次做 CT 扫描时，我惧怕医生往我的静脉血管里注射一种药物。据说这药是为了让 CT 扫描机器更清晰地侦测癌瘤的发展动态，但当药液流进我的血液里时，就如同《西游记》里被太上老君关进高温八卦炉的孙悟空，流通我全身的血管猛然发热、发烫，我担心若是医生稍有不慎为我输入过量的药物，我可能当场就被炽热、沸腾的热血烧死掉。

我极力想从恐惧的阴影中挣扎出来，但发现自己力不从心。儿时脑袋里被灌输的那些"一不怕苦、二不怕死"的革命精神，在残酷的现实面前一点也派不上用场。我终于意识到单凭我个人的力量无法克服心中的恐惧，我必须寻求上帝助我一臂之力。

《圣经》里有一句经文是上帝在沉默中对我的启示："你们落在百般试炼中，都要以为大喜乐。"（雅1：2）

我猛然醒悟：一个人若想在逆境的试炼中持有大喜乐的心态，就不要问上帝"为什么"。这是一个信心的考验。如果我可以通过这个考验，上帝便会赐予我忍耐，让我可以承受癌症带给我的百般试炼。

为了可以通过这个考验，在内室中我改变了与上帝交谈的内容。在祷告中我不再问上帝："为什么？我患上癌症？"甚至我不再央求上帝医治好我的末期癌症。在祷告中我唯一向上帝祈求的是赐予我一颗喜乐的心，在病魔与死亡面前让我仍然可以微笑。

我的第一次

在祈祷中我不再打破砂锅问到底地追问上帝"为什么"之后，奇迹在我身上发生了。上帝悄悄地在我心里植入了一棵喜乐的幼苗，把我从万念俱灰的挫折感中解救出来。拥有了这棵喜乐的心，在风烛残年中我经历了许多人生中的第一次。

第一次，我在乐队里打音鼓！二年前当内子为她小提琴琴室学生一年一度的演奏会找不到鼓手而犯愁时，我自告奋勇，担当鼓手。学生们演奏的曲子是奥地利作曲家——小约翰·施特劳斯写的《雷鸣电闪波尔卡》舞曲。在这首曲中，小约翰·施特劳斯特意加入了大量的定音鼓震音奏法，让我这个新鼓手花费了许多时间去练习。演奏会在一个社区大学的小音乐厅里举行，在这个音响一流的舞台上，当我随着这首舞曲音乐的起伏打击音鼓时，竟忘记自己是个临近死亡的癌症病人，整个人完全沉浸在乐曲表现出的大自然疾风、雷雨和闪电的热烈气氛之中。

第一次，我当"街道主任"。病中的我喜欢在居住的小区散步。一天清晨在散步时，我看到有一家邻居门前灌溉草地的水管爆裂，由于水压强大，从破裂的水管喷涌出来的水形成一个几尺高的水柱，水哗啦、哗啦地流向马路边的下水道。这所房子的主人当时不在家，不忍心看到这么多白花花的水浪费掉，我冲上前去，试图找到这所房子的水闸。由于破裂的水管正好位于水闸边上，所以当我最终摸到水闸把它关掉时发现自己也成了一只落汤鸡。类似的事情发生了许多次，这帮助我了解到小区内各种类型房子的水闸位置，我成了小区里处理草坪水管爆裂的义工。每次散步回到家，内子总是开玩笑地对我说："街道主任，今天街上又发生什么事啦？"

第一次，我为选美大赛改编演艺曲目。去年我接到正在南加州大学读书的一位女学生 Vivian 的电话。Vivian 曾多年师从内子学习小提琴，在电话里她告诉我，她想参加我们邻近一个城市 Covina 的才艺选美大赛。我问她：为什么不务正业去参加这种比赛，她说若是赢得这个选美大赛，她可以领到一笔可观的奖学金。因为是才艺选美比赛，她请我帮她选一首合适的小提琴曲目。

最后我们决定的曲目是法国作曲家圣桑写的《引子与回旋随想曲》，选择这首曲子的原因是因为它表现出感情热情奔放、情绪跌宕起伏、很能触动人心。这首乐曲长达八分钟，但选美大赛规定每一位参赛者表演的时间只有一分半钟，我不得不忍痛割爱把作曲家的原作删减了许多，为 Vivian 拼凑了一个缩减版本。在选美大赛中 Vivian 成功地演奏了这个缩减版，荣获了 Covina 市选美大赛的冠军。

几个月后，Vivian 又打电话来说她要参加全加州选美大赛。她说她的选美顾问要求她重新选一首小提琴曲子。这次我建议她拉《辛德勒的名单》，因为这是一首催人泪下、打动人心的乐曲。但加州选美大赛的规定比 Covina 市的比赛更苛刻，每一位参赛者获准表演的时间只有一分钟，而《辛德勒的名单》曲子长达四分钟。我左思右想尝试多次后，终于把这首曲子删减到一分钟。加州选美大赛那天，我没有打开电视看 Vivian 在选秀舞台上的表演。据说在舞台上她淋漓尽致地把这首曲子呈现给现场观众，她的表演打动了评委，她荣获二〇一五年加州小姐选美大赛的前十五名，并且进入了才艺决赛组。

第一次，我用中文写《博文》。一生中我有过许多梦想，但我从来没敢想过在我走到人生尽头时竟会异想天开地用中文写文章。这真是一个疯狂的举动。一个只有小学中文程度的人，一个后半生生活在异国他乡，只说写英文的人，一个身患绝症濒临死亡的人怎么会这么不自量力地用指头在 iPad 上"划"出文章呢？更让我吃惊的是尽管我不是大 V，我的《博客》与《微博》上的粉丝只有寥寥几百人，但三年来，我的文章被频繁地转发在各种不同的新媒体上，点读次数高达八百万次之多，我成了一个新媒体里的另类，一个没有多少粉丝的"网红"。

大喜乐的心

不久前，我的一位亲友在《微信》上与我聊天时说："你生病这八年，可能是你一生中最灿烂的时光。"

细想一下她说的真没错。八年来我的癌症复发了四次，四次大手术留下一个百孔千疮的躯体，五百多个疗程的标靶化疗临床试验（每四个星期为一个疗程）让我精疲力竭。三十多次 CT 扫描，为测试血糖指尖被钢针扎刺了一万五千多次，成了急诊室的常客。从常人的眼光看，这真是一个生不如死、地狱般的生活。但幸运的是上帝在我这遍体鳞伤的身体内植入了一棵大喜乐的心。

有了这棵大喜乐的心，我不再问上帝"为什么"，我不再活在对死亡的恐惧中。我满怀喜乐地尝试许多人生的第一次：第一次在舞台上打乐鼓，第一次当"街道主任"，第一次为选美大赛改编表演曲目，第一次学习用中文写《博客》文章。这是一些看不见鲜花、听不见掌声、没有多少粉丝关注的卑微琐事，是我活在这个世界上可以被上帝使用的仅存的剩余价值："所以，你们或吃或喝，无论做什么，都要为荣耀神而行。"（林前 10：31）

有了这棵大喜乐的心，我把《微信》朋友圈里的亲朋好友们都忽悠了。人们无法想象三十分钟前，照片中看上去喜气盈盈的我与内子刚从主治医生那儿得知癌症第五次复发的坏消息。

有了这棵大喜乐的心，上帝回应了我的祈祷，赐予我一项"特异功能"——在死亡面前微笑。上个星期，我得知九月一号那天将有两位外科医生为我做第五次手术，其中的一位负责切除肿瘤，另外一位切除我的脾脏。在这个大手术前说不害怕是吹牛，我不晓得我的身体是否能够承受这第五次手术。为了安慰我，在医学院读书的小儿子马可送给我一句寓意深长的祷告文：

"我祈求上帝赐予我一颗平静的心，去接受我无法改变的现实，赐予我勇气去改变我可以改变的逆境，并给予我智慧去识别这两种不同的处境。"（注释 1）

我告诉儿子：不要为老爸担心。此刻我的心出奇的平静，上帝已经给了我太多的恩典，当跑的路我已经跑尽了，我会心怀感恩与喜乐，微笑着去接受我无法改变的现实。正如《圣经》上说："因为知道 c 你们的信心经过试验，就生忍耐。但忍耐也当成功，使你们成全、完备，毫无缺欠。"（雅 1：3-4）

注释

1）引自美国前总统福特夫人创办的一家戒毒医疗中心 Betty Ford Center 的祷告文："God grant me the serenity to accept the things I cannot change, courage to change the things I can, and the wisdom to know the difference."

写于第五次手术之前，二〇一六年，八月二十九日。

活着的依靠

癌症第六次复发

去年十月的一个周末，南加州迎来了第一场秋雨。我伫立在窗前，倾听着秋雨轻轻地敲打着房顶与庭院的水泥地，远处的山脉藏匿在浓浓的雨雾之中，后院山坡上的花草、树木失去了往日在南加州温暖阳光下婀娜多姿的风采，在凄凉的秋雨里显得阴沉、翳闷。我深深地吸了一口气，感到空气中充满了寒意。

家里的电话铃响了，我拿起电话，耳边响起我的主治医生 Dr. Pal

熟悉的声音。这是我等待了三天的电话。三天之前我去医院做了CT 扫描，那天主治医生答应我他会在当天晚上给我打电话，告诉我 CT 扫描的结果，但他食言了。

这是我患末期肾癌的第八年，八年来主治医生第一次食言。也许是他太忙了？也许是我的病情恶化了？他需要一些时间与医生们讨论下一步的治疗方案？三天来我一直不停地胡乱猜想。

在电话里主治医生一反常态，没有与我寒暄。他开门见山，以严肃的口气对我说："你太太在家吗？我想与你们二位同时讲话。"

与中国大陆的风俗、习惯不同，在美国当一个病人到了无可救药的地步时，医生决不会瞒着病人，把坏消息只告诉家属。当然对于病人来说这样直截了当地听到"死亡判决书"是一件很残酷的事情。但与那些被医生和家属蒙在鼓里，临到死也不知道自己是如何死的病人相比，我还是喜欢直截了当地从医生那里了解到自己的真实病情。

在电话里，主治医生首先为没有在 CT 扫描当天给我们打电话道歉，接下来他告诉我们从三天前的 CT 扫描发现在一个半月前我做手术的原处猛然又长出一个与刚切除掉的肿瘤同样大小的肿块。另外在我脖子上的肿瘤，三个月内也增长了一倍。八年来这是我的癌症第六次复发。他说目前他人在美国东部开会，星期一后等他回洛杉矶，与医生们一起会诊我的病情之后，再打电话、告诉我下一步的治疗方案。

四天之后，我与内子去"希望之城"医院见到了主治医生。在这次会见中，主治医生让我在电脑屏幕上看最新的 CT 扫描的影像。他说他与医疗组的医生重新研究了我的 CT 扫描，推翻了先前他在电话里告诉我的最初结论。他们现在可以确认我腹内的新肿瘤比一个半月前切除的肿瘤大了一倍。我心里暗想：这难道不就像是在菜地里割韭菜似的，割掉一茬，很快地又疯长出新的一茬吗？

让我印象最深的是一张从头顶往下拍的扫描图像。我看到的原本是圆形的气管已经被脖子上新的肿瘤压迫得凹陷了。当主治医生把扫描图片中的气管在电脑上放大时，它像是一个悬挂在夜空中的缺月，令我想起唐代诗人杜甫的诗句："缺月殊未生，青灯死分翳"。一股阴森、惶恐的气息袭上心头。我想：如果这个肿瘤按照目前增长的速度，不出几个月我的气管就会被癌瘤堵死了。

我祛声声地问主治医生："这个脖子上的肿瘤可以通过手术割掉吗？"

"手术是不太可能了，因为在你脖子上的肿瘤是由许多小肿瘤组成的，这是一个非常敏感的部位，切除它们会伤及其他的器官。"

我无语了，当医生告诉一个晚期癌症病人没有动手术的选择时，这个癌症患者剩下的日子应该是屈指可数了。

看到我沉默不语，主治医生继续讲道："我已经制定了你的治疗方案，这次你用的是一种免疫治疗的新药物 Nivolumab，现在我就为你开处方，你需要立即接受治疗。"

从主治医生的口气中，我可以感受到一种紧迫感。从他接下来为我做的只有在应急情况下才启动的处理和安排，我意识到他在抢时间，想把这个免疫治疗新药尽快地输进我的体内，以此来抑制癌细胞猖獗的蔓延。

一个小时之后，在一个专为病人做手术前准备的地方，主治医生为我找到了一个临时的床位。为我做药物输液的男护士好奇地问我："你又不是要做手术，怎么跑到我们这儿来了？"

在医院里我躺在这个特别的病床上，看着挂在架子上满满的一袋Nivolumab 药水顺着长长的塑料管一滴一滴地流入我的血管中，脑子里浮现出《圣经》里的一段经文："凡事都有定期，天下万务都有定时。生有时，死有时；栽种有时，拔出栽种的也有时。杀戮有时，医治有时……。"（传3：1-3）

生前预嘱

其实在去年九月一日接受手术时，我就已经想到过这段经文。一个人的生命是有"定期、定时"的。当一个身患绝症的病人无可避免地走向死亡时，在他死之前应该做哪些必需的准备事项，以免其家属在他失去了意识时无所适从呢？

那天清晨七点，我走进南加州"希望之城"医院办理手术前的手续。接待我的一位女医护人员问我："你签署过《生前预嘱》这份法律文件吗？"

"没有，我先前做过四次手术，但都没有签署这份文件。我总觉得若在手术中发生了意外，我的妻子自然而然地可以代表我处理一切紧急的情况。"

"四次手术都没有签署这份文件？"女医护人员不可理喻地惊叹道："你的法律意识也太差劲儿了吧！像你这样做了这么多手术的人，这是必需的！"

在这位女医护人员的"这是必需"的说服下，我同意在手术之前签署这份《生前预嘱》。她告诉我公证后这份文件才能生效，医院提供"一条龙"免费公证服务。她让我在医院大厅的沙发上仔细阅读文件，她会立即打电话、联系医院的法律公证人，在我进入手术室之前为我公证。

美国各州的法律不同，这是一份加州的《生前预嘱》，英文叫 California Advance Health Care Directive 直译是《加利福尼亚州预先医护指示》。文件分两部分，第一部分要求我选择 Medical decision maker，即当我失去意识时，我需要选择两位法定医疗代表人，以防万一第一个人无法为我做决定时，另外一位作为后补人可以执行职责。那天内子与大儿子路加陪伴我去医院，所以作为后补人，我把儿子路加的名字填写在文件上。

在这页上我还需要声明，这两位执行人有权改变我在失去意识之前所做出的医疗决定，如果在那时医生认为这是对我的最好的决定。

文件的第二部分有七个简单的选择题。

第一个问题——只有在如下的状态下，我的生命才值得活下去

a 可以与亲友交通、讲话

b 从休克中醒过来

c 独立洗澡、吃饭、照料自己

d 没有病痛

e 没有插管

f 不管我的病严重到什么程度，我都值得活下去

g 我不知道

除了最后两条，我在前面的五条上都打了同意的叉号。

第二个问题 —— 如果我快死了，我希望死在什么地方？

a 家里
b 医院
c 我不知道

我选择了第一条，我希望死在家里。

第三个问题 ——你认为宗教或者灵性对你很重要吗？

我回答"是的"，并注明我是一名基督徒。

第四个问题 ——在病危时，我选择：

a 实施所有的生命支持疗法。如果这些措施无效，治愈无望，我希
　望继续被挂在维持生命的机器上，即使这样会导致我临终痛苦。
b 只有在医生认为对我的病情有益的情况下，才可以对我实施生命
　支持疗法。如果这些措施无效，治愈无望，我不要被挂在维持生
　命的机器上。如果我遭受临终痛苦，我要求立即停止这些维持生
　命的机器。
c 我不要接受生命支持疗法，我注重临终舒适，我比较喜欢自然死亡。
d 我授权我的法定医疗代表人做选择。
e 我不确定。

我本想选择 C，不接受任何生命支持疗法。但当我读到文件中对生
命支持疗法的定义时，我改变了主意，选择了 B。文件上说：生命
支持疗法是用来维持人的生命的措施，它不只限于心脏复苏 CPR、

呼氧气机、插气管，还包括洗肾、输血、药物等人们常见的医疗措施。

第五个问题 ——你愿意在死后捐献你的器官吗？

我选择让我的执行人决定。我之所以没有自己做决定，是因为肾癌的癌细胞通过血液在人体内到处游荡，我身上的每一个器官都可能有癌细胞，因此我可能不符合捐献器官的条件，我希望我的执行人咨询我的主治医生之后再做决定。

第六个问题 ——你需要医生验尸、研究你的死因吗？

我的回答是：只有对我的死因有疑问时，才需要验尸。

第七个问题 ——医生需要了解你死后应如何处理你的尸体，火葬还是土葬？

我的选择是：火葬

当我答完这份《生前预嘱》上的所有问题并在文件上签了字之后，一位医院的年轻女法律公证人匆匆赶到现场。她验证了我的加州驾驶身份证后，便让我签字、画押，在我进入手术室之前完成了这份文件的公证程序。临别时她告诉我：按照加州法律，这份《生前预嘱》的法律文件要在公证后的二十四小时才能生效。

生前信托

除了《生前预嘱》之外，通常美国人还办理一个叫作 Living Trust，即《生前信托》的法律契约。人若是在活着的时候把财产放在这个信托名下，在其去世后或失去了行为能力时，由后续执行人 successor trustee 来接管控制权，全权处理遗产。

过去我对这个《生前信托》有个误解，以为只有那些拥有高资产的富豪才需要办这个法律契约。目前美国联邦税法规定：一个人的遗产若超出了五百四十万美元，或一对夫妻的遗产超出了一千零九十万美元，政府才对其遗产征收百分之四十的遗产税。而我与内子属于"月光族"，我们拥有的资产与税法上对遗产征税的定额相差甚远。况且办理这个《生前信托》需要交二千元左右的律师费，有的律师甚至收费高达三、四千元，这令我对办理《生前信托》望而生畏。人快死了，还去交这么多律师费，我觉得不值得。

对于我在病中迟迟没有办理《生前信托》，许多关心我的友人甚为担心。一位曾经是我们公司法律合同部门主管的史特威先生每次来探访我时，总是以权威的口气劝导我说：办理《生前信托》是必需的，即使是没有患癌症的健康人也应该去办理。

他们的担心是有道理的。在美国如果一个房产主死了，在没有《生前信托》的状况下，这所房子要经过耗时又费钱的法庭认证程序 probate 才能遗传给其子女。这将会给子女增加许多麻烦。而有了《生前信托》，放入这个法律契约的财产则不需要经过法庭认证，便直接传给你指定的受益人。

去年十一月初，我与内子终于下定决心去办这个《生前信托》。我们来到距离我家不远的一家律师事务所，接见我们的是一位资深女律师——Cecelia Yu。当这位于律师听到我的癌症第六次复发，现在我的生命是以月份为单位来计算时，她甚为惊讶：为什么要到生命的最后时刻，才想起来办《生前信托》？这位富有同情心的于律师应允在两个星期之内，她会努力尽快做完这份必需的法律文件。

在这次会面中，于律师还解释说《生前信托》有两种：一种是可撤销的 revocable，另一种是不可撤销的 irrevocable。她为我们办理的是可撤销的《生前信托》Revocable Living Trust，在生前我们可以随时更改或者撤销这份法律契约。

持久授权书

两个星期后，我与内子从于律师的事务所取回了一大沓厚厚的法律文件。临走时，于律师叮嘱我们要保管好这些文件，因为她的律师事务所不负责为客户保存文件的副本。

这些法律文件中，除了《生前信托》之外，还有另外两份文件。于律师说：这两份文件也是必需的，其中的一份叫《持久授权书》Durable Power of Attorney 。阅读了这份长达三十页的授权书后，我才明白原来美国法律规定：一旦授权人死了，普通的授权书便立即失效。只有《持久授权书》才允许授权代理人，在授权人死后可以继续履行代理职责。

这份厚厚的《持久授权书》不遗巨细地列举了许多授权事项，但我发现这些授权内容大都与我无关，因为我这个"月光族"不拥有授权书里提及的那些诸如：商业经营、投资股票、商业合同等资产。不过其中有一条授权事项倒是引起我的兴趣：授权代理人照料我们的宠物。它要求代理人供我的宠物们吃、住、带它们去看兽医、剪狗毛，实足地体现出浓浓的"狗道主义"。

活着的依靠

遵照于律师的嘱咐，我把从她的律师事务所取回家来的《生前信托》及其他几份法律文件存放在屋角下的一个小书柜里。这些厚厚的法律文件将静静地躺卧在这小书柜里，直到有一天我与内子离开这个世界后才可生效。

然而这些生前法律文件并没有让我这个还活着的人心里得到真正的平安。去年十月，从主治医生那儿得知病情恶化的消息后，虽然自己也清楚这是迟早要面对的现实，但我的情绪免不了有些低落，特别是当主治医生放弃了外科手术的可能性后，我发现自己是坐以待毙，好像《圣经》里的那个大力士参孙，被人剪掉头发后手无缚鸡之力，求生欲望离我而去。

一天我与内子共进早餐时，看到我情绪低落，她温柔地对我说："你每天还是要把头发梳一下，你的胡子也该刮了。"内子轻声细语地提醒了我，吃过早餐我上楼走回寝室，一照镜子，我惊讶地看到了一个我几乎不认识的面孔——一个胡子拉碴、蓬头乱发的糟老头。

内子说得有道理，不久三个孩子要回家过感恩节了，她不希望孩子们看到一个情绪消沉的父亲。对我来说迫在眉睫的是如何让镜子里的那个不修边幅的糟老头洗心革面，重拾信心，在人生的最后时光里有尊严地活着。因为我的容貌、举止，一颦一笑都会牵动、影响到我身边最亲近家人的心弦。

在我意志消沉的这段时间里，我读到《圣经》里的一段经文："你们当就近我来，侧耳倾听的，就必得活。我必与你们立永约，就是应许大卫的那可靠的恩典。"（赛55：3）

Incline your ear and come to me; and your soul shall live. I will make an everlasting covenant with you, even the sure mercies of David. （Isaiah 55: 3）

上帝借着这节经文向我揭示了一个奥秘：我若想在濒临死亡时镇定自若，必须与上帝签下一个契约，这是一个与《生前信托》性质全然不同的契约。

签下这个契约让我对《生前信托》的定义有了另外一个新的理解。《生前信托》的英文是 Living Trust。这个英文名词有双重含义，它也可译为"活着的依靠"。这个不同版本的译文赋予 Living Trust 一个截然不同的全新意义。

这是一个《活着的依靠》契约，在人活着的时候便生效，不同于封存在屋角小书柜里的《生前信托》要等到我死后才可以拿出来、派上用场。

这是一个免费的契约，不需要花费二三千美元的律师费。这个契约唯一的要求是亲近上帝。"你们当就近我来"（赛 55：3），就是要我远离喧嚣的尘世，每天专心地"侧耳倾听"上帝的话语。为此我从几个《微信》群里退出来，因为我发现每天沉迷于《微信》群里漫无边际、海阔天空地聊天，无法令我在生命的最后时光静下心来与神交通。

这是一个永久的契约。不同于我在律师事务所办的《可撤销生前信托》 Revocable Living Trust，这个契约是不可撤销的 Irrevocable。一个人一旦拥有这个契约便"必得活"。他（她）的灵魂必得更新，充满了生机、活力。他（她）必得永生，神的恩典将一直伴随他（她）进入天国。

永久的契约

与上帝签下这永久的契约，我的家没有因为我生命的"定时、定期"的日子即将来临而愁云惨雾。去年感恩节前儿子马可从纽约飞回洛杉矶，我与内子开车去机场接他。在回家的高速公路上，这位美国医学院二年级的学生既没有追根究底地问我最新的CT扫描显示出的癌瘤增长了多少公分，也没有刨根问底地打听免疫治疗新药Nivolumab在我身上的疗效如何，他惟一关心的是我的心里是否有平安。

当听说我精神状态还好时，他像是用一个长者的口吻对我说："It is right, although it is an ending, it is a beginning, you should enjoy your life everyday with joy and peace." 意思是说：这就对了！虽然这是生命的结束，但也是一个新的开始，每一天你都应该活在平安与喜乐中。

其实去年儿子马可回家过感恩节与圣诞节期间，压根就没有把他的老爸看作是一个濒临死亡的癌症病人。一天清晨起床后，他说要带我出门散步。他让我们的两只爱犬坐在车子的后排座位上，然后开车去附近的一个公园。我在这个小城住了二十八年，竟然不知在我们住的小城里有这么一个世外桃源——公园里坐落着一个充满自然生态环境的山林，林间空气新鲜、宁静优美。一条山水清澈、潺潺流淌的小溪盘绕着山林，山上生长着不同种类的植被。一条山间小路环山而上，与公园外的都市生活完全隔绝。走在这山间的泥土小路上，呼吸着新鲜的空气，觉得心旷神怡。

不过在这林中散步可不是一件简单的事儿，需要爬一个有着一百六十级台阶的山路，累得我这个大病号与两只爱犬气喘吁吁，汗流浃背。儿子马可告诉我，两年前准备考医学院复习功课时，他经常来这里休息片刻，爬山可以增强他的体力与意志。我暗自忖思他把我带到这个甚至健康的人都很少来的山林里，也许是为了激发我求生的欲望吧！

圣诞节的前一天，两个儿子还陪伴我与内子去加州"迪斯尼探险乐园"玩了一整天。虽然这个游乐场距我家开车只需二十分钟，但我过去从未去过。第一次走进这个游乐场，我如同刘姥姥进了大观园，惊叹这个曾经是停车场的地方竟然修建了如此创意性的乐园。我们的晚饭是在人工湖边的一个餐厅吃的。儿子马可做了饭前祷告，他在祷告中对上帝说："谢谢天父，今天让我们有这个机会与父母一起来游玩，尽管我们不知道我们是否再有机会陪父亲来这儿，但我们珍惜与他在一起度过的每时每刻。"

在感恩节晚餐后，我们拍摄了一张全家福照片留作纪念。我把这张照片作为《圣诞卡片》寄给亲朋好友。不知情的人看到这张照片，会以为这只不过是一张普通的家人团聚的照片。人们很难想象：照片中衣冠整齐、面带微笑的我，体内的癌细胞正在猖獗地蔓延。虽然主治医生放弃了外科手术的可能性，我身边的家人的面目表情仍然如此的镇定自若，充满了信心与盼望。

我对内子说："这也许是咱们最后的一张全家福照片了。"她笑着回答我："八年前你做完第一次肾癌切除手术后，我祷告求神再延续你十五年的生命，我与神有一个永久的契约。感谢神，这些年来神听到了我的祷告，已经让你活了八年。神的恩典是可靠的，我们活着有依靠，你不会这么轻易地离开我的，明年八月五号，我们还要一起去参加女儿的婚礼呢。"

注释：

本文初稿写于二〇一七年一月二日， 一个星期后，主治医生改变了对我的治疗原方案，同意让我去见一位外科医生会诊，寻求为我做外科手术的可能性。

写于二〇一七年，一月二日

惟独你超过一切

四月二十三日 星期一，会见外科医生

"You are so handsome"。（你真帅气）内子深情地对我说。

最近也许是我的病情恶化了，她经常这样对我说。我们面对面地坐在南加州"希望之城"City of Hope 医院二楼里的一位外科医生的诊室里。这间诊室很窄小，只能容纳一台电脑、两把椅子、一个医疗器械、一张小桌——上面摆放着一些闪着吓人冷光的手术刀，这不是一个谈情说爱的地方。

今天我们抱着一线希望来到这儿，企望这位外科医生同意为我手术，把脖子里日益增长的两个肿瘤切除。这两个肿瘤是在四月四日的一次 CT 扫描中发现的，但在七天后的四月十一日，我见到主治医生时才晓得，知道这两个肿瘤凶多吉少。那天回到家，在《微信》朋友圈里我发了一条信息："过些日子，若在《微信》朋友圈里我销声匿迹了，请大家不要为我担忧。"

走进诊室的是 Dr. Ellie Maghami，她是一位脑与脖颈肿瘤手术医生。这位女外科医生开门见山，坦率地告诉我们实情，脖子后面的癌瘤已侵入气管与声带，局部手术的风险太大，即使通过手术把肿瘤切除了，手术很可能会对我造成永久性的伤害。还有一个方案是干脆把肿瘤与气管一并切除，在我的胸口上另开一道口子，插上一个通往肺的管子让我呼吸。实施这个方案将会严重影响到我的生活质量。另外我身体内的其他部位还有许多癌瘤，它们仿佛是潜伏在我身上的定时炸弹，随时可能爆炸。女外科医生认为现在大动干戈在这个敏感部位做手术是一个劳民伤财、得不偿失的举动。

女外科医生的一席话打碎了我最后的一线希望。患癌十年的经验告诉我：在抗癌药物失灵、癌瘤急剧增长的情况下，如果外科手术医生拒绝通过手术切除肿瘤，这个患者便离死期不远了。特别是当女外科医生讲到在我的胸口上开一道口子、插个管子呼吸的手术方案时，我不寒而栗。这让我想到周末在家里，我与内子看的一个催人泪下的电影《Breathe》 "我要为你呼吸"（注1）影片中男主角罗宾·卡文迪什的胸口上就插着一根用来呼吸的管子。他是英国历史上依赖呼吸器生存时间最长的病人。在他身边长年陪伴、看顾他的妻子正巧与内子同名，也叫戴安娜。她牺牲了她的青春年华，把全部精力都投入照料全身瘫痪、依赖呼吸器生存的丈夫。影片逼真地展现出男主角通过插在胸口的管子呼吸的艰辛以及插管处大出血的恐怖画面。我暗暗地想：以这种方式苟延残喘，对长期照顾我的内子太不公平了。

与女外科医生告别时，她主动拥抱了我与内子，并告诉我们：她的父亲也是死于与我相同的癌症，她对我的处境非常理解与同情。

医院走廊里的对话

我们在医院走廊的一个角落坐下来吃早餐，一小盒麦片糊、一小盒水果，一个香蕉。当我一口一口地咽下麦片糊时，想到今后自己可能连吞咽食物、讲话、用鼻子呼吸的基本生理功能都要失去了，我凄然泪下。十年来我死里逃生了许多次，自己也一直都在为这一刻做准备，此刻当发现最终自己会如此惨烈地死去时，我彻底失去了求生的欲望。我只求上帝早点把我接走，因为不想让内子陷入极度的痛苦，看着病魔把我慢慢地吞噬掉。在患癌症的十年期间，她对我的付出已经太多、太多。

我流着泪对内子说："我不忍心再继续让你为我受累了。"

"我没有觉得自己怎么累呀！" 从口袋里她掏出一条手巾，轻轻地把我脸上的泪水擦干，温柔地安慰我说："与周末咱们一起看的那个电影里男主角的妻子黛安娜相比，我做的要轻松多了。她照顾丈夫三十多年，我才十年。那个年代没有洗衣机，平时她全用手洗那些血衣与床单，而现在我们有洗衣机。"

看到我仍然哽咽难语，她继续说下去："要知道你不是为你自己一个人活着，你还有我，还有三个孩子，你还没见到你的孙子、孙女呢。"她讲话时平静如水，仿佛从没听到外科医生刚才讲的那一番话。

活着见到孙子、孙女？这怎么可能呢？我心里在想。刚才在外科医生那儿看到的 CT 扫描照片仍历历在目，我的气管已经被肿瘤压迫得凹进去了，留给我呼吸的空间少了四分之一的样子。如果这个肿瘤按照目前的速度持续增长下去，没有多久它就会把我的气管堵死，让我窒息而死。而女儿去年八月才结婚，现在新婚的小两口似乎没有想要生孩子的计划。我们的两个儿子就更八字没一撇了，他们连女朋友还没有呢。

"我看不到了，也不想看了。"我低声喃喃自语。

"还记得我十年前向神的祈求吗？"她柔声细语地提醒我。那是十年前，我在六个月内接连动了两个大手术，医生说我只剩下一年的时间了，她对陷入绝望的我说："我向神求了，让你再活十五年。"当时我并没有把她说的这话当真，再活十五年？对我这个濒临死亡的人来说是那么遥不可及。

内子说的十五年，是她从《圣经》里的一段经文得到的启示。"我听见了你的祷告，看见了你的眼泪。我必加增你十五年的寿数。"（赛38：5）（注2）这是上帝藉着先知以赛亚，向犹大末年的君主希西家讲的一句话。希西家 Hezekiah 出自希伯来语"היקזח"，意思是"耶和华是我的力量"。他是公元前犹大末年的君主，也是犹大国历史中尊重上帝的好王，他在位二十九年，终年五十四岁。

我没有内子这么大的信心。我觉得自己无法与《圣经》里的这个希西家相提并论。他身份显赫，是自以色列有王以来除大卫王之外，最讨上帝喜悦的一位王。他患绝症的时候才三十九岁，正值壮年，上帝听到了他的祷告。而十年前我被诊断出罹患末期肾癌时已经五十六岁了，比那时的他多活了十七年，上帝怎么可能再延长我这个微不足道的生命呢？

但内子每年都会这样对我说，并且这一说就是十年。在这十年期间，我因癌症复发做了六次外科手术，每次在被推进手术室之前都不知道自己是否会活着出来，她总会伏在我的耳边轻轻地说："还没到十五年呢，我在外面等你。"

四月二十六日 星期四 会见放射科医生

通过外科手术切除肿瘤是无望了，于是主治医生建议我接受放射治疗。三天之后内子陪伴我来到医院的地下室，在这儿我们见到一位放射线科医生 Dr. Almini。这位放射科医生是个年轻、英俊的美男子，他听说我这个罹患末期肾癌十年的患者竟然从未接受过放射治疗，不禁大为惊讶。我半开玩笑地对他说："在医院里你们放射科的这个地下室是我最不希望来的地方。"

Dr. Almini 笑着点头，表示理解我这个很不情愿来见他的病人。他向内子与我简要介绍了具体的放射治疗方案。他说近年来美国的放射治疗技术有许多革命性的发展，不同于传统的放射治疗，只能用单独的一束放射线光来辐射肿瘤，他会采用 image-guided radiotherapy，即用电脑图像来操控，从 360 度辐射肿瘤目标。为了达到精准定位，他要为我事先量制一个面罩，把我固定住。

听着这位放射线科医生娓娓讲述这么多有关放射治疗的信息，我半信半疑地问道："这个360度辐射真可以杀死我脖子里的肿瘤吗？"

"因为你患的是肾癌 renal cell carcinoma (RCC)，用传统的放射治疗是杀不死的，但若采用我刚才说的那个360度辐射的新放射治疗技术会产生很好的疗效。当然坏死的肿瘤块不会消失，它们会永久留存在你的脖子里。"

"放射治疗的副作用大吗？"我怯怯地问。

"这是所有来接受放疗的患者最关心的问题"。Dr. Almini 似乎早已预料到我会提出这个问题，他解释说："与你过去接受的那些标靶新药的治疗与免疫药物的治疗相比，放射治疗的副作用要强烈得多了。特别是因为肿瘤已经压迫到气管，放射治疗免不了会伤及至气管与声带，这将导致你在几个月内无法咽下食物，甚至无法发声。另外放疗的副作用是长期的，一年之后，你的气管可能会萎缩粘连，但你也不必慌张，那时我们会设法往你的气管里塞进一个类似小气球的东西把它撑开。"

我没听清楚医生讲的最后一句话，也没有发问。他停息片刻，喘口气，继续讲下去："最严重的副作用是放射线治疗的本身可能引发癌症，但这要等数十年之后，我想对你来说这不应该是一个考虑的因素吧。"

Dr. Almini 讲到这儿时，我们三个人心照不宣地相视一笑，不言而喻，这个最严重的副作用是不太可能发生在我身上的，因为脖子里正在疯长的肿瘤不会让我活那么久。

"你们还有什么问题想问我吗？"Dr. Almini 问道。

"没有，这么多年来我们是凭借着信心活下来的。"内子脱口而出。

听到内子这所答非所问的回答，这位在放射治疗学术领域多次获奖的放疗专家先是一怔，然后点头微笑着说："对对对，信心与科学都需要。"

"你们回家认真讨论一下，不必急于做决定。若是同意做放射治疗的话，请在这个文件上签字。" 说着 Dr. Almini 递给我一份同意书。我从他手里接过文件，不加思索地在上面签下我的名字。在这生死关头，我似乎没有其他选择。

临走之前，Dr. Almini 让他的护士为我安排了放射治疗的具体日程，总共需要做五次，从五月八日开始。在这之前，明天我还需要到来这个医院的地下室做放疗前的准备工作：技术人员要为我量制一个面罩，以及做 CAT 扫描。

吃小笼包

我们走出医院大楼，朝着停车场方向走去。我走得很慢，边走边在心里数算着日子，离五月八日还有十二天。坐进车里，我沉默不语地看着内子把车缓缓地开出医院的停车场。出乎我的意料之外，她没有朝回家的方向开。

"咱们不回家吗？你这是要去哪儿呢？"我纳闷地问她。

"咱们去'鼎泰丰'吃小笼包吧。"

"现在去吃小笼包？"刚才放射线科医生那一席令人生畏的解说仍然萦绕在我的耳边，我哪有胃口去吃什么小笼包呢？但她不容我分说，执着地开车来到离医院不远的"鼎泰丰"。这是一家以小笼包闻名的连锁餐厅，因为它精美的食品与高质量的服务，开业以来总是门庭若市。

当侍者把热腾腾的小笼包端上桌后，看着竹笼里一只只小巧精致、以"黄金十八褶"的特色方式制作成的小笼包，我一下子有了食欲。内子对我说："你要多吃点，在五月八日之前，每天我会在家里为你做好吃的，增加点体重，让你有体力去做放射治疗。"最近几个月，我经常呕吐，失去了食欲，在三个月里体重减少了十几磅。为了引起我的食欲，她煞费苦心，每天都换着法儿为我做各种不同的饭菜，逗着我咽下去。

我细细品尝着小笼包，细薄的面皮、鲜美的汤汁、香喷喷的肉馅，我珍惜咽下每一口小笼包的感觉。

"我刚才没有听清楚，你记得 Dr. Almini 讲：一年后他会往我的气管里塞进去个什么东西帮助我呼吸吗？"我一边吃着小笼包，脑子里还在想着方才那位放射科医生的解说。

"说实话，他在讲那一大堆副作用时，我根本没有在听。"内子坦白说："我心里很平安，我压根儿不想听那些副作用，你还没有活到神应许我的十五年呢。"

四月二十七日，星期五，头罩

吃早餐时，内子问我："你确定今天可以自己开车去医院吗？我可以把下午学生上课的时间调整一下，开车带你去医院。"
"没问题，我可以自己开车去。"我信心满满地回答她。

在患末期肾癌的十年期间，因怕我开车注意力不集中出事故，她没收了我的驾照，当了我的全职司机。但一年前，她突然改变了主意，允许我在身体状态还好的情况下自己开车去医院接受治疗。她曾经说："我要把你当成没有癌症的正常人看待。"我心里清楚她是在激励我求生的欲望。

"今天也不是去接受什么药物治疗，只不过是去做一次 CAT 扫描和量制头罩。放心吧，不会出什么事的。"出门之前我对她说。

按照预约时间——中午十二点，我来到医院的地下室。一位医护人员把我引到一间屋子里。在这儿有一个 CAT 扫描仪器，工作人员让我把上衣全部脱光，半裸地躺在 CAT 扫描仪器前的长平台上。我心生狐疑，十年来我在医院的另一个部门做过无数次 CT 扫描，从来没有被要求脱光衣服，为什么在这个放疗地下室里要赤裸上身呢？

我仰卧在仪器前那个长平台上，等待着被推进 CAT 扫描仪器里。我的眼睛直视头顶上的天花板，那儿有一幅美丽别致的摄影照片：湛蓝色的天空、怒放着的紫色花朵、绿色的枝叶，整个画面逼真、生动，给人带来一种视觉上的美感。

在我正在欣赏这幅美图时，一个炽热的湿物体扑面而来，罩盖在我的头上，我的眼前一片黑暗，我无法睁开眼睛，也无法用嘴和鼻子呼吸。接着我感到一个彪壮、沉重的身躯压在我的头上、脖子、肩膀与胸上，他拼命地压迫着我，同时用他的双手按压，试图让这个炽热的东西紧紧地粘贴在我的身上，我陷入万分惊恐之中。

我强忍着憋了一口长气，直到有人在我的眼睛与鼻子处剪破一个小缺口才得以喘息。这时我感到罩在头上的这个炽热的物体逐渐冷却下来，当它开始变得坚硬时，我感到喉咙被卡住了，无法咽下唾沫。我想告诉正在操作 CAT 扫描仪器的工作人员，但我发不出求救的声音。我想打手势求救，但我发现自己的两只胳膊都被牢牢地罩在木板上，一点也动不了。我感到自己仿佛是被固定在一个刑具上忍受着百般的折磨，每一秒钟都是那么漫长。

当有人把蒙在我头上的"刑具"取下来时，惊恐万状的我贪婪地深呼了一口气。接着我被人从平台上扶起来，这时我看到我赤裸的胸部上被人用蓝色的画笔划了一条粗粗的直线，有一层透明的胶纸覆盖在这条蓝线上。这大概是工作人员为了我在一个星期后回来重新带上这个头罩接受放疗而留下的标志。我坐在那儿狼狈不堪，呜呜地哭起来，这是我有生第一次见到有人在我赤裸的肉体上画上一道涂鸦似的线条，我感觉失去了活着的尊严，恐惧与屈辱交织在一起啮噬着我的心，我的精神崩溃了。

从医院出来，我一路哭着，好不容易把车开回家。这是我患末期癌症十年来第一次这么个哭法，我从没有感到如此这般的软弱。

一进家门，就听到从内子的琴室里传出的悠扬的琴声，这与我刚才在医院地下室所经历的惊悚、恐怖简直是天堂与地狱之别。我没有打扰她的工作，径直走到楼上的卧室。打开圣经《约伯记》。我读到约伯在受难时向神哭诉："他们切望死，却不得死……。因我所恐惧的临到我身，我所惧怕的迎我而来。"（伯3：21，25）我也向神哭诉："主呵，真希望你把我早点接走。"读《约伯记》让我的心情平复一些，我抹干眼泪，走到楼下，在厨房做起晚餐来。

晚饭的时间到了，我把做好的饭菜摆在餐桌上。当内子教完学生走进厨房时，她说："你好棒呀，安全地自己开车回家了，今天去医院怎么样？"

我没有回答她，只是走上前去，紧紧地拥抱着她，哭了起来。她轻轻地抚摸着我的肩膀说："你在医院一定又受苦了，其实你要知道，现在不是你在与癌症作战，而是神在为你与癌症作战。我把你交托给天上的父了，如果祂不想继续作战，祂就会把你接走。"

吃过晚饭，接到主治医生 Dr. Pal 打来的电话，他说他正在捷克的首都——布拉格开一个重要的国际癌症研讨会议。在电话里他给我吃了一颗定心丸，告诉我不要担忧、惧怕，他计划在我的放疗结束后给我换一个新的抗癌药。

这位在美国享有盛名的癌症主治医生出国参加会议时还想到我这个病人，我和内子听后都十分感动。向他表示谢意之后，我对他说："布拉格是一个很美的城市，我女儿曾去那里参加过一个夏季音乐营，你有机会在城里逛一下吗？"

"我一下飞机就直奔会议中心，这次时间太短，没有机会到外面走走，下次来时再说吧。"主治医生这些年变成一个"空中飞人"，经常被邀请到世界各地做学术演讲。

四月二十九日，星期日，"惟独你超过一切"

十一点十五分，我与内子正在聚精会神地收看电视第五频道播出的一位老牧师——Dr. Stanley 的讲道时，我的手机响了，是我的癌症主治医生 Dr. Pal 打来的，这是他三天以来第二次打电话给我。

"你还在布拉格开会吗？"我好奇地问他。

"我已经回来了，现在我在商场陪妻子买东西。"

"哇塞，你真是位'空中飞人'呀！我惊叹不已，看来这些天主治医生无论走到哪儿都没有忘了我这个大病号。"

"我决定推迟你的放疗日程，让你先试用另外一个药物。"

我不敢相信自己的耳朵，追问了一句："那么五月八号我就不需要去医院接受放射治疗了吗？"

"是的"。主治医生在电话里确认："我已经把你五月八号放疗的预约取消了。"

当听到五月八号我不需要戴上那个刑具似的头罩接受放射治疗时，我如释重负地长舒了一口气，在我身旁的内子流着泪说："在人所能及的范围内，你与《圣经》里的那个患十二年血漏的女人一样，早已经毫无指望了。我只有像她那样凭信心紧紧抓住主耶稣外袍的衣角，祈求上帝再在你身上行一个神迹，让你可以活十五年。"

望着一向平静坚强而此刻却泪如泉涌的内子，我这个笨嘴拙舌的人心中只有那一句话："才德的女子很多，惟独你超过一切"。（箴31：29）

注释：

1）《我要为你呼吸》（英语：Breathe）是一部二〇一七年美国传记剧情片，由安迪·瑟克斯执导，威廉·尼柯逊 William Nicholson 撰写剧本。其剧情叙述患有脊髓灰质炎的罗宾·凯文迪许 Robin Cavendish 在妻子的关爱下渐渐走出疾病的阴影。

2）新约圣经（可 5: 34）：在拥挤的人群中，一个患了十二年血漏病的妇人摸了耶稣的外袍衣角，耶稣察觉到后转过身来对她说："女儿，你的信救了你，平平安安地回去吧！你的灾病痊愈了。"

写于二〇一八年，六月四日

美国法院的"癌道主义"

陪审团通知书

在过去几年蜗居家中养病期间，我经常会接到洛杉矶高等法院寄来的陪审团通知书 Jury Duty Sermon。每次接到这些信件，我都会拿去请我的主治医生在上面签字，证明我是末期癌症患者，身体状况不适应去做陪审员。主治医生的签字非常有说服力，几年下来法院每次都接受了我的请求，免除了我去履行陪审团的义务。

今年四月里的一天，我又接到了洛杉矶高等法院的一封陪审团通知书。按照惯例，我请医生签字后把通知书寄回法院。没想到几个星期后，我收到了法院的第二封陪审团通知书，信上说他们审阅了我的请求，认为我申诉的理由不充足，我必须履行陪审员的义务。

这封法院通知书的格式与上次的不同，信中把医生签字的那一栏目删掉了。我心里猜想：是不是法院里的哪位工作人员弄错了，没有仔细阅读上次医生为我的病情写的证明？我把自己免除陪审团的请求重新填写在这封通知书里。寄出之后，我以为自己可以高枕无忧了。

谁知道五月二十号，我接到洛杉矶高等法院的第三封信，原本绿色的通知书这次变成了桃红色，像是在警示我必须按照指定的日期去法院报到。当看到这封桃红色的法院文件时，我不由得火冒三丈。心想：这洛杉矶高等法院也太不人道了吧！为什么三番五次地对我这个快要死的末期癌症患者纠缠不放，非逼着我去当陪审员呢？

那天晚上，我把这件事告诉了内子。原以为她也会站在我的立场上愤愤不平，对洛杉矶高等法院的这种不近人情的做法附声痛斥一番。然而内子的反应大大出乎我的意料，她没有像我一样情绪激动，她半开玩笑地对我说：“你以前在公司上班时不是很会用英文写文件吗？去写一封信向法院解释清楚你的理由不就行了吗？”

内子幽默、冷静的态度让我顿时觉得羞愧起来。是呵，遇到这点小事情我的情绪为什么会如此脆弱、敏感呢？过了两天，待自己的心情平复之后，我按照内子的建议向法院写了一封诉求书信。以下是这封信的中文译本。

一封诉求信

尊敬的洛杉矶高等法院，

正如我多次在回复你的陪审团通知书中所述，由于患有严重疾病，我无法履行陪审团职责。

我是一位末期肾癌患者，自从去年九月癌症复发以来，我经历了两次手术。（我一共经历了六次手术。）目前我在接受“免疫治疗法”immunotherapy，医生在我身上用的药物叫 Opdivo，也称为 Nivolumab。这个药物的副作用使我疲惫不堪，白天需要睡好几次觉，才可以及时被“充电”——恢复体力。这个药的副作用也令我也很难集中精力做事情。以下是医药公司列举的这个药物引起的最常见的副作用：

"疲惫、无力、浮肿、发烧、胸痛、全身疼痛、气短、咳嗽、肌肉与骨关节疼痛、失去胃口、肚子痛、恶心呕吐、便秘、体重减轻、皮疹、皮痒……"

我需要经常去医院接受治疗，做 CT 扫描、看不同科目的医生、验血。为了方便你的审查，随此信附上自今年上半年我在"希望之城"癌症治疗中心医院的全部预约时间表。

我注意到在陪审团通知书中有这么一个指示："Please arrange your schedule accordingly 请把你的时间相应地安排好。" 但是当你读完我在医院的这些频繁的预约时间表后，你就会意识到去"相应"地改变这些治疗预约时间是多么的不现实。

如果你需要其他有关我的治疗信息，请直接与我的癌症主治医生——苏曼特·保尔医学博士联系。

最好的问候，

常约瑟

二〇一七年，五月二十五日

"最后通牒"

我特意找了一个大信封把这封信与附件装了进去，因为我那厚厚的一叠医院预约时间表无法全部塞进普通的信封。第二天在去医院的路上，我特意到一个邮局把这个大信封挂号寄出。

信寄出之后，我如释重负。心想：当法院的工作人员看到我这封理由充分的诉求信，以及那一叠厚厚的医院预约时间表时，他们一定会基于"癌道主义"网开一面，免除我陪审员的义务了吧。

信寄出九天后，六月三号下午，我去邮箱取信件。当打开邮箱时，赫然发现我最不想见到的信件。

这是洛杉矶高等法院向我发出的第四封陪审员团通知书。在这桃红色的通知书中，法院以严厉的词句向我发出了"最后通牒"："鉴于你没有按照指定的日期到法院报到，根据加利福尼亚州《民事法第 209 条》规定，你将面临罚款与监禁的处罚。请务必按照此信中指定的地点与日期去报到，履行你的陪审团义务。"（注释 1）

我上网查了一下，这个《民事法第 209 条》规定：对于不履行陪审团义务的公民，要对其罚款从二百五十美元到一千五百美元。屡教不改者，甚至可以被监禁。

我有点不敢相信自己的眼睛，难道我写的理由充分的诉求信全打水漂了？难道那厚厚的一叠医院预约时间表仍然无法打动洛杉矶高等法院工作人员的心？难道他们心里没有一点儿"癌道主义"？

这次接到法院的"最后通牒"，我没有像上次那么情绪化。我冷静地分析：或许他们没有收到我在五月二十五号寄到洛杉矶高等法院的诉求信，或许收到我的诉求信的部门没有与向我发出"最后通牒"的部门之间有良好的协调才造成了今天这个局面。看来现在我没有其他的选择，必须亲自出马，在法院指定我报到的那天，去法院当面向工作人员陈诉我的请求。

开车去法院

"最后通牒" 要求我：必须于六月二十七号上午八点去法院报到。

患病九年来，内子成了我的全职司机。她开车带我去医院接受治疗，去海边沙滩散步，去超市买菜，去急诊室……。而这些年来，我这个大病号很少独自开车出远门。但六月二十七号这天上午，内子要开车带她八十多岁的母亲去看医生，她分身无术，这次没有办法当我的司机了。

想到要自己开车去法院，那儿又是一个我不熟悉的环境，我心里多少有点紧张。这天我起了个大早，先测量一下血糖，注射了一个单位的胰岛素，把血糖降低到一个理想的指数。九年前，在一次手术中我失去了胰脏，控制血糖的稳定成了我每天生存的一个重要任务。特别是今天对于即将独自开车出门的我来说，控制好血糖尤为重要。

我开始准备应该随身携带的物品：法院的"最后通牒"书、我上次写给法院信的副本、医院预约时间表、量血糖的仪器、消化晦药品、两片面包、一根香蕉、一块巧克力。（血糖过低时的应急物品）

另外我还带上了平时写作用的 ipad 和友人女作家海云的一本新书。

我想：假如接见我的法院工作人员仍坚持要求我履行陪审员的义务，我便可以利用冗长的陪审时间在法院读书与写作。

我在手机上查了一下地图，我要去报到的法院在 Covina 城市，距离我家开车需要三十多分钟。因为担心路上塞车，我提前一小时便开车上路了。

早晨七点钟正是人们赶路上班的时间，行驶在高速公路上的车如同蜗牛似的慢慢向前爬行。我只开了十分钟，便因车堵得太严重，不得已从高速公路下来，抄小路直奔 Covina 法院。

我来到 Covina 法院时刚好八点，法院大门紧闭，门上写着八点半开始办公。只见大门外有许多人在排队，这些人都是被警察开了交通罚单的人，他们是来交罚款或出席法庭申诉的。

我好生奇怪，既然法院八点半才开始办公，为什么"最后通牒"上指示我八点报到呢？正在纳闷时，一个排队的年轻人告诉我，法院的后门有一个专门为陪审团走的特别通道。

我围着法院走了一大圈，才找到它的后门。果不其然，在这个后门的墙壁上贴了一个红色的牌子，上面写着："陪审团入口处"。

进入这个后门，看到类似机场里的那种安检设备。这让我想起几年前在美国一个法庭上发生的一个悲剧——一个愤怒的被告人拔枪射杀了法官。从那之后美国的法院便开始戒备森严，采取了一系列安全措施以防类似的悲剧再次发生。

过了安检通道后，我在走廊的尽头找到了陪审团的房间。这是一间有四排椅子，可容纳五十人左右的房间，屋里还有几张小圆桌。令人奇怪的是陪审团房间里空荡荡的，只有我和与我同时走进来的另外两个男士。我心生疑惑：其他的陪审员都上哪儿去了呢？

陪审团

陪审团的英文是 Jury。这个英文名词出自古法语 Juree，意思是誓言、审讯、发誓。在美国有两种陪审团：一种叫小陪审团 Petit Jury，也可称为审理陪审团 Trial Jury，它由八人组成。另一种叫联邦大陪审团 Grand Jury，它由十二人组成。

这次洛杉矶高等法院传唤我来报到的是小陪审团。不管是大陪审团还是小陪审团，这些陪审员都是来自社会的普遍民众。可别小看了这些可能对高深的法学一窍不通的普通平民，在美国刑事诉讼案件中，他们握有判断被告者有罪或无罪的大权。

法官的英文是 Judge，这个英文名词出于拉丁文 Judex，源于圣经旧约希腊文 Shophet，意指在战争中被赋予临时指挥权的领军人物。法官精通法律，他的职责是主持法庭诉讼、听取证人的证词、根据他的法律专业知识向陪审团解释法律法规，当然法官也会对被告人的量刑做出判决。

对生活在中国大陆的民众来说，美国的法律赋予陪审团里的普通百姓如此大的裁决权是一件不可思议的事情。因为在当前的中国法律制度下，纪委可以"双开"任何被怀疑为违法乱纪的政府官员，法官与"上级领导"握有法院判决的绝对权力。

美国法院陪审团制度的建立是出于一个基本的理念：让被告人有一个公平的审判，宁可放过一个坏人，也不能冤枉一个好人。特别是刑事案件，严格规定陪审团所有的成员必须达到一致的共识才可以判定被告人有罪。

多年前，我曾经入选过一个陪审团，对美国法律的这个理念有切身的感受。那是一个刑事案件，要求八个陪审员一致达成共识才可以判定被告人有罪。面对警方与几个证人铁证如山的证词，我与其他六位陪审员都投了有罪票。然而一位持异议的陪审员却投了无罪票。尽管我们七个陪审员花了两天的时间试图说服他，但都徒劳无获。看到他铁了心地固执己见，我们七个陪审员只好放弃了。当我们在法庭上向法官宣布我们无法达成共识时，法官立即裁决此案流产，并当场释放嫌疑罪犯。我永远也忘记不了那个原以为自己注定要坐牢的被告人听到这个意外宣判时的惊讶表情，他几乎不敢相信自己的耳朵，喜极而泣，与他的家人又蹦又跳地拥抱在一起。

在我身旁的一位陪审员看到这戏剧化的结局，喃喃自语："希望他因此而改邪归正，不再犯法。"

"癌道主义"

陪审团室内因为没有几个人，偌大的屋子显得十分宽敞、肃静。室内的椅子很舒适，我随便找了一把椅子坐下，闭起眼睛休息片刻，这时脑子里猛然涌现出《圣经》里的一句经文："你们为主的缘故，要顺服人的一切制度，或是在上的君王，或是君王所派罚恶赏善的臣宰。"（彼前 2：13-14）

此刻这段经文在我心里起了神奇的作用，我发现自己心如止水，前些日子心里的那些不快情绪烟消雾散得无影无踪了。我心中突然有一个渴望，想留下来参与陪审团的工作。我在想：也许这是上帝的旨意，让我学习如何"顺服人的制度"，给我最后一次机会去"罚恶赏善"。毕竟对世界上许多生活在民主法制还不尽完善得国家里的人们，这可是一个他们梦寐以求、可望不可即的神圣职责。

我与另外两位男士在这陪审团室内等了十几分钟，一位法院女工作人员走进来向我们宣布："今天法官没有陪审团案件，请你们在陪审团通知书上签字后到我办公室来，等我记录下你们来报到过之后，你们就可以回家了。"

听罢我傻了，一时搞不清对我来说这是个好消息，还是坏消息。我走到她的办公室，把法院给我的"最后通牒"交给她。趁她正在电脑上寻找我的档案时，我对她说："我在五月二十八号曾经寄给洛杉矶高等法院一封诉求信与我的医院预约时间表，那信可能寄丢了，我于六月三号又收到这封陪审团通知书。我把上次寄丢了信的影印版带来了，你可以看一下吗？""不必了。"这位女工作人员一边看着电脑的屏幕，一边对我说："其实你今天根本不需要来，法院在六月五号就批准了你的诉求信，免除了你的陪审团义务。这张陪审团通知书是在六月五号的前两、三天发出的，早已无效了。"

也许太兴奋了，在开车回家的路上，我这个洛杉矶地区的老居民竟然迷了路，我在大街小巷中"游车河"时感激之情油然而生，心里不停地在念叨：美国的法院还是挺有"癌道主义"的呀。（注释2）

注释

1）"Any prospective trial juror who has been summoned for service, and who fails to attend as directed or to respond to the court or jury commissioner and to be excused from attendance may be attached and compelled to attend. Following an order to show cause hearing, the court may find the prospective juror in contempt of court, punishable by fine, incarceration, or both, as otherwise provided by law"（Civil Code of Procedures Section 209）.

2）五天之后，我在医院接受了自从患末期肾癌九年以来的第七次手术。

写于二〇一七年七月十二日

卖墓地

SACRED HEART

买墓地

十五年前，我与内子有过一次争吵。那次令人不愉快的争吵是因为我没经过她的同意便执意地买了两块墓地。

那年我大姐教会里的一些教友们筹划在玫瑰岗墓园买墓地，因为当时玫瑰岗墓园销售部门有个促销，如果有足够的人数凑在一起集体买一片墓地，价格便可以低于市价很多。但由于教会里想买墓地的人数距墓园促销的最低标准还差几个人，他们需要再多拉几个人才行，我就这样被拉进大姐教会里的那个买墓地群里了。

玫瑰岗墓园，顾名思义，坐落在南加州风景优美的玫瑰岗 Rose Hill 山上。这个具有百年历史的墓地建于一九一四年，占地一千四百公顷。墓地里林茂叶繁，花草争芳吐艳。墓园的规划有严格统一的标准，不允许墓碑与石墓座高出地面，所有的墓碑一律都平躺在与草地平面同等的地面上。从远处望去，开阔的绿色草地宛如一层毛茸茸的地毯铺在高低起伏的玫瑰山坡上，整个墓园像是一个宁静优美的大公园。近年来这里被评为全美国最好的墓园，虽然从没有亲自考查过，可据说我买的那两块墓地位于玫瑰岗山上的一处高地，居高临下，纵览群山翠色，我相信风景这边独好。

但内子对这个风水宝地并不感兴趣，她极力反对我去买墓地。 她认为像我们这种"月光族"家庭花几千美元去买两块墓地实在是奢侈、浪费。另外她不认为我们死后埋在墓地里是一个"必须的"选择。当她发现我固执己见，她无法阻止我去买墓地时，无奈地对我说："你死后自个儿埋在那儿吧，我不会随你埋在那儿的，我宁愿选择把自己的骨灰撒在大海中。"

想到自己花了那么多钱买下这两块墓地，到头来将只有我一个人寂寞地躺在那儿，我一直耿耿于怀，心里暗自盼着有一天内子会改变主意，同意与我一起合埋在墓地里。

我对墓地的痴迷

我对墓地的痴迷始于我的外公梁善川。我的这位外公是民国时期在青岛乐善好施的慈善家，也是个建墓人。他于三十年代初，集资捐助在青岛双山西北的孙家顶子买下了十五亩地形似卧龙的山地。在这个风水宝地上，他为在青岛的广东同乡们打造了一个独特的广东公墓。外公梁善川用崂山的花岗岩在这十五亩墓地的外围建造了围墙，另外还建造了殡仪厅与门楼。

五十年代末与六十年代初的清明节期间，我曾多次随父母去过这个广东公墓，公墓的门楼上刻有"青岛广东公墓"六个醒目的大字。记忆中这个墓地很幽静，有许多形态天然的树木与花草，我经常穿梭于墓园的丛林之中玩耍。但我长大后听说这个孙家顶子原来是一座秃山，这些林木花草都是外公在三十年代初建墓地时种植的。

在这个广东公墓里埋葬着我的一个哥哥常以撒，他出生后只活了一年多便因病去世了。我的父母悲痛不已，为他们这个夭折的幼儿打造了一个精致的黑色花岗石坟墓。在那个年代黑色花岗石是稀有品，与广东公墓里的其他坟墓相比，以撒哥哥那个黑色的花岗石小坟墓看上去格外别致、神秘雅典，给儿时的我留下了深刻的印象。

在这个广东公墓里埋葬了五百多位广东同乡，他们大都是在十九世纪青岛开埠时来到青岛经商的广东人与亲属，他们是建设这个美丽的德国殖民城市的先驱者。然而令人遗憾的是在一九六六年，这个具有青岛人文历史意义的广东公墓在"文革"八月红色恐怖中被夷为废墟。以撒哥哥，甚至于我的外公梁善川——这个广东公墓创建人的坟墓都没有逃脱被毁灭的厄运。人们随之在这儿盖起了丑陋的厂房与仓库，改革开放后又有许多高楼式住宅拔地而起。

虽然在半个世纪前，广东公墓从青岛的土地上永远消失了，但在那个恬静的墓园里，那些叶茂繁枝的丛林与多姿多彩的花草、以撒哥哥的黑色花岗石小坟墓从没有从我的记忆中抹去。

令我动心去买墓地的另外一个原因是想弥补多年来暗藏在自己心中的一个缺憾。我的双亲去世后都没有被埋在墓地里。父亲常子华在"文革"动乱中去世后，母亲梁今永把父亲的骨灰盒存放在家里多年。母亲去世之前托付一个叫纪兰的农妇，在她居住的崂山角下，找一个隐蔽的地方把父亲的骨灰埋在地下。

纪兰姐与我父母的关系非同一般。民国时期她是一个无家可归、捡破烂的穷孩子。有一天我的母亲在广饶路老宅的大门外发现一个骨瘦如柴、衣不遮体的小女孩，母亲把蓬头垢面、饥渴交迫的女孩儿领回家，给她洗澡，换上新衣服，给她食物吃，从此待她如自己的孩子一般。她也视我的父母为救命恩人，后来每逢过年、过节都会来到龙江路三十二号老宅给我的父母拜年。每次从乡间来时，她都会带一些自己种的玉米棒、地瓜、蔬菜……。记得她从母亲手中接过父亲的骨灰盒时怆然泪下，她对母亲说她一定会遵循母亲的嘱托，在崂山寂静的山林里找一个人烟稀少的地方将父亲的骨灰埋下。

一九八八年母亲死后，我们与纪兰去了联系，无法知道当年她把父亲的骨灰埋在崂山葱茏山林里的哪棵树下。每每想到这件事，我都会歉疚万分。按中国传统的风俗：人死后要入土为安，但我这个儿子竟然连自己父亲的骨灰埋在哪儿都不知道。更令我伤感的是母亲的骨灰也没有埋在墓地里。几年前，母亲的骨灰被撒入青岛的近海了，我只能在太平洋彼岸望洋兴叹，不胜唏嘘。没能把父母安葬在墓地里长眠是我一生中的憾事。

墓地失踪了

光阴似箭，自从我买下玫瑰岗墓园里的那两块墓地后，十五个年头过去了。时间证明我想"统战"内子与我一起埋葬在墓地的初衷纯属一厢情愿。事实上，我不仅没有把她"统战"成功，反倒被她"策反"了。

四年前当得知我的癌症扩散到肺部时，内子在与我一次促膝谈心中流露出她的一个心愿——她希望我们的三个孩子在我们撒手人寰之后，会在他们的心里纪念父母，而不是在形式上去墓地祭拜我们。

内子的这一席话让我想到了多年前去世的父母。虽然我没有为他们买墓地，甚至于不知道父亲的骨灰埋在哪儿，但他们的音容宛在，他们的灵一直与我同在。我一生都在努力，希望自己可以成为一个像他们一样有着高尚情操、正直善良，敬畏上帝的人。想到这儿我突然领悟到：尽管我一生中视父母为自己的楷模，却忽视了他们留给我的一个无言的暗示——做一个死后没有墓地的人！

卖墓地必须持有墓地证书，但当我在家里翻箱倒柜找我的墓地证书时，竟然找不到了。我几次打电话给南加州玫瑰岗墓园办公室，查询我当年买墓地的记录，但都一无所获。在玫瑰岗墓园的电脑档案里有许多与我的英文名字同名、同姓的墓主，可是他们之中无一显示出我的住址，也就是说我买的那两块墓地莫名其妙地"失踪"了。

这可真是让我哭笑不得。我耿耿于怀了十几年，盼望内子回心转意与我一起长眠的风水宝地——墓地，就这么不声不响地失踪了！听说我找不到墓地，内子没有表示出任何关切，她似乎对我丢失价值上千美元的墓地一点儿也不为所动，如同当初我买墓地时她丝毫不感兴趣一样。

没有墓地证书就无法卖墓地，我只好放弃了。时间一晃四年过去了，这期间我疲于应对频繁的癌症复发，接受了好几次手术，这两块墓地也就逐渐地从我的脑海里淡出了，直到去年十一月我接到一位友人的电话。

这位友人在电话里与我聊天时无意间提起她与家人最近在玫瑰岗墓园买了几块墓地，这让我想起自己"失踪"的风水宝地。我央求友人请卖给她墓地的那位经纪人帮我查找一下我买的墓地的下落。

两天后那位经纪人打来电话说无法查到我买墓地的记录，但她安慰我说，墓地是不可能"失踪"的，一定是哪儿出了什么技术上的差错。她让我把当时买墓地的详情告诉她，也许她从中可以窥见出点踪迹。

听到我述说买墓地的经过，那位经纪人在电话里说，如果真是这种情况，她猜测我可能需要与大姐教会的牧师联系，在得到牧师的允许之后，我才可以卖我那两块墓地。她说这也许就是我三年来一直无法找到自己墓地的原因，因为当时这片墓地或许是以集体的名义买下来的。

经纪人的这一番话让我晕了头，因为去年十一月正值我的癌症第六次复发，主治医生放弃了通过外科手术切除肿瘤的治疗方案，人都快要死了，哪有精力与心情跑出去找大姐教会的牧师来批准我卖墓地？身心交瘁的我于是断了继续寻找这两块墓地的念头。

失而复得

两个星期之后，那位经纪人给了我一个意外的惊喜，她打来电话说我的两块墓地被她找到了。原来这位好心人并没有放弃帮助我，她根据我提供的线索穷追不舍，查证到当初大姐帮我买墓地时是用她自己的住址帮我买的。经纪人告诉我，我只需要持身份证到玫瑰墓园管理处交二十五元的手续费，便可以拿到墓地证书。

去年十二月初的一天，我与内子驱车去玫瑰墓园管理处办理取回墓地证书的事宜。接待我们的是一位专门管理墓地证书的女职员。听罢我们的来意，她验证了我的身份证件之后，很快在电脑上找到了十五年前我买墓地的资料，并复印一张墓地证书给我。

从女职员手中接过这张失而复得的墓地证书，我百感交集。当年没有听从内子的劝告，执意地买了这两块墓地，没想到竟然惹了这么多麻烦。我迫不及待地对女职员说："我想卖掉这两块墓地，可以告诉我卖墓地所需要办的手续吗？"

听到我要卖墓地，女职员懵怔片刻，她一下子搞不懂，为什么我要把好不容易才失而复得的墓地立即卖掉，她劝我三思而后行。她对我解释道：玫瑰墓园管理处只管卖墓地，但不会买回墓地。想要卖墓地的墓主需要自己上网登广告、找买主。墓园管理处对每一块成交的墓地征收四百美元，其中二百美元是转换墓主证书的手续费，另外二百美元是一次性的墓地管理维修费。她还告诉我：在美国卖墓地获得的增值赢利是免税的，因为国税局没有把墓地与普通的土地房屋交易相提并论。我听后啧啧称奇，这是我生活在美国三十多年来第一次听说：靠着衣租食税而生存的山姆大叔如此海量，竟然对百姓们卖墓地的赢利网开一面，免征其增值税。

卖墓地

最终我把墓地卖给我的一位好友 Thomas。虽然墓地证书上的墓主只有我一个人的名字，但根据加州夫妻拥有共同财产的法律，卖墓地的一方需要夫妻两人同时来到墓园管理处签字才可生效。那是二月里一个烟雨蒙蒙天，我与内子按事先与好友 Thomas 的约定，于上午十点在玫瑰墓园的管理处见面。转换墓主的手续非常简单，我们只花了十几分钟的时间便办理完了。当我把墓地证书交还给管理处的女职员时，我有点恋恋不舍地看了最后一眼这张不久前才失而复得的证书。证书上面除了印有我这个墓主的名字之外，还以醒目的黑体字标明我买的那两块墓地是属于玫瑰墓园里的一个叫作 Sacred Heart 即"神圣之心"的墓区。

一个多么好听的名字啊！我突然起了一个好奇心，想亲自去这个叫作"神圣之心"的墓地看一下，毕竟我这个有十五年"墓龄"的墓主还没有亲眼见过"神圣之心"是个什么样子呢。

我的这个提议遭到内子的否决。她说："在这阴雨蒙蒙天，你跑上山去能看到什么呢？万一你这个弱不禁风的大病号被雨淋病了如何是好？为何不请 Thomas 以后找个晴天去为你拍几张照片呢？"

想想内子说的也有道理。我们所在的墓园管理处位于玫瑰墓园的大门口处，从这儿开车上玫瑰山去寻找"神圣之心"墓区还需要一段路，在这阴霾笼罩的天气硬拖着压根就对墓地不感兴趣的内子去寻找已经卖掉的墓地实在是有些不合情理。

我放弃了上山的念头。但在与友人 Thomas 告别时，我央求这位新墓主在他方便的时候找一个晴朗天上玫瑰山为我拍摄几张"神圣之心"墓区的照片，他一口答应了。

当内子把车开出玫瑰墓园的大门时，我在车里透过车窗望着在雨雾中渐渐远去的玫瑰山如释重负，讷讷自语说："别了，玫瑰墓园！"我终于不必再为墓地烦恼了。内子一边开车一边开心地笑道："夫妻同心多好呀！"

神圣之心

那天回到家后不久，友人 Thomas 在《微信》上转发给我几张照片。原来我们离开墓园后，他并没有立即回家，而是冒雨开车爬上了玫瑰山，在偌大的玫瑰墓园里找到了"神圣之心"墓区，在蒙蒙细雨中为我拍了几张照片。

在 Thomas 拍摄的照片中我终于看见"神圣之心"了。那是一大片开阔的绿草山地，从照片上看，大部分墓地还没有被利用，也就是说当初在"神圣之心"买下墓地的人们的年龄大都与我差不多，目前还没有死。可以想见在未来的年月里，这片未开垦的处女地将会多么繁忙，人们将纷纷来到这儿掘土挖穴，建造一个居住面积只有棺材大小、拥挤的"地下集合公寓"。

其实我对"神圣之心"这个名词并不生疏。世界上许多天主教的机构都以"神圣之心"命名，这包括众多医院、中小学校、大学、教堂、书店……。在基督教的艺术作品里，"神圣之心"还经常被描绘成在一束神圣的光芒下，一颗璀璨火红的心被刺穿——十字架下一颗受伤的心在流血，一顶荆棘的冠冕环绕四周。被刺受伤的心与荆棘冠冕影射主耶稣的死，而火红的心象征"神圣之爱"

变革生命的力量。但把"神圣之心"用来命名一块墓区，我还是第一次听说。

那天晚上，我看着这些 Thomas 为我拍摄的"神圣之心"照片久久不能释手。想想从我开始买墓地起，至病中丢失墓地，到后来失而复得，最后卖掉墓地。前前后后，我与这墓地打交道折腾了十五年之久。在这漫长的岁月里，上帝改造了我这个痴迷墓地的人，让我终于意识到古人所说的入土为安，实际上并不可能让我在这片"神圣之心"墓地里得到真正的平安。若想寻找永久的平安，必须去拥有一颗活生生的"神圣之心"。

《圣经》里耶稣讲的一句著名的话向我揭示了如何去拥有一颗"神圣之心"。祂说："复活在我，生命在我。信我的人虽然死了，也必复活。"（约 11：25）

那天晚上我睡得很香甜，睡梦中我看见一束神圣的光从天而降。在这束光中我看见了哥哥以撒，他看上去是一个快乐的幼儿天使。我看到我的父亲与母亲，他们没有对我讲话，只是默默地朝着我点头微笑，好像在称赞我这个痴迷墓地的人终于后知后觉卖掉了墓地，可以同他们一样轻装离开这个世界，与他们在天堂相会。

当我从梦中醒来，脑海里浮现出圣经里的一处经文：这是使徒彼得讲到主耶稣的死亡与复活时所讲的一句震撼人心的话："他被处死的时候是血肉之躯，活过来的时候是灵体。"（彼前 3：18）

写于二〇一七年三月二十五日

期　待

一个不解之谜

二〇一九年是父亲常子华逝世四十五周年。多年来我心里一直有一个不解之谜：在父亲的内心深处对我这个小儿子的期待是什么？他期待我接受什么样的教育？读什么书？从事什么职业？作什么样的人？父亲在生前从来没有告诉过我这些期待。这也许是因为自从一九五二年我出生之后，中国一直处于接连不断的政治运动中，父亲也一直找不到一个合适的时机把他心中对我的期待毫无顾虑地表达出来。

在我的记忆中,父亲几乎从来不过问我的学习,他甚至对我在音乐上的专长——钢琴也是不闻不问。我从小弹了一手好钢琴,是钢琴老师王重生的得意弟子,曾于一九六六年春季考入中央音乐学院附中。但那次考试因"文革"风暴的兴起而作废,成了我终生的遗憾。我不记得父亲曾对我的琴艺发表过任何评论,这导致在很长的一段时间里,我误以为父亲不懂音乐。

父亲对我的一次评价

一九六八年十二月,我十六岁那年去潍县下乡插队务农,一去二年,直到一九七一年我考入潍坊市文工团。不久前,我借着《微信》联系上当年参与对我进入文工团政审的武桂英女士。在一次《微信》聊天中,我意外地从她那儿听到父亲生前对我的评论,令我感慨不已。以下是我与武桂英女士的交谈记录:

武:你的文章写得很感人,你的家庭是一个不平凡的家庭。那个年代让你尝尽人生的酸、甜、苦、辣、咸,但你到美国后还是很幸福的。你到文工团之前,我和周加昌到青岛给你办的手续,你爸和你姐对我们很热情。

常:我心里一直都有个疑惑想问你,在我父母当年的档案里,他们是"黑"得不能再"黑"的专政对象——一个是"买办资产阶级",一个是"反革命",你们怎么有那么大的胆子吸收我进入文工团呢?

武:当时对你的家庭问题研究过多次,就觉得你年轻、聪明,自己不能选择出身，团里很需要你。

常：多年来，我心里一直想谢谢你，但没有机会。那时在团里我不敢接触你，因为当时团里的两派斗争激烈，不想给你找麻烦。

武：当时招生办分为两组，我和周加昌一组（演唱队队长），吸收你主要是我俩，任传夫书记是总领导，当然他得同意。

常：那时我已经插队下乡二年，后来临时调去寒亭文化馆的文艺宣传队几个月，那时你们为什么去青岛办手续呢？当时我的档案在哪儿？我一直以为插队落户后，我的档案就随我去潍县二十里堡公社了。

武：到青岛主要是家访，调档案肯定是从寒亭调档，但不只看档案，还需外调材料，具体怎样办的，时间太久我也记不清了。

常：记得我的母亲对你们讲了些什么话吗？这么多年，我都不晓得你去过我家，当时我的父母被赶到龙江路三十二号后院那几间潮湿、黑暗的小屋里了。

武：去你家没见到你母亲，只见到你爸和你的姐姐。当时你爸说你学钢琴是凭耳朵听广播学的，说你很聪明，智力很强。你姐没说什么，其他就是拉家常。我们走时，你爸一直送出很长的一段路。老人家给我留下的印象很深，一位很帅气的老人。

常：我父亲说的是真的，一九六六年"文革"后，我就没有钢琴老师了，也没有钢琴弹了，因为家里的钢琴都被抄走了。

武：就因为你聪明、好学，当时会弹钢琴的人很少，团里又急需上演"黄河钢琴协奏曲",所以才吸收了你。

时隔半个世纪后的今天才听到武桂英女士回忆父亲对我的评价,我思潮涌动,泪如雨下。父亲在会见武桂英女士三年之后,于一九七四年在北京去世。在他去世前的一年里,我经常在他的病床前照料他,但他却从来没有对我提及此事。一九七一年武桂英女士去青岛政审我的家庭背景时,正值我年迈的父母处于一贫如洗的困境中。那时他们被江苏路街道办事处的大妈们视为社区里的"头号阶级敌人"。每天被强制在龙江路三十二号家门前的大街上"劳动改造"——扫马路、打石子,受尽了人格上的屈辱。那时母亲梁今永为了保护父亲的安全,尽量避免父亲出门。但年迈的父亲在送别前来家访与政审的武桂英女士与周家昌先生这二位"稀客"时,竟然破例"一直送出很长的一段路"。父亲爱子心切的不寻常举动,一切尽在不言中。

然而武桂英女士提供的这一宝贵信息仍然没有解答我心中的谜。父亲对我的期待究竟是什么?他似乎对前来政审与家访的武桂英女士与周家昌先生过高地吹嘘了我在钢琴上的才华,因为他不会不晓得一个在农村干了两年农活、手上长满了手茧的年轻人已经失去了昔日在钢琴上的灵敏度，不太可能在钢琴演奏上达到登峰造极的辉煌了。

小阁楼里的一套精装本英文书籍

一个月前，我与内子去位于南加州圣马力诺市 San Marino 的汉庭顿图书馆 Huntington Library 参观。这儿曾经是亨利·汉庭顿 Henry Edwards Huntington (1850-1927) 与他的妻子阿拉贝拉 Arabella (1851-1925) 的私人庄园。亨利于一九二七年去世时留下遗嘱，将这个占地一百二十英亩的庄园向公众开放、供人参观。这是我们非常喜欢光顾的地方，它不仅有令人神往的沙漠花园、日本园林与中国园林，还收藏了十八、十九世纪著名的欧洲艺术品以及许多珍贵的书籍。

在这个庄园里，我最喜欢的是一所汉庭顿夫妻曾经生活、居住过的房子。每次走进这所豪宅，我总会走到其中一间书房里逗留片刻。书房面积很大，墙壁上富有质感的书柜中陈列着许多精装本的古老书籍。这些封面上印有烫金字样的旧书在书房的每一个角落里散发出令人肃然起敬的气息。书房中摆放的一些欧式沙发令人浮想联翩，仿佛能看到当年汉庭顿夫妻在家中博览群书的画面。（汉庭顿夫妻所收藏的四十万本珍贵书籍与七百万件真迹手稿另存放在庄园里的一个图书馆内）

每次徜徉于这间豪华的书房都令我情不自禁地想起父亲常子华在青岛龙江路三十二号小阁楼里那间神秘的小书房。虽然父亲的小书房无法与汉庭顿夫妇豪华的大书房相比，但它所散发出来的书香魅力令我终生难以忘怀。由于面积有限，父亲的小书房无法储存他所有的书籍，于是父亲在小阁楼走廊的墙壁上建了一排长长的、简易的落地书架，上面摆满了书籍。这个书架成了我儿时最喜欢"漫游"的地方，我经常独自一个人在这儿翻看书籍，把这个书架上的书囫囵吞枣、似懂非懂地读了个遍：《鲁迅全集》、《郭沫若文集》、巴金的《家》、《春》，《秋》，罗贯中的《三国演义》、托尔斯泰的《战争与和平》、《安娜卡列尼娜》、曹雪芹的《红楼梦》、施耐庵的《水浒传》、艾捷尔·丽莲·伏尼契的《牛虻》、吴承恩的《西游记》……。

在这个书架上最吸引我眼球的是一排深咖啡色的精装英文书籍。这套书大约有二十本，它们有着统一的、古色古香的封面设计——在深咖啡色的精装硬壳封面上印有烫金字样的英文书名，美观、雅致的线条装饰的这套书如同汉庭顿豪华书房里那些令人肃然起敬的古老书籍一样。这长长的一排英文书籍在父亲的书架上独具一格，散发出浓浓的神秘气息。我经常会从中取出一本打开来翻看，却一点儿也读不懂，因为里面全部都是英文字。但书中有许多精美的插图令我爱不释手，这些插图有油画、摄影作品、动物、自然风景。我特别喜爱其中一些专为儿童设计的插画。于是小小年纪的我便有了一个梦想，长大后一定要学习英语，把父亲的这一套令我神往的英文书读懂。

父亲的这套精装本英文书籍没能像汉庭顿书房里的那些古老书籍一样被幸运地被保存下来。在一九六六年"文革"抄家时，这套书连同父亲在他的小书房里珍藏的其他众多书籍都被前来抄家的江苏路街道办事处的"革命群众"——大妈们在院里点起一把火烧掉了。由于父亲在小阁楼里的藏书太多，狂热的"革命群众"一连在院子里烧了三天才罢休。而那个萌生在我少年心灵里的小小梦想，也随着在大火中化为灰烬的这套精美的英文书籍一道灰飞烟灭了。

珍贵的生日礼物

半个世纪之后的一个七月天，我在太平洋彼岸的美国南加州收到一件邮包。从邮件包裹封面上可以看出，这是我三姐常安斯从美国东部寄来的。因为收到包裹的那一天正好是我的生日，我猜想这可能是三姐送给我的生日礼物。

当我打开这个包裹时，我惊讶地几乎不敢相信自己的眼睛，映入眼帘的竟然是父亲半个世纪前在龙江路三十二号阁楼书架上的那套英文书籍里的其中一本！这些书不是早已经在"文革"中被烧毁了吗？三姐怎么可能仍然会保存了其中的一本呢？

不同于汉庭顿书房里那些在室内恒温环境下的书柜中"养尊处优"、被完好无损地保存下来的古老书籍，父亲的这本书看上去饱经风霜——它那原本亮眼的深咖啡色的封面大部分已经褪色、暗淡，仅在封面中部还留有颜色比较深的一小块儿，封面上烫金字的英文书名失去了昔日的光彩。它的书页已经发黄，装订线开始松弛、脱落。在我面前的这本书仿佛是一位垂暮之年、伛腰曲背的老人，与我印象中在青岛老宅小阁楼上见到的那排夺目迷人，宛如年轻力壮、英俊帅气小伙的那套英文文集的形象大相径庭。

我任凭眼泪在脸颊上静静地流淌，过了好一阵子，等到心情开始平复下来，我拿起手机给三姐打了一通电话。在电话里我谢谢三姐，告诉她这是我一生中收到的最贵重的生日礼物。在电话那头三姐解释说：也许是父亲在龙江路三十二号的小阁楼里收藏了太多的书籍，在"文革"中这本英文书侥幸逃脱了被扔进火堆的厄运。但当年由于父母被扫地出门，这本书也随着父母搬到了龙江路三十二号后院那几间年久失修、潮湿阴暗的小黑屋里。这几间小黑屋是依山而建的半地下室。雨季时，雨水从山上倾泻而涌入屋子里。外面下大雨，屋里墙壁上滴答滴答下小雨，所以在这恶劣的环境中，这本书遭受到严重的损害，许多纸页都发霉了。但三姐不晓得从哪儿了解到我这个小弟弟对这本书的"暗恋痴情"，决定"忍痛割爱"把它作为生日礼物送给我。为了我这个身患末期癌症免疫力低下的大病号的健康安全，三姐把这本发了霉的书带去她的工作单位——克里夫兰医学院的勒那尔研究院 Lerner Research Institute，用实验室里的紫外线设备照射消毒，并且花费了许多时间用酒精棉球把书里发霉的地方一并消除掉。

在接下来的日子里，我如获至宝，开始读起这本失而复得的英文书来。

《知识之书》

这是一本儿童百科全书，最早的作者是英国人阿色 • 密 Arthur Mee。一九一〇年，一个名叫 Grolier 格罗里埃的著名美国百科全书出版社把此书的版权买下来，开始在美国纽约以《知识之书》The

Book of Knowledge 的书名出版。父亲在龙江路三十二号小阁楼珍藏的这一套儿童百科全书出版于一九二三年，是这套《知识之书》罕见的早期版本。

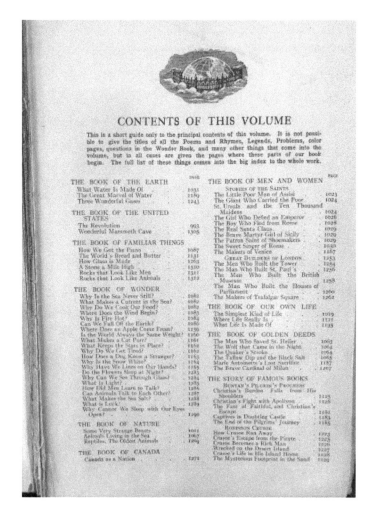

三姐送给我的这本生日礼物是这套二十卷儿童百科全书中的第四本。当我小心翼翼地打开这本九十六年前印刷、出版的儿童百科全书时，立即被书中的内容吸引住了，这是一本奇特而精彩的儿童书籍。不同于我们现在看到的新百科全书，这本早期出版的百科全书的内容不是按照英文字母的顺序排列出来的。作者把书分为十几个不同的主题或称为探索领域，然后把这些来自不同主题（探索领域）的文章随意穿插在书中。当你打开这本百科全书时，你不太容易找到你想找到的内容，而是找到你意想不到的内容。这是一个充满刺激、令人惊喜，仿佛进入一个探索旅程的阅读体验。

在这十几个主题中，有一个最为迷人的探索领域是"神奇的问题"Wonder Questions。在这里一个孩子的求知欲可以通过通俗易懂的文字得到启发与满足。比如：为什么海洋不是静止的？海潮是如何形成的？风从哪来的？为什么火是热的？为什么我们不会从地球上掉下来？为什么我们会感到疲惫？狗怎么会辨识陌生人？花会在夜晚睡觉吗？什么是光？动物之间可以讲话吗？为什么我们不可以睁着眼睛睡觉？

我发现这本书像是一个游乐场，正如当年书的作者所说："孩子可以发现任何他们想要的东西——对自然事物的兴趣，所有的游戏与消遣，男孩对机械的兴趣，女孩对家务的兴趣，如何自制玩具。"除此之外，孩子们还可享受到雄辩的演讲、鼓舞人心的布道、优美绝伦的散文、激昂的歌曲、美丽的诗歌与艺术作品。

在这本第四卷书的首页，我看到一张我熟悉的油画"蓝衣少年"
The Blue Boy。这是英国著名的肖像画和风景画家托马斯·庚斯博
罗 Thomas Gainsborough 于一七七〇创作的。托马斯以他奔放的笔

触，加之精致的色彩使他在欧洲艺术传统中占有一席地位。在创作这幅"蓝衣少年"时，他找来工场主的儿子，让他穿上蓝色华服，扮演王子，成为画中人。在这画幅里画家把少年那种潇洒、倜傥的风度表达得淋漓尽致，特别是少年身上穿的那件蓝缎子织物的柔软细腻、明亮有光泽的质感被画家画得逼真极致。

巧的是托马斯的这幅原创画作的真迹正好收藏在汉庭顿庄园那所豪宅二楼的一间大展厅里。汉庭顿先生于一九二一年花费了六十四万美元巨资从英国把此画买到手，这相当于现在的八百五十万美元，约合六千万人民币。一个月前我与内子去汉庭顿庄园时看到这幅具有二百四十九年历史的名画，目前正在复修过程中，因为原画中的宝石蓝色，现在已经呈现出褪色的现象。整个复修费用耗资巨大，大概需要两年时间才可以完成。

在这本第四卷《知识之书》里面，彩色画页为数不多，"蓝衣少年"是其中之一，并且被排版在书的首页上，足见作者对这幅画的高度关注。但由于这本书历尽沧桑，加之一个世纪前在印刷技术上的局限性，现在书中这幅画的蓝宝石色彩已经完全褪色，变成黑白画了。

SUNSET ON GOLDEN GATE

在这本书里，我还意外发现一张上个月我们去过的美国旧金山湾区金门的老照片。这张黑白照片大概拍摄于金门大桥建筑之前的十五年，看到这张照片的说明，我才晓得在金门大桥建桥之前，这个旧金山湾区的地名已经被人们称之为金门 Golden Gate 了。

我为自己制定了一个阅读计划，为自己补课。病中每天至少阅读十五分钟这本《知识之书》。在阅读过程中，我感到父亲好像通过书中的文字直接与我的思想与灵魂说话。我突然领悟出原来这就是父亲生前从来没有机会向我表示过的期待呀！这套《知识之书》的读者群是七岁至十四岁的孩子，父亲期待我在这段求知欲旺盛的成长期从阅读这套《知识之书》中受益，从书中的那些世界上伟大的艺术家、思想家、政治家、文学家、布道家、科学家的身上学习到他们是如何激发人的灵魂，永恒地追求真、善、美，更清楚地认识到上帝的爱与人类之间的爱。

显然在五十、六十年代，我在小学与初中所接受的"阶级斗争"的革命教育与父亲对我的期待相差太远了。不用说那时我对英语一窍不通，甚至于我的中文学习也在我十四岁那年因"文革"的兴起而戛然而止，我不幸沦为中国近代史上文化失落一代人中的一分子，怎么可能去读懂父亲为我精心准备的这套英语儿童百科全书呢？

八月里的一天在阅读这本《知识之书》时，我随意翻到书中的诗歌集 The book of poetry，我特别喜欢其中有一首名叫 《期待》Prospice 的诗。这是英国诗人罗伯特·布朗宁 Robert Browning (1812-1889) 在他的妻子伊丽莎白去世不久，于一八六四年，以戏剧独白的形式写了一首诗。在这首诗中，诗人描绘了一幅人即将死去的真实画面。

也许因为我是一位末期癌症患者，与诗中即将死去的独白者同舟共命，所以这首英文诗中的每一句都引起了我的共鸣，紧紧地抓住了我的心。我试图在网络上搜索这首诗的中文版本，但一无所获，于是我决定自己动手把这首诗翻译成中文。

期待 （中英文对照）

期待 Prospice

作者：罗伯特·布朗宁 Robert Browning

中文翻译：常约瑟 Joseph Chang

Fear death?—to feel the fog in my throat,
The mist in my face,
When the snows begin, and the blasts denote
I am nearing the place,

惧怕死亡吗？感觉有一团迷雾哽在喉咙里，
我满脸迷惘，
当风雪降临时，强劲的寒流咆哮疯狂，
预示着我行将消亡。

The power of the night, the press of the storm,
The post of the foe;
Where he stands, the Arch Fear in a visible form,
Yet the strong man must go:

黑夜的权柄，暴风雨的洗荡，
仇敌的堡垒；
在他站着的地方，死神现出清晰的模样，
勇士必须前往：

For the journey is done and the summit attained,
And the barriers fall,
Though a battle's to fight ere the guerdon be gained,
The reward of it all.

旅途已经结束，顶峰已经攀登，
障碍已经扫光，
尽管之前已经获得各种奖赏，与死神的搏斗
则是人生的全部报偿。

I was ever a fighter, so—one fight more,
The best and the last!
I would hate that death bandaged my eyes and forbore,
And bade me creep past.

我是一个勇士，与死神再搏斗一次吧，
这是最好且最终的辉煌！
我痛恨死前还要忍受双眼蒙蔽被绑，
被迫匍匐爬过死亡。

No! let me taste the whole of it, fare like my peers
The heroes of old,
Bear the brunt, in a minute pay glad life's arrears
Of pain, darkness and cold.

不！让我像我的同伴们，前赴的老英雄们一样
品尝一切，
百味之首，是瞬间片刻便可欣然支付的人生欠款：
痛苦、黑暗、和酷寒。

For sudden the worst turns the best to the brave,

The black minute's at end,

And the elements' rage, the fiend-voices that rave,

Shall dwindle, shall blend,

最糟的境地突变为最好的挑战，

黑暗即将了结，

暴怒的因素，恶魔般的咆哮，

逐渐淡化，逐渐融合，

Shall change, shall become first a peace out of pain,

Then a light, then thy breast,

O thou soul of my soul! I shall clasp thee again,

And with God be the rest!

一切都会改变，先是痛苦化作平静，

然后看见光明，然后是你温暖的胸房，

哦，你，我灵魂中的灵魂！我会再次抱紧你，

在主的怀里安息静躺！

与死神再搏斗一次吧！

我是八月二十五日在医院的走廊上把这首诗翻译完的。那天内子陪伴我在医院待了几乎一整天。首先我要去验血部门验血，去放射科照 CT 扫描，然后再去见我的癌症主治医生。在病患者与医护人员川流不息的医院走廊里的座位上，我潜心翻译起这首英文诗来。

这首诗名为 Prospice，是一个拉丁语单词，原意是"向前看"，也

就是"期待"的意思。诗人采用这个拉丁语单词作为这首诗的名称，是想让这首诗充满了哲学的触觉。全诗的结构有七节，每节四行，第一和第三行长，第二行与第四行短。诗人在这首诗里运用了简单而形象化的比喻手法。

在第一节里，诗人开门见山、自问自答地说：惧怕死亡吗？我已经濒临死亡。他把一个人迎接死亡时的感觉形象地比喻为有一团迷雾哽在喉咙里。他感觉到呼吸困难，全身渐渐发冷、冰凉，也不再有生存的希望。一开始我不太理解为什么诗人要用喉咙里的迷雾来形容人死之前的感觉，在医院的走廊里一直犹豫不决如何去翻译这一句。直到我被叫进主治医生的诊室，在他的电脑屏幕上看到我当天的 CT 扫描片子，我才理解诗人的感受。我看到一个丑恶黑色模样的癌瘤侵入到我喉咙里的气管。原本圆柱形的气管已经被压扁了一半，只留下一个狭窄的半圆形空间。"你平时吃饭与讲话有疼痛感吗？"主治医生关切地询问。"平时咽食物时开始有一些痛了，我还没有给太太讲这些，因为怕她担心。"我回答说。一丝不祥的预感袭上心头，我脑子里顿时涌现出诗人在第一节里的比喻：to feel the fog in my throat。而在我喉咙里的却不是什么雾，而是实实在在的一个恶性肿瘤。

在第二节里，诗人进一步说：他看到死神以清晰的模样出现在他面前，这是作者在这首诗里对一个垂死之人最生动、最形象的描述。世上的恩恩怨怨、患难逼迫、生活中的风风雨雨都终结了。

在第三节里，诗人想象他一生的旅途即将结束，他完成了他一生所有的任务，达到了人生的最高点。现在已经没有什么事可做了，他一生中所遭遇的所有问题与障碍都结束了，再没有什么障碍阻挡他前进。但他不愿像懦夫一样死去，他愿像战士一样，在战斗中死去。这让我想起《圣经》里保罗在罗马监狱里写下的一段话：

"那美好的仗我已经打过了，当跑的路我已经跑尽了，所信的道我已经守住了。从此以后，有公义的冠冕为我存留，就是按着公义审判的主到了那日要赐给我的；不但赐给我，也赐给凡爱慕他显现的人。"（提后4：7）

在第四节里，诗人说他一直是一名勇士，所以现在他想再与死神打一仗 I was ever a fighter, So one fight more。这将是他一生中最后的一次战斗，也是一次最辉煌的战斗。与死神搏斗将带给他生命的回报，是他与妻子在天堂会面时的最高奖赏，所以他不怕死。在主治医生的诊室里，我也是默默地这样对自己说：so one fight more，再与死神搏斗一次吧。从战场上偃甲息兵后，我将在天堂见到我的父亲。我会告诉他：虽然我没有在年轻的时候达到他对我的期待，直到我垂老暮年六十七岁时才开始阅读父亲期待我在七岁就应该认真学习的《知识之书》，但至少在我生命结束的时候，我没有辜负他对我的期待，在死神面前不是一个懦夫。

在第五节里，诗人进一步说死亡并不怜悯他。死亡是人类最恐惧的东西，但他不害怕它。他不愿像其他人一样，在昏迷与丧失理智的状况下死去，他想在全然清醒的意识中面对死亡，这样他就可以体验到死亡带来的所有痛苦。这也许是诗人在这首诗里写下的最不可思议的"豪言壮语"，这也是在现实生活中很难做到的事情。试想：世界上有哪一个人甘心情愿地去体验在临死之前所遭受的巨大痛苦呢？根据我自己的切身体会，经历了七次外科手术，失去了许多上帝创造的宝贵器官，被抗癌药物的副作用折磨得痛不欲生，如果仅凭人的意志是无法忍受这些由死亡带来的痛苦的。如果没有上帝的恩典与怜悯，我可能早就自暴自弃了。正如在《圣经》里主耶稣说："在世上，你们有苦难，但你们可以放心，我已经胜了世界。"（约16：33）

在第六节里，诗人认为对待生死的态度其实也就是一念之差。一个人只需片刻就领悟出死亡可以把人身上最差的缺点变成最棒的优点，把最懦弱的变成最勇敢的。这意味着死亡将打开天堂之门，世界的黑暗、人性的丑恶、魔鬼的咆哮都离你远去。这是上帝与魔鬼之争，而上帝最终将胜出。从人的角度来看，诗人似乎在天方夜谭，一个垂死之人怎么会突然把身上最糟的变成最棒的勇气呢？但从上帝的视角来看，"你若能信，在信的人，凡事都能。"（可9：23）这可以从最近一位名叫"美美"的读者写给我的一封信见证这一真理。她这样写道：

"当我第一次读到您的文章时的确很吃惊，一个几乎五脏被掏空的人灵里还是那么喜乐，还能写出那么多脍炙人口、赏心悦目的精彩作品。许多人把自己的疾病看得很重，以至于失望，甚至绝望。我感觉神把您当作一封活泼的推荐信向许多人展开，因为一个经历过病痛的人所给人的安慰跟从未生过病的人所给人的安慰是不一样的。一个曾受过苦的人和正在遭遇同样痛苦的人分享完全相同的感受时，对方的心就得了安慰。原来有人和我有一样的经历，世界上还有比我更苦的人。这种安慰不是隔靴搔痒的安慰，乃是可以使人的心灵得到慰籍的安慰。一个能够成为安慰人、勉励人的使者不是与生俱来的，首先自己付上了极大的代价。在自己生命中储存的苦难带给他力量和盼望，这种患难生出来的能力倾倒出来时，才能给予许多人帮助。我们真是没有办法掌控人生每一件事的发生——疾病、苦难在我们毫不知情的状况下突然造访我们，打得我们措手不及，我们也无法知道明天和意外哪一个先到？只有完全地信靠这位永不失信的、信实的神，才能改变面对苦难的态度。忘记在哪本书上看到这样一句话："只有干枯、枯竭的灵魂才会饥渴天上的甘露。""

在最后的第七节里，诗人以极为温柔的口气在我耳边轻轻地诉说：

放心，一切都会改变，所有的人间痛苦都随着死亡而结束，痛苦将化为平静，你将得到光明与喜悦，在天堂里与你的父亲团聚，在上帝的怀抱里安息。

那天在从医院回家的路上，内子一边开车，一边关心地问我："你感觉怎样？"

"我心里感到很平安。" 我如实地回答："也许这是十一年来，在收到 '死亡判决书' 时，我心里感到最平安的一次。否则刚才在医院的走廊里，我就不可能可以那么专心地把这首英文诗翻译成中文，这可是我第一次翻译英文诗呀。"

"我也这么想。" 内子轻声附议道："与死神再搏斗一次吧。"
So one fight more

写于二〇一九年，九月十一日

似乎要死，却是活着的

——写于与癌共舞十二周年纪念日

"小瀑布"帆船

　　不久前，我在电脑里意外地找到一组与家人一起乘帆船航海时拍摄的老照片。那是十三年前的二〇〇七年，也就是我被诊断罹患末期肾癌前一年的夏天，我在公司里的一位同事——Mr. Claude Trincle 邀请我与家人去乘坐他的舸船。他的这艘名叫"小瀑布"

Cascade 的帆船，长 41 英尺，宽 11 英尺，有一个很高的桅杆，其顶端高出水平面 65 英尺，可以撑起一面巨大的主帆，将风能转化为动能是帆船的动力来源。其实"小瀑布"还有四个柴油发动机，用以防备在海上没有风力时使用，但我们出海的那天，Claude 没有启动柴油发动机，而是凭着他高超的帆航技术，完全依靠调整帆的迎风角度，改变风与帆的相互作用，驾驶着"小瀑布"在南加州的海上乘风破浪。

记得那天阳光明媚，在登上"小瀑布"之前，我站在岸边码头向大海眺望，只见海面上波光粼粼，看不出有什么大的风浪。但 Claude 告诉我，那天的风浪比较大，很适合利用风力张帆。我半信半疑地随着他与家人登上了"小瀑布"。等到 Claude 驾船远离了岸边进入深海处时，我才体会到他方才讲的话是对的。

在岸边上看似恬静、温柔的大海，在深水区域变得急躁不安、波

涛汹涌起来。随着风力的不断增大，41英尺长的"小瀑布"被一波又一波的海浪剧烈地抛起又摔下，特别是当"小瀑布"顺着风向转弯时，船身会倾斜到45度，我们几个人要紧紧地抓住船上的固定物，才不至于被汹涌的浪花打入海里。有好几次吓得我暗中后悔，怀疑自己是否做出了一个错误的决定，把家人带到这般危险的环境中。这次惊心动魄的航海经历让我体会到：原来大海除了她拥有碧海蓝天、碧波万顷的迷人魅力之外，还有如此危机四伏、深不可测的凶悍个性。我这个从小在海边长大，自认为热爱大海的青岛人，此时发现自己不过是个叶公好龙似的人物。

这是我人生的第一次，也是最后一次乘坐帆船在海上航行，所以这组在"小瀑布"上拍摄的老照片突显珍贵。去年我把它们转发给已经从公司退休、搬迁到美国东部居住的Claude，并写了一封信，感谢他十三年前对我与家人的热情款待。Claude很高兴收到我的照片，他回信说多年前，他已经把"小瀑布"卖掉了。看到这些老照片令他十分怀念拥有"小瀑布"的快乐时光。对于我迟来的感谢，他回复道："这是我的荣幸，如同咱们那天所做的，在大风大浪中乘风破浪是上帝赐予的礼物。"The honor was mine. Experiencing a good sail in good wind, as we did, is a gift from God.

今昔对比

一个健康的人和一个患有绝症的人生活在两个截然不同的世界里，我这个长期的大病号似乎把我曾经在另外一个世界里——一个在没有死亡威胁下的生活状态全都忘记了。那些健康人平时习以为常的、正常的生活方式对我来说已经变得如此得遥远、生疏。经历了长达十二个抗癌春秋，在肉体与精神上我已经不知不觉地变成了一个完全不同的人。而这组十三年前拍摄的老照片仿佛是一面穿越时光的镜子，让我清楚地看到了这些惊人的变化。

照片上的女儿以琳 Melody，年龄还不到二十岁，全身充溢着少女的纯情与青春的风采。那年她在美国东部的克里夫兰音乐学院读书（Cleveland Institute of Music)，刚好读完了大学一年级，回家过暑假。这个对未来充满了美好憧憬的大学生女儿，做梦也不会想到，仅仅一年后她要面对一个残酷的现实：她随时都可能失去从小就把她视为掌上明珠的父亲。

双胞胎的小儿子马可 Mark 就更不用说了。那时他还是一个中学生，看上去是那么懵懂、青涩，与现在已经从医学院毕业、成熟稳重的常医生相比简直是判若两人。双胞胎的大儿子路加 Luke 没有在照片里出现，因为那年夏天我们把他送到内蒙古体验生活去了。

照片里的内子看上去无忧无虑，虽然是三个孩子的妈妈，但岁月在她的脸上似乎没有留下什么痕迹。那时的她绝不会想到：一年之后她要担负起照顾一个身患绝症丈夫的重担，并且要时刻准备自己成为一个寡妇。

照片上的我春风得意，家庭与事业"双丰收"。也许是刚从惊涛骇浪中喘过气来，我的蓝衬衫上面的几个钮扣都松开了，裸露着胸膛与家人合影，显得格外潇洒、豪迈。与普通健康的男子一样，我并没有在意衬衫上的几个钮扣松开了。我想若是玩得尽兴，就是把衬衫脱掉，在船上赤裸着胸膛、迎风破浪，甚至跳进海里畅游一会儿也不会让周围的人感到有什么奇怪。

然而现在，如果我只穿着游泳裤在海边沙滩上晒太阳，一定会引起周围的人投来异样的眼光，甚至可能会让那些穿着比基尼、年轻貌美的女孩子们花容失色。因为八次的外科手术在我身体上留下了许多可怕的疤痕，特别是我生来是一个斑痕体质的人，只要不小心划破皮肤，愈合后就会隆起一个很大的伤疤。这些手术后留下的伤疤奇丑无比，令人心悸。所以近些年来，每次我去海边沙滩上散步或者晒太阳时，如同中国古代那些在皮肤上被烙上印记的囚犯，尽量把自己裹在衣服里，以免惊吓到周围那些正在享受日光浴的、健康的人们。

照片上的我精力充沛、踌躇满志，每天在公司上班时要解决许多 IT 项目的预算问题。这些 IT 项目棘手复杂，所需资金少则几十万，多则上百万美元。那时作为 IT 部门的"账房先生"，我的大脑仿佛是一台运转极快的计算机，极尽精密地为这些 IT 项目提供财务分析。然而现在的我由于长期被癌症折磨，不仅变得身残体弱，脑子也越来越不灵光了，与昔日那个仿佛一台快速运转的计算机的大脑相比，现在的我即使在餐厅吃完饭、付餐费也不敢依靠自己的心算，而是要用手机上的小计算机来计算付给侍者的 15% 小费的数额。

照片上的我身肩重任，经常加班加点、熬夜办公，有时甚至留宿在公司内部的招待所里。因为这样可以解决 IT 各部门主管负责人的燃眉之急，我成了 IT 部门的"当红人物"，有一年甚至荣获全公司的年度"优秀员工"奖——一种类似劳动模范的最高荣誉。然而现在的我远离了职场上的拼搏奋斗，几乎成了一个弱不禁风的"玻璃人"。在家里我被免做所有的家务活，我唯一可以担负的"重任"是在身体条件允许的时候，在超市推着买菜的小推车步履蹒跚地跟在内子的身后。

人生中的"小瀑布"帆船

我仔细端详着这些十三年前的老照片爱不释手，感慨万分。我在想：如果时间可以倒转，上帝允许让我重新选择一次人生道路，我会做出什么样的选择呢？我会选择照片上那个在"小瀑布"帆船上乘风破浪、家庭事业"双丰收"的成功人士的生活方式？还是选择现在的我？看上去似乎还活着，但实际上却是个没有什么剩余价值的"废人"呢？毫无疑问，世上没有人会甘心情愿地沦落到像我现在这样"废人"的地步。因为从医学角度来说，我这个"废人"虽然还活着，却如同死了一般。

去年我听从了小儿子马可的建议，去看一位我们社区里的家庭医生。去年五月，马可从医学院毕业后，在内华达州拉斯维加斯市的一个医院里做内科实习医生。他说平时我这个大病号需要有一位家庭医生，所有不同的专科医生为我做的诊断与治疗病历都应该汇集到这位家庭医生诊所的档案里，让家庭医生对我的病情有一个全面的了解。他说现在我把我的肿瘤主治医生当作家庭医生是不正确的，因为肿瘤主治医生是专科医生，他没有时间与精力，如同家庭医生一样对我平时的大病、小病都面面俱到地关注到。

听从了儿子马可的建议，我在我们住的小城里找到一位陈姓的家庭医生，据说他在我们的社区里颇有名望，很多社区居民都找他与他的医生太太看病。记得第一次见到这位陈医生时，在诊室里，他上下打量了我半天，惊讶地说："看不出你是做过惠普尔Whipple 手术的病人！"他坦言他所见到的做过这个切除胰脏大手术的病人大都看上去瘦骨嶙峋，虚弱无力，因为这个高风险的手术除了要切除胰脏之外，还需要切除病人体内的胆囊、胆总管、十二指肠、远端的胃以及淋巴结等众多器官。

因为我是他的新病人，他让我先去抽血、化验我的各种血液指标，等到验血报告出来之后再来见他。我永远也忘不了陈医生第二次为我看病时的表情。他手里拿着我的验血报告，极为严肃地对我说："你的各项血液指标都有严重的问题。你有信仰吗？我想你最好去找一位牧师谈一下。"显然我的验血报告把这位家庭医生吓到了，他认为当下最重要的已经不是为我开什么药方，而是劝我料理一下后事，找一个牧师寻求灵魂上的慰籍。

那天在回家的路上，这位家庭医生在诊所里对我讲的那些话一直萦绕在我的耳边。在我患末期癌症的十二年期间，接收到"死亡判决书"对我来说已经是一个家常便饭，但像这位家庭医生这样如此直截了当地建议我去找一位牧师，寻求灵魂上的安慰与料理后事还是第一次。在我的脑海里不停地浮现出许多与我同时期患上末期癌症的癌友们的音容笑貌，他们大都已经悄然离开了这个世界，而我是唯一的一个幸存者，仍然乘坐在人生的"小瀑布"帆船上，漂泊于恶劣的惊涛骇浪之中，随时都可能船毁人亡，葬身鱼腹。

"我为什么还活着？" 近年来这是我经常扪心自问，却不得其解的谜题。

"为什么我还活着？"

有人说：我还活着是因为我有幸接受到世界上最先进的临床试验药物。自从二〇〇八年被诊断罹患末期肾癌，我先后参加过三个临床试验新药物的治疗。毫无疑问这些临床试验新药延长了我的生命。然而当年与我一起参加这三个临床试验新药的癌友们现在都已经离世，为什么我活的时间比其他参与临床试验的癌症患者长久，从医学角度来说，仍然没有答案。

我参与的第一个临床试验药物叫作 Afinitor。参加这个临床试验的癌症患者的治疗时间平均只有两年，而我这只"小白鼠"服用这个药物长达五年，比其他的患者足足多活了三年。

我参与的第二个临床试验药物是 ASONEP。在长达两年的治疗中，这个 ASONEP 临床试验药物在我身上的疗效出奇的好。除了在右甲状腺上的癌瘤增长速度明显，我体内众多的癌瘤经外科手术切除之后，其余的都被抑制住了。然而与我同一组的其他人却没有我这么幸运，他们平均仅接受了四个月的临床试验，便因病情恶化而悄然退出试验。由于有疗效的人数低于百分之五十，这个 ASONEP 临床试验被迫中断，开发研制这个新药的 Lpath 公司也随之宣布破产。

我参与的第三个临床试验新药是 Opdivo (Nivolumab)，参与这个免疫治疗新药物的肾癌患者能够有幸存活五年时间的只有百分之二十七。在服用了这个新药两年之后，我因其药无法继续控制住癌细胞在我体内的扩散而中断了治疗。

目前我服用的抗癌药物是 Cabozantinib。这是一个已经被 FDA 批准上市，副作用极大的抗癌药物。它可以引起腹泻、恶心、呕吐、疲惫、失去食欲、手与脚上起红斑、高血压、体重减轻、头疼头晕、贫血、抽筋、呼吸困难。癌症患者服用这个药物的平均时间只有七个月，便无法继续承受这些强烈的副作用了。而目前我已经服用了一年多的时间。我的主治医生惊叹地对我说："你这个癌症四期患者比那些二期患者活得还长久！"

不按常理出牌的上帝

儿时我就很熟悉《圣经》里的一句经文："你们贫穷的人有福了！因为神的国是你们的。（路 6：20）Blessed be you poor, for yours is the kingdom of God. 但长久以来，我并没有理解这句经文的真正含义。我一直以为在这句经文里，主耶稣在告诫我们不要注重世界上的物质生活条件，与富人相比穷人进入天国似乎更容易些。

然而最近我听了"敬声 WAW"播放的系列语音节目《与癌共舞

十二年》，让我对主耶稣的这句训言中的"贫穷"二字有了新的理解。在这个广播节目里，男主播抑扬顿挫地朗读了七年前我开始用中文写作的作品。其中的一篇题为《我的"提前量"与最后"六件事"》。当时因为癌症复发，我以为不久上帝就要接我回天家了，所以才起了这个题目，原想把它作为最后一篇遗稿留在世上。时隔七年之后，现在当我以一名普通听众的角色来听这篇文章时，竟然被感动得泪如泉涌。我不敢相信这些文字是出自我的笔下。我突然悟出了一个道理，在《路加福音》里主耶稣所讲的"贫穷"其实并不单纯是指经济上的贫穷。它还有一个更深层的寓意，即上帝不总是按常理出牌，在《圣经》里总是拣选了一些信心软弱的"贫穷"人。

在主耶稣的十二个门徒中，主最亲近的门徒彼得就是一个软弱的人。他在耶稣被捕后，因为失去了信心公然三次不认主。在湖面上行走时，他也是因风浪大而害怕，向耶稣呼救："主啊，救我！"的一个信心不足的门徒。然而就是这么一个被主耶稣斥责为"你这小信的人"（太 14：28-32）最终被上帝拣选为早期教会的领袖。也正是彼得的这些软弱让他意识到在信心上他是一个"贫穷"的人，而只有当他认识到自己信心上的贫穷、软弱，才能克服内心深处的骄傲，谦卑地降伏在神的面前，为神所用。

而我就是一个信心极其软弱的"贫穷人"。从十二年前我被诊断患有末期肾癌以来，我从没有奢望自己可以活到今天。记得一位刚信主不久的年轻基督徒读了一篇我早期的作品后评论说：在文章的字里行间流露出太多的无奈与伤感，缺少一个基督徒应该具有的满满的信心。

但不按常理出牌的上帝为什么拣选了我这么一个信心如此软弱的人，让我奇迹般地活了这么久呢？答案似乎只有一个：在我的身上上帝有一个特别的呼召，祂要我用身体内的"刺"——病痛向世人作活生生的见证：即使上帝没有拿走我身上的这根"刺"，医学界也还没有研究出治愈肾癌这个绝症的药物，我还是可以在苦难中操练自己的信心，活出盼望。即使死神近在咫尺，我还是可以怀有一颗喜乐的心，微笑着面对死亡，为神所用。这正如使徒保罗所说："似乎要死，却是活着的；似乎受责罚，却是不至丧命的；似乎忧愁，却是常常快乐的；似乎贫穷，却是叫许多人富足的；似乎一无所有，却是样样都有的。"（林后6：9-10）

上帝所做的一笔"交易"

凡我见过的那些脑子聪明的人，一般来讲都比较自视清高、自傲，我自己也不例外。我生性是一个骄傲的人，这是因为我的父母遗传给我了一个聪明、灵敏的大脑，令我在学习上比同龄人更具有实力。一九六五年，我在青岛十三中读初一的时候，年轻的班主任郭立忠老师对我的代数成绩大为欣赏。有一天他破例请我这个年仅十三岁的初中生去青岛中山路的青岛咖啡店喝啤酒。这是我有生以来第一次喝啤酒，他点的是青岛黑啤。记得他告诉我：黑啤酒比普通的啤酒更好喝，他边喝酒、边鼓励我说：将来你应该出国留学。他认为我的前途光明，有可能成为一名科学家。一九六五年是"文革"前的一年，那年举国上下以"阶级斗争"为纲，在那种"左倾"社会环境中听到一个中学班主任在讲出国留学，对我来说好像是在听天书。

我在初中的一位资深的语文老师——李秀文老师对我的作文也很欣赏。她把我写的一篇题为《路》的作文当作范文贴在学校教学楼的走廊上，并且破纪录地给予我九十六分。后来她私下告诉我，这是在她多年来的教学生涯中批给学生的最高分。她鼓励我努力学习写作，将来成为一名作家。

我从小弹了一手好钢琴，在六十年代的青岛是著名钢琴老师王重生的得意弟子，于一九六六年春季考入中央音乐学院附中。但那次考试因"文革"风暴的兴起而作废，成为我终生的遗憾。

小时候我曾经梦想的这"三家"——科学家、作家、钢琴家，后来在十年"文革"浩劫中均离我而去。十六岁时我被迫背井离乡，去了山东潍县一个穷困的原始小村落"修理地球"，成为整日在农田挥洒汗水的农人，成为提着小粪筐穿梭于潍县白浪河滩牲畜大集上牛、马、骡、驴之中的拾粪人，成为一介在中国大陆社会最底层的草民。

我生性是一个很好强的人，尽管前半生坎坷、曲折，但在我内心深处仍然隐藏着强烈的求知欲与一颗骄傲的心，这驱使我在后半生变成了一个工作狂。在美国读完大学后我身兼数职，在跨国企业拼命工作，成为公司的模范员工；在教会担任长老、司琴、掌管教会的财务；在大型慈善机构担任顾问，奔波于中国的大江南北；在内子的小提琴琴室担任钢琴伴奏，为她的学生弹演奏会，参加过南加州的许多小提琴比赛。

在我的后半生，我这个工作狂忙碌着这么多不同领域的事务，在狂热的工作中得到一种心理上的满足，一种在我的前半生无法得到的成就感，我成为一个所谓事业与家庭"双丰收"的成功人士。这种心理上的满足与成就感其实就是由一个骄傲的心在做动力而激发出来的。特别是当我利用自己的小聪明去解决许多别人解决不了的难题时就更加踌躇满志，浸淫、陶醉于被众人聚焦关注的良好感觉中。

然而这种工作上的繁忙与成就感使我疲惫不堪，与上帝的交通自然减少，没有机会静下心，来让神占据我的心。即使我在教会担任长老的职责或者义务参加宣教的事奉，我也是身不由己，平时越来越多想的是事奉，而不是事奉的主。

英国知名作家克利夫·斯特普尔斯·路易斯 Clive Staples Lewis 在他的一篇题为《骄傲是什么》的文章中这样写道："骄傲就是属灵的癌症，它吞噬人的爱心、满足、甚至常识。" 记得十二年前，当我被诊断患有末期肾癌之后，内子曾经无奈地对我说："也许只有这癌症可以让你慢下来，少做点工作。" 现在看起来，在我的生命中上帝真的实施了一笔"交易"——祂把我属灵骄傲的癌症与肉体上的癌症对换了！

上帝的拣选

我失去了一切骄傲的资本。

在这十二年里，八次外科手术让我失去了许多宝贵的器官，将我变成了一个"贫穷人"。我这个"贫穷人"真是一贫如洗，如同刚出生的婴儿，每天全要靠吸吮母亲的乳汁生存。每天我不得不依靠天父的怜悯才能活下来。如同乘坐在"小瀑布"帆船上漂泊于险恶的风暴骇浪之中，每时每刻我都要寻求上帝的保守，否则随时都可能船毁人亡。上帝让我学习到：当一个人认识到自己在灵里的贫穷时，他才会真正抛弃自己的骄傲，认识到自己的软弱、无能，从而在上帝面前降卑自己，成为一个真正谦卑、虚己的人，他才能得到上帝的高举与赐福，他才能承继上帝赐予的属灵产业——进入神的国度里。

上帝是通过一位属灵的牧师把祂的旨意传递给我的。这位来自中国大陆，绰号叫"乌鸦"的牧师是一位非常忠心的神的仆人。于二〇一一年十一月他来美国参加一个牧师灵修会期间在我家住了几天。虽然这是我们第一次见面，但在那几天与他朝夕相处的日子里，我们促膝而谈，发现彼此在灵里很相通。我们成为主内的知己，相见恨晚。临别时"乌鸦"牧师语重心长地对我说："希望你在病中写点回忆录与自己的个人见证。"他以那深沉的口气郑重地说："传承很重要！""传承"这两个字他重复地强调了许多次，但当时我并不理解这两个字的含义。

我对"乌鸦"牧师提出的建议不感兴趣，因为我只有小学的中文水平。自从在初中一年级写过那篇被李秀文老师称之为范文的《路》之后，我就再没有用中文写过文章，因为"文革"，我的中文学习就此中断了。基本上我的后半生都是用英文说写。现在迈入暮年，让我用中文去写作，对我来说简直是一个不可能完成的任务。

"乌鸦"牧师回中国两年之后，二〇一三年我的癌症第三次复发，原先在肾与胰脏上的癌细胞转移到我的肺部。意识到自己濒于死亡，我在那年的三月办理了退休手续，恋恋不舍地告别了工作了二十多年的公司。

突如其来的退休生活让我这个曾经的工作狂非常不适应，为了消磨时光，我开始看起韩剧来。这是我过去幻想过却一直没有时间与精力去尝试的、奢侈的生活方式。但在电视机前消磨了一段时间之后，我便对这些电视剧心生厌倦了。韩剧里的女演员个个貌如天仙，男主角神气十足，故事的情节大都为迎合观众的心理而创作，编剧把作品写得绵绵长长，要有很大的耐心才能看完这些马拉松式的电视剧。

我开始问自己一个问题，我就这样整天浸淫在韩剧中等死吗？显然这不是我想要的生活。这时我接到"乌鸦"牧师的一通长途电话，在电话中他关心地问候我的身体状况，并且询问我是否已经开始写作了。如同《圣经》里的摩西拒绝上帝指派他带领以色列人出埃及时所说的托词："主啊，我素日不是能言的人……。我本是拙口笨舌的。"（出4：10） 我也对"乌鸦"牧师说："我不是能用中文写作的人，我的中文仅有小学的文化程度，怎么可能用中文写作呢？"

电话那头太平洋彼岸的"乌鸦"牧师似乎对我的婉言拒绝毫无所动，他又重复两年前对我讲的那句话："传承很重要！"

那天夜里我在床上辗转反侧，为什么这位只有一面之交的"乌鸦"牧师如此执着，两年之后仍然对我不放弃，对我寄予如此厚望，希望我可以用中文写作呢？我夜不能寐，于是便打开《圣经》随意读起来，映入我的眼帘的是主耶稣在约翰福音第十五章里对门徒讲的一句话："不是你们拣选了我，是我拣选了你们；并且分派你们去结果子，叫你们的果子长存，使你们奉我的名，无论向父求什么，祂就赐给你们。"（约15：16）我恍然大悟，我之所以还活着，原来上帝拣选了我，让我活着奉主的名作见证，以文字的方式结长存的圣灵的果子。而我却愚昧、无知地拒绝了神的呼召，浪费了长达两年的时间。

那天夜里我彻底降伏在神的面前，在祷告中我向神求助："求圣灵降临到我这个信心贫穷、软弱的人身上，带领我这个拙口笨舌，素日不能言的小学生写出可以结出圣灵果子的作品来。"

那一年，我没死。

上帝又一次在死亡的边缘上延续了我的生命，但祂的延续是有条件的：我不能每天白白地活着，祂赐给我一支笔，让我把自己经历的生死见证写出来，彰显祂的荣耀。

上帝垂听了我的祈求，祂向我打开了迈入神国度的门。手握祂赐予我的笔，在过去的七年期间我写了七十余篇文章，三十多万字。一位读者在读了我的一篇见证后留言道："我喜欢约瑟的文字。有时会觉得他的疾病使他脱离了正常的工作岗位，可以有时间、有精力专心从事文字创作，以文字为主作见证，这难道不是神对他特定的使命吗？凡事都有神的美意！为约瑟祈祷，将他恭敬地完全交托在神的手里！阿门！"

也许是因为读者们知道我这个晚期癌症患者写的每一篇文章都可能成为"绝笔"之作，在网上我的文章引起许多中文读者与新媒体编辑的关注，有时候一篇文章可以获得高达两三百万次的点击率。

"似乎要死，却是活着的"

有人问我，你写文章有稿费吗？我开玩笑地回答："有！"

我这样回答是因为我的保险公司为我这类末期癌症病人特别制定了一个 Catastrophes Policy，即"灾难性保单"。每年从这个"灾难性保单"上，我的医疗保险公司为我支付了数十万美元的医疗费用。在我患癌症的这十二年期间，保险公司为我总共支付了上百万美元的巨额医疗费。我视这些巨额保险费为我的"稿费"。比如：目前我服用的抗癌药物 Cabozantinib，它的市价是二万一千美元，但每月我只需自付一千美元，其余的二万美元月费用全部由保险公司的"灾难性保单"支付。

内子经常提醒我说："你的这条性命很值钱呵！"我诚惶诚恐，心里明白这是那位不按常理出牌的上帝为我这信心"贫穷"之人所做出"交易"之中的一部分。这是一笔非常昂贵的"交易"，我不能辜负祂对我的期望，每天浑浑噩噩地活着，而我唯一的剩余价值便是乘坐在人生的"小瀑布"帆船上，在惊涛骇浪中执行上帝与我做的这笔"交易"，写出属灵的文字，彰显神的荣耀。

有人问我：在写每篇文章之前，你有写提纲吗？我坦诚回答说："没有。"

如果没有圣灵的感动与带领，我一个字也写不出来。这也许就是为什么最近我在听"敬声"的男广播员朗读我写的那几篇旧文时感觉这些文章似乎不是出自我的笔下，而是来自圣灵与人的灵魂之间的碰撞、接触、交通而迸发出来的火花。它们听起来既陌生却又熟悉、既高贵却又卑微、既脆弱却又坚强、既遥远却又近在咫尺。而文章的作者"似乎要死，却是活着的。"

在"似乎要死，却是活着的"十二年里，上帝赐予我一颗敏感的心，让我观察、体会到世上大部分人都惧怕死亡。这包括一些信主多年的基督徒，当面临死亡时，他们也如同我在"小瀑布"帆船上遭遇到惊涛骇浪时所表现出的那种叶公好龙的惊慌、恐惧一样。有些基督徒癌症患者甚至对自己的病情扪口禁语、羞愧难当，仿佛自己犯了什么大罪受到上帝的惩罚似的。为此我写了《走出心中的坟墓》《不要问上帝为什么》《我的帮助从何而来》等与癌共舞的系列见证，借此鼓舞那些与我乘坐在"小瀑布"帆船上同舟共济的癌友们。即使我们的生命只剩下一年、几个月、几个星期，我们也要像使徒保罗那样，不以福音为耻，活出主耶稣基督的样子来，活出一个得胜的生命，把爱传递给我们周围的人。

其实在精神上遭受压力最大的并不是面临死亡的癌症患者本人，

而是患病者周围最亲近的亲人。每天他们要承受即将失去亲人的痛苦是无法用言语表达的。为了给癌患者家人慰藉，我写了《优妮斯的日记》《生死候诊室》等"爱的回响"系列见证。

我还写了一些儿女情长的文章，参加女儿的硕士学位毕业典礼和她的婚礼，两个双胞胎儿子与我的父子情，他们的学习与工作状况以及我在家里养鸡、养鱼的乐趣。通过这些平凡的生活描述，我想告诉读者们：珍惜上帝赐予我们每一天的奇妙生命，既使你生活在生死边缘上。

目前我正在写一部回忆录《青岛是个海》，已经写了二十三章。正如几年前我在这部回忆录的序文中所写："就算这是一个还没有开始动笔之前就注定无法完成的作品，我却主意已定，不想让记忆中伴随我成长的人、境和事物随不久即将因病离世的我一并被历史的长河淹没、遗忘。我愿把这些篇章留下，纪念我生命中的亲人、故乡。" 去年当我听说《青岛是个海》被香港中文大学的中国研究服务中心永远收藏在他们的图书馆资料库时，才明白"乌鸦"牧师所讲的那句"传承很重要！"的深远意义， 香港中文大学的图书馆资料库为世界上研究中国现代史的史学家们提供了珍贵的历史资料。

一位亲友曾经感叹地对我说："你生病的这些年可能是你一生中最灿烂的时光。" 虽然这个"灿烂的时光"不是我个人的选择，但正如我昔日的同事 Mr. Claude Trincle 所说："这是我的荣幸，是上帝赐予的礼物。" 这个礼物就是让我改变、成为一个在上帝眼中真正的"贫穷人" —— 一个乘坐在生活中的"小瀑布"帆船上，在惊涛骇浪中，在上帝的面前降卑自己的人，一个似乎要死，却是活着的人。

写于二〇二〇年，五月三十一日

第二部　爱的回响

优妮斯的日记

前言

上星期二我意外地接到了一封电子邮信。信是一位曾经在内子的小提琴琴室上过课的女孩子写的。她是名大学生，名叫：优妮斯Eunice Lee。在我的记忆中，她是一个不太爱讲话，腼腆害羞的女孩儿。她在高中念书时才学兼优，以优异的成绩考入了全美顶尖的公立大学——加州伯克利大学（UC Berkeley）。

信是用英文写的，信中附上了她自己写的两篇博文日记。第一篇写于五年前，我身体里的癌细胞从肾扩散到胰脏期间，第二篇是近作。这两篇日记相隔五年，从字里行间可以看到优妮斯的成长变化——从一个青春期单纯的少女，蜕变为充满了自信、机智的大学生；从一个懵懵懂懂，稚气、拘谨的女孩子，成长为一位涵濡在至高的精神境界里有信仰，有爱心，有智慧，有理想的年轻人。

读着优妮斯的这两篇日记，我的眼睛湿了一次又一次。触动我心弦的不仅仅因为我是她两篇日记中的剧中人，她写的每一件小事件都是真实的记录，更重要的是她向我揭示了一个奥秘：我们平时做的任何一件看似平凡的微小之事———一个拥抱，一个微笑，一句鼓励的话都会种下一粒种子，在身边周围人的身上生根发芽，结出意想不到的甜美丰盛的生命的果子。

第二天在医院的候诊室等待标靶临床实验新药输液时，我把优妮斯的博文日记与坐在身旁的二位母女分享。因我复印出的字太小，老花眼的母亲请女儿读给她听。不料女儿才读了一半，那位母亲已经潸然泪下，女儿也哽咽难言了。坐在候诊室的其他患者们也在默默地听着，候诊室一片寂静，每一个癌症患者以及家人们似乎都沉浸于深思中。

一名高中二年级学生私下写的博文日记竟有这么大的感染力？下午回到家中，随即写了一封回信给优妮斯，在征得她的同意后，我把她的来信及两篇博文日记翻译成中文，与《微博》的网友们共享。

优妮斯的来信

二〇一三年，八月六号，星期二

约瑟老师，

记得那时我在上高中二年级，当听说你被诊断患有末期肾癌时，我霎时感到那么无助与失落，因为你曾经是，现在也仍然是我认识的人当中最为珍贵的朋友之一。我非常感激你与戴安娜老师对我的教导。没有你们的鼓励，我是不可能喜欢上小提琴的，谢谢你总是为我弹钢琴伴奏。近来我在翻阅自己过去写的博文时，蓦然读到五年前在高中二年级时写的一篇日记，现转给你一阅。

五年前的一篇日记

二〇〇八年，十一月二十二号，星期六，优妮斯 Eunice Lee

在我认识的挚友与我所最亲近的人中，从来没有任何人被诊断出患有癌症的，直到最近这些日子。

从小学习拉小提琴以来，他总是陪伴在我身边，他总是给我安慰，给我希望。可以这么说他是我的头号粉丝，他总是夸奖我，说我干得好，说我拉琴特别好听，尽管其实我并不值得他这么做。他告诉我不要去斤斤计较比赛的输赢，因为在他心里我总是一个赢家。记得多年前我去参加一个巴赫音乐节比赛。坐在第一排的位子上，临场紧张的我不慎失手把手里的小提琴失落在地上。我开始哭起来，心想这下子可没法子参加这场期待已久的比赛了。

这时他出现在我面前安慰我说：我的小提琴完好无缺，还说他小的时候曾经也不小心把自己的小提琴摔落在地上。他的安慰顿时让我恢复了平静，我意识到他安慰我的故事可能是一个善意的谎言。但这个美丽的谎言帮助我从心慌意乱中冷静下来，得以集中精力，全力以赴地投入比赛。

每当拉小提琴时我都有一种舒适的安全感。因为我知道有一个熟悉的身影在我身后支撑着我，他为我弹伴奏，总是不遗余力地帮助鼓励我。他告诉我他喜爱听我的琴声。是他给了我动力，坚持继续学习小提琴，从中展现出我自己独特的风格——我的热情，我的爱。

但现在似乎已经没有太多的剩余时间了，剩下的只有遗憾，遗憾没有尽情地珍惜与他在一起的时光，遗憾没有与他一起多拍几张照片，遗憾我只与他相识了十一个春秋……。现在我唯一能做的事就是为他祈祷，暗自哭泣，极力地寻迹与他在一起的那些美好的时光。

我们在一起合作过许多演奏会。记得有一次，当他为我弹钢琴伴奏时，我一时失误，遗忘了一整页的曲段，他当场临机应变，机灵地跳过这整页钢琴伴奏的部分，毫无破绽地跟随我进入了下一页的乐段，让听众丝毫察觉不出我出了大纰漏。这些细枝末节，现在变成了令人难忘的回忆。在每次准备演奏会或比赛期间，他总是花费许多时间练习他的钢琴伴奏部分，而我常常忘记去感谢他为我的演奏会做出的这些默默的努力。

几年前我曾去参加"加州音乐教师协会"举办的一个弦乐比赛。

当我拉完我的曲目走下台时，他上前拥抱了我，告诉我说我是他的头号粉丝。现在我才明白过来，他才是我的头号粉丝。他总是告诉我他是多么地喜爱听我拉琴。但我从未告诉过他，我是多么地喜欢听他弹琴。我从未告诉过他这些年来我是多么地感激他为我弹钢琴伴奏。我之所以持之以恒地拉琴是出于他的鼓励。用一个完美确切的比喻去描述——他就是我的琴弓，没有他我好像没法子把琴拉好。但我从未感谢上帝给我的这个祝福——把他放在我的身边，陪伴我成长。

记得有一年在南加州竞争激烈的巴赫大赛中，我在群英荟萃的众多参赛者中脱颖而出，荣获了金牌。回到戴安娜的小提琴室上课时，他走进来，给了我一个拥抱，告诉我他是多么地为我骄傲。

还有一次在我参加的一个协奏曲比赛时，他对我说：把一切都交托在上帝的手中，不管比赛的结果如何，他都为我的进步而骄傲。他信心满怀地说，他相信我可以成就任何我想做的事情，只要我坚定自己的信念。在他的激励下我赢得了这次比赛，获得了与"拉米拉德交响乐团"合作、登台独奏的难得机会。当评委宣读获胜者——我的名字时，我欣喜若狂，尖声喊叫，欢欣雀跃。虽然当场向他表示了感谢，但大部分的时间都自我陶醉于自己个人的成就感之中。

多年后我在电脑里翻看在"协奏曲音乐会"拍照的照片时，我不禁生起自己的气来，我竟然连一张与他合影的照片也没有。我是多么的无知和愚蠢呵！直到今天似乎没有多少剩余时间时，我才意识到他是一位对我如此重要的人。

在我儿时的小提琴学习中，他是我取得进步和成就的重要原因之一。在那些事关重大的考试或比赛日的清晨，他总会主动打电话给我，让我去他家做"上阵"前的最后一次排练。而今我的脑海里经常响起这几句话来："谢谢你，谢谢你为我所付出的一切。没有你的付出和牺牲，所有的这一切都不太可能发生。"

他是这么一位不寻常的人。尽管他的人生道路坎坷不平，他总是生活在诚实和喜乐中。他是我所认识的人中最能体谅，关心别人的人。我无法控制自己对上帝的抱怨，把这么一位好人从我身边拿走。他的脸上总是洋溢着笑容，现在我的脑海里仍然浮现出他手提塞满了乐谱的提包，在我即将登台比赛或演奏之前的几分钟叮嘱我应注意的事项的样子。今后有谁还会为我做这些事情呢？

回忆他最后一次为我弹伴奏是件令人伤感的事。那是在"加州大学洛杉矶学院"UCLA音乐系举办的一次大师班课上。大师班的教授是世界著名的俄罗斯小提琴家——波哥什。我拉的曲目是布鲁克小提琴协奏曲第三乐章。假若没有钢琴伴奏，这首曲子听起来会很没劲儿。为此他告诉我他会在这次的大师班上为我弹钢琴伴奏。

我现在仍然清晰地记得那天我与另外一位学生艾丽丝一起在UCLA见到戴安娜老师和她的先生常约瑟的情景。与往常一样，他的提包里塞满了乐谱，在大师班开始之前又与我私下合奏了一次，他为我做最后一次仔细的排练，音符、乐句、节拍，特别是乐章的速度。他是一个神奇的钢琴伴奏家，以他简洁、明了的控制力跟随、衬托着旋律跌宕起伏、动感激烈的我的小提琴独奏。在整个的大师班上课期间，我一点也没有意识到这竟然是我们最后的一次合作——与他合作的最后一场演奏会。

现在我手足无措，无所适从。在未来的比赛中我将没有一个可依靠、信赖的人了，没有人会再夸赞我干得好。尽管实际上我的表演可能是一塌糊涂，但他总是这样夸我，鼓励我。以后没有人再对我说我："你是我的头号粉丝"了，一个曾经总是陪伴在我身边的人怎么会不再出现了呢？

失去了他，没有他陪伴在我周围，我感觉自己没法子继续拉小提琴了，我感到失落，孤寂。

我将会怀念他，我将不停息地去爱他，把他当作我另外的一个父亲。我恐惧有一天我会把他遗忘，担心那些与他在一起的宝贵时光会悄然无声地从我记忆中流逝而去。

我憎恨一个字——癌，它把我生命中一位特别重要的人从我身边夺走。

优妮斯的话

据美国癌症协会报道，末期肾癌病患者的存活率非常低，仅百分之二十的病患者可以活过一年，而这其中只有百分之四的病患者可以活过五年。

我从未打算把这篇五年前写的博文日记让你读。但现在我改变了主意。因为我想让你知道，在我心里我是多么地感激、敬爱你。重读这篇日记，它打开了我的记忆之窗，让许多儿时生活中的细碎情景浮现在我的脑海中。我想让你知道高中的优妮斯，大学的优妮斯和工作的优妮斯将会永远把你为她所做的一切铭记在心。读高中二年级时，虽然我对信仰一无所知，也不认识主耶稣基督，但我还是在写《博文》日记时为你祈祷，祈求上帝在你身上显现神迹。现在我作为一名基督徒，蓦然回首，豁然顿悟出过去你曾对我所付出的关心、爱和牺牲，原来都出自你对主耶稣基督的爱。为此我感谢上帝。下面与你分享我最近写的一篇《博文》日记。

五年后的一篇日记

二〇一三年，八月四号，星期日，优妮斯 Eunice Lee

抚今追昔，我恍然醒悟上帝在我的生命中是真实守信的。我曾向祂祈求神迹，祂当真赐给了我，这甚至发生在我相信祂之前。祂珍惜我们这些孩子们，祂知道我们是祂的儿女，迟早有一天我会接受祂。祂爱我们，祂是完美的，祂很早就为我们的生命和生活做了周密的计划。

五年前一切都是那么悬而未决，茫然无措。五年后的今天，你与癌共舞了五个春秋之后仍然继续活着，这期间你的信念愈加坚固，而我从未想过自己竟然成为一名忠实的基督徒。

在大学二年级时我接受了主耶稣基督，从前我的生命是建立在对个人事业的野心与梦想的追求与奋斗上，我怕与信仰牵扯挂钩。现在我是一名信心坚定的基督徒，我做任何事情都仰望依靠上帝。我相信上帝在我工作的场所里呼唤我，让我在那儿荣耀祂，传播祂的好消息。

你在《微博》上写的文章深深地触动了我的心弦。这些文章对我的震撼远胜于五年前——当我初次听说你被诊断出罹患末期肾癌的时候所受到的震撼。因为现在我从中看到了上帝的荣耀。我为认识到这是上帝为你设计的一个美丽计划而流泪；我为上帝如此地爱你，拯救你而流泪。

我惊异于你的谦卑，从你文章的字里行间，你把一切荣耀都归于神。你帮助其他的癌症病患者们，引导他们认识生命的磐石——我们的救主耶稣。你谦卑地为神的国度做工的精神给了我力量，激励我去回应上帝对我的呼召，赋予我的使命。

几年前我为将要失去你而恐惧。今天上帝延续了你的生命，让你有多些时间与我们在一起。人是无法预测未来的，惟有上帝知晓我们的未来。但我清楚地知道上帝借着你的疾病来坚固你的信心，让你更深刻地体会到祂对你的爱。

我一边努力整理我的思绪，一边写下这些。信上写的这些只言片语无法表达我心中的感动，你是上帝的一个美好的见证。在高中念书时我从未想象到上帝会与我的生命这么息息相关，这同样也体现在你的生命里。

感谢神把你塑造成为一位顺服、牺牲、爱、谦卑、坚强的人。你为有信仰的人们树立了一个榜样，全心地信赖、依靠神，你也为没有信仰的人们树立了一个榜样，珍惜上帝赋予我们的礼物——生命，通过你生命的见证，引导他们去寻求主耶稣基督。

不知道你现在的病情如何，真希望能够听到你的好消息。现在我不是一名高中生了，学着从不同的角度看问题了。希望我不仅成为一个日趋成熟的年轻人，而且成为一名日趋成熟的基督徒。尽管我不知道你此时此刻具体的病情，但我可以充满信心地说上帝非常喜悦你，祂非常爱你。祂已经把你从疾病中赎救出来，祂更新了你的心，使你变得强壮和勇敢。耶稣是你永久的医治者，圣灵给了你智慧和力量。

读着优妮斯相隔五年所写的这两篇日记，使我想起不久前与来我家探访的一位友人的一席谈话。来访者是一位刚从神学院毕业的年轻人，当他听说我的癌症开始扩散到肺和身体的其他部位时，他直率地问我有没有选定哪位牧师主持我离世后的追思会以及在追思会上证道？

因为从没有想过这个问题，当时我错愕了片刻，张口结舌地老实告诉他自己还没有想过这么具体的身后安排事项。同时也暗自猜想，也许这位年轻的神学院学生想毛遂自荐，在寻找他事奉生涯中第一次主持追思会或在追悼会上讲道的机会吧。

为离世的人开追悼会是一个传统的习俗，尽管世界各国各民族开追悼会的形式不同，但开追悼会的目的大体是八九不离十的，活着的人聚在一起缅怀、追念死去的人，安慰逝者的家人亲属。

追悼会上的重头戏是悼词。在悼词中活着的人为死去的人盖棺定论。死去的若是个大人物，悼词中便少不了对逝者的歌功颂德；死去的若是一介草民，悼词中会追念、哀思死者平凡的人生点滴。

我的前半生在共和国度过了三十年，在那一切以"政治挂帅"为最高原则的动荡岁月里，我从小学就生活在一篇悼词强大的政治影响之下。这篇悼词被编入小学课本，成为人人必读的追悼文。假如用《微博》的语言来形容，这篇悼词也许是当时的共和国国民"点读率"最高的一篇文章了。它就是毛泽东在他的警卫员张思德追悼会上演讲的悼词。悼词中的那句"为人民服务"后来成了一句大江南北、家喻户晓的名言。

我的后半生生活在太平洋彼岸的南加州，也曾参加过不少追悼会，从中了解到当地居民的两个习俗。一个习俗是：别看大家忙忙碌碌，平时没有太多时间来往，但当有人故去时，即使是几十年未见面的旧友，也会出席逝者的追悼会，让死者的亲属们感受到人间的友爱和温情。另一个习俗是：追悼会里鲜少带有任何的政治色彩或泪进肠绝的悲恸场面，追悼会的气氛庄肃多于哀伤，追悼文中交托祝福多于恸哭流涕。

我的追思会应该如何举行？ 哪一位牧师将在我的追悼会上证道，念诵写给我的追悼文呢？近两个月来随着我的病情持续地恶化，癌肿瘤在体内不同部位扩散，我需要安排离世后的具体事宜自然而然地摆到了家庭的议事日程上来了。

优妮斯的日记使我豁然开朗。 我既不需要家人在我死后为我举行追悼会，更不需要牧师在追思会上引经据典地讲演为我盖棺定论的追悼文。我想用一种新的、更有意义的方式取代传统式的追悼会。

为我写追悼文的人不一定是受过高深的神学院教育的牧师，也不一定是我的近亲好友，或在公司一起打拼多年的同事。追悼文的内容不需要对我的生平歌功颂德，追忆我曾经干过的那些左手不知右手干的善事。"你施舍的时候，不要叫左手知道右手所做的。"（太 6：3）我希望我的追悼会是一个普普通通的聚会，我的悼文讲述的平凡朴实的故事可以在人们的心中引起共鸣，深思，行动。

虽然还没有与家人商讨，我感觉《优妮斯的日记》是我的追悼文的最好选择。它出自一个年轻、稚气、拘谨的高中女孩之手，道出了她真实的心灵历程。五年前撒下的种子，一句不经意的赞语，一个真诚的拥抱，一曲优美乐章的合作，五年后在这个小姑娘的身上产生了正能量，奏起了她青春的华美乐章。这些现在看起来一点也不起眼的举手之劳却可以伴随着这位女孩子的成长，使她感受到人间的温暖，上帝的恩典与慈爱。

我选择作为我追悼文的这篇《优妮斯的日记》发表在一个新媒体平台——《新浪微博》上。愿这两篇平铺直叙的日记可以在广大读者的心灵深处产生正能量，从日常中琐碎的小事上做起，把心中的爱传递给你身边的家人，里弄小区的街访，学校的同学，公司机关的同事，甚至大街小巷村落中你素不相识的陌生人。

愿每一位读过《优妮斯日记》的读者们，在为了积累地上的财富而疲于奔命的忙碌中能够在自己的心灵里保留一块净土——"自留地"。在这块净土上，你可以远离尘世间的繁乱与喧杂，像大学生优妮斯一样，用自己的灵魂与上帝交谈，探索、寻求永恒的真理，创造积聚天上的财富。

最后我愿与读者们分享优妮斯在她的信中送给我《圣经》里以色列王——大卫写的一首诗。在这首美丽的诗篇中，诗人大卫从他灵魂的深处发出声音，称颂上帝的慈爱和救赎，用赞美的诗歌与神交谈。

我的心哪，你要称颂耶和华！
凡在我里面的，也要称颂祂的圣名！
我的心哪，你要称颂耶和华！不可忘记祂的一切恩惠！
祂赦免你的一切罪孽，医治你的一切疾病。
祂救赎你的命脱离死亡，以仁爱和慈悲为你的冠冕。
祂用美物使你所愿的得以知足，以至你如鹰返老还童。

（诗 103：1-5）

写于二〇一三年，八月二十八日

新年第一天的访客

新年的第一天，我家来了三位不同寻常的访客。说她们不同寻常，是因为她们是我从未谋面的朋友。

我们是在一个叫《海外文轩》的中文文学网络平台上相互认识的。一年半前我偶然发现这个文学创作网站。在这个网上发表文章的人，大都是一些定居在世界各地爱好文学的海内外中文作者。 这个文学网络的创始人是一位居住在美国东部的女作家——海云。去年十一月，海云通过另外一位住在南加州的女作家予微，在《海外文轩》网上给我发了一个"悄悄话"私人信息，说她在圣诞节期间会到洛杉矶，她想探访我一下。

收到予微的私信，我既高兴又难堪。高兴的是，我可以有机会见到这位久仰大名的海外女作家。在《海外文轩》的网站上，我读过海云的文章，很欣赏她流水行云般的文笔。她贴在网上文章的点读次数高达六百万。我很期待能够见到这位读者喜爱的女作家。

令我难堪的是，我无法马上给海云和予微确切的答复。因为像我这种患有末期癌症的人，安排两个月以后与朋友见面，是一个充满挑战性的"长期计划"。特别是当我收到予微发给我的私信时，我正处于一个"非常时期"。

所谓"非常时期"是因为在当了七年之久的临床试验的"白老鼠"之后，我的肿瘤主治医生决定给我两个月的"假期"。这个"假期"来之不易，它的起因是由于研发制造我所用的临床试验药物的公司意外地宣告破产。（详情见我的博文《我的美国肿瘤主治医生》）主治医生告诉我，两个月的"假期"可以让我体内的各个器官有一个缓冲休息的时间，因为现在我浑身上下都是"毒"。七年来那些抑制癌细胞增长的药物在我体内好坏细胞格杀不论，不可避免地伤害了许多好细胞。

我给予微写了一封回信，难堪地请她转告海云，我能否见到海云将取决于十二月初的一个 CT 扫描结果。因为我不晓得在没有任何药物控制下的两个月里，散布在我体内多处大小不等的癌瘤是否会伺机而动。予微回信说她会静候我的回音。

也许上帝知道了我想见海云的心愿，祂在我身上彰显了一个奇迹。

十二月初的 CT 扫描显示，我体内器官上所有的癌瘤竟然全部"冬眠"了，它们没有增长！主治医生大喜过望，把我的"假期"又延长了两个月。

从医院回到家，我迫不及待地打开电脑，给予微写了一封信，告诉她我可以预约见海云了。信寄出去不久，手机铃响了，是海云打来的。她因许久未从予微那儿听到我的回音，直接打电话来了。电话中我们约定，她将于元旦下午来我家探访。放下电话，我心中有些激动，这可是我一生中头一次与作家会面呀！

古人说：物以类聚，人以群分。在我跌宕起伏的一生中，我结识了社会上形形色色的人，溶入过不同类别的人群。六十年代插队，我认识的人是那些生活在中国社会底层的穷苦农民；七十年代考入潍坊文工团与中央音乐学院，我认识的人都是些音乐人；八十年代后到美国学习与工作，我认识的人大都是在美国职场上打拼的白领阶层，他们之中有些人甚至是 IT 行业中的高层精英；七年前我被诊断出罹患癌症后，我认识的人都是即将离开世界的癌症病人。

这些不同类别的人群中没有一人是作家。在我心中，对我这文学"门外汉"来说，作家可是望尘莫及的大人物。

元旦下午三点，海云来到我家。当我听到门铃声打开大门时，看到门外站立着三位陌生的女士。原来随海云一起来的还有二位女作家——予微和鹤望蓝。

一进门，海云便把手中的一盒礼物交给我。我打开一看，原来她去我们当地的一家烘焙专卖店——85℃ Bakery Café，特意为我买的精美可口的小面包。这些形状不同的小面包里面夹了不同味道的馅儿，做得小巧玲珑，香味扑鼻。任何有食欲的人见到它们都会垂涎三尺，恨不得一口就把它们吞下去。

然而热情的海云并不晓得，我这个失去了胰腺的癌症病人是无缘这类人间美食的。因为这家烘焙专卖店——85℃ Bakery Café 制作的面包与糕点，多多少少都带有糖的成分。而我这个没有胰脏的残疾人的身体，无法像正常人一样生产出胰岛素去化解吃进肚子里的糖分。

我把这盒礼物悄悄地放在厨房里的小桌子，嘴里却没有告诉海云，自己无法消受她好心带给我的礼物，以免让她失望。在后来几天的早餐中，这盒礼物成了内子与儿子享受的美食，这是后话了。

我把三位女作家带领进我的起居室，请她们围坐在一个小圆桌前。这个小圆桌是我们平时吃饭用的桌子。我喜欢这张圆形的小餐桌，坐在桌边的陌生来客可以与主人做近距离的交谈，宾主之间易于互动，陌生感悄然而去。

三位女作家在圆桌前团团坐下，坐在我左边的海云，从随身携带的提包里取出两本书放在我面前。我定睛一看，一本是海云写作的长篇小说《冰雹》，这是一部爱情小说，曾经获得了在北京举办的海内外华文作家笔会的"最佳影视小说奖"。另一本是由她主编的《与西风共舞》，书中收集了十五位优秀海外作家写的散文。海云当场在两本书上为我签名，作为纪念。

坐在我右边的予微也送给我一本书。这本书是她的父亲曾庆斯医生写的，书名是《浩劫逃生记》，予微代表他的父亲也在书上为我签名纪念。

我瞧着坐在我左右两边的女作家们热情洋溢地忙着在书上为我签名留念，与她们之间的生疏感霎时消失得无影无踪。我突然感觉她们不像是我脑子想象的那些头顶作家光环，令人望之却步的社会名流人物，她们好像是我认识多年的老朋友。

是呵，虽然我们过去未曾见面，但我们通过在网上阅读彼此写的文章，早就惺惺相惜，心心相印了。过去的一年多里，在我发表在《海外文轩》的文章上，三位女作家经常留下热情洋溢的评论，鼓励我继续活下去，写下去。为了这次会面，女作家予微做了充分的"家庭作业"。在会面的前几天，她仔细阅读了我的回忆录文章。她对我的家史，我患癌症的前前后后，我的思想动态似乎都了如指掌。另一位女作家鹤望蓝来自三百多英里之外的凤凰城，她告诉我她一直在关注着我的文章与我病情的发展。

在与海云交谈中，我感到她的人品就如她写出的优美的文章一样，充满了真、善、美。我了解到，其实这次她的先生与女儿也随同海云一起来洛杉矶，他们一家人清早去 Pasadena 观赏了著名的新年玫瑰游行。吃过午饭后，她的先生就陪女儿去参观一所女儿想就读的艺术学校。而海云为了探访我，放弃了陪伴女儿去参观学校的机会。

听她这样说，我感到诚惶诚恐，对她牺牲陪伴女儿的时间，前来探访我这个写作新手表示感谢。她回答说："你不晓得你的文章感动了我们多少人呢！" 说着，她又拿出一小盒精美的笔记卡片。对我说："这是一位老作家张金翼先生托付我转交给你的礼物。"

手里握着这盒由素不相识的老作家送来的礼物，我的心被触动了。我感受到自己被许多从未谋面的人的爱所环绕，这爱如同海云的名字一样，大海般深沉，白云般纯净。

现在回想起来有些好笑，在我与三位女作家的这第一次会面中，我们花最多时间讨论的竟然是死亡。也许这是作家的天职，在作品中探索、揭示人类死亡的秘密是作家不能回避的主题。我们讨论：对于那些面对临近死亡、痛不欲生的病人与亲人来说，世界上的任何语言都变得那么苍白无力；我们探讨：若活着的人们没有见过天堂是什么样子，那人们要如何相信天堂的存在？他们如何以冷静、平安的心情去面对死亡？我们共识：一个人若想到达一个视死如归的境界，除非拥有坚定的信仰。

谈话中我还了解到三位女作家都是虔诚的基督徒。《圣经》说："敬畏耶和华是智慧的开端。"（箴9：10）我想：她们对信仰的笃信不疑，对生活细致敏锐的观察以及上帝赐予的独具一格的创造力，也许是她们写出好作品的基石与源泉吧！

正当我们交谈得兴致盎然时，细心体贴的海云看了一下手表，礼貌地说：她们要告辞了，因为她担心我讲话太久会劳累。其实她讲得没错，我因为讲话太过兴奋，已经开始感到疲惫了。

我送三位来客到门口，与她们依依惜别。我开玩笑地对她们说，可能这是我们第一次也是最后一次见面了。三位来客似乎对我这略带伤感的玩笑不为所动。海云说："期待读到你更多的作品。"鹤望蓝说："下次你若是去凤凰城城，欢迎你住在我家。"予微说："我们后会有期。"

写于二〇一六年，一月十日

生死候诊室

候诊室里的陌生人

第一次见到马修是一年前，在南加州"希望之城"医院三楼的一间候诊室。坐在这个候诊室里的病人都是像我一样的"白老鼠"——一群等待接受临床实验治疗的晚期癌症病人。

那是一个星期三的上午，我看到一对陌生的父子静静地坐在候诊室的长椅上。说他们陌生，是因为我这个长期接受临床实验的"白老鼠"几乎可以辨认出所有进出这个三楼候诊室病人的面孔，尽管我叫不出他们之中许多人的名字。在过去的七年里，这些来去匆匆地进出这间三楼候诊室的末期癌症患者们，在接受临床实验平均仅仅四至六个月之后，便一个个地人间"蒸发"了。我从来没有向我的医生探听过这些消失了的"白老鼠"后来究竟又活了多久，因为在美国这属于病人隐私，医生是绝对不会告诉你的。

那天也许在候诊室等待得太久，感到无聊，我开始打量起坐在对面长椅上的这对新来的父子。父亲五十多岁，体格高大魁梧，看上去不像患有末期癌症。儿子是一位二十多岁的帅哥，俊逸的脸颊上散发出年轻人稚嫩、羞涩的青春气息。

我私下胡乱猜测，这父子二人，谁是癌症患者呢？应该是父亲吧？因为我曾见到过许多子女陪伴父母前来接受临床实验治疗。然而从这对父子之间的一些细微互动中，我改变了我最初的猜测。我看到父亲为儿子打开一瓶矿泉水瓶的盖子，儿子伸手接过矿泉水瓶时，儿子的手腕上露出一个白色的条子。这个白色的条子是每位病人来就诊注册时，医院发的一个印有病人姓名、生日、个人代号的"身份证"。显而易见，患者是儿子。

我眼睛的焦距点一时间无法从这对父子身上挪移开。虽然父子之间没有讲什么话，但我从父亲的面目表情上强烈地感受到他对儿子的挚爱、心痛、焦虑。但儿子的神态却是异常地镇定，他有一双深凹、明亮的大眼睛，他怡然自若地坐在候诊室里，全无身患绝症，距死亡近在咫尺的表情。

那天回家之后，我翻衾倒枕，夜不能寐。白天在候诊室见到的这对父子的形象在我的脑海里缭绕盘旋，久久不肯离去。一股令人心碎的伤恸袭涌上心头。我为这位年轻人惋惜，他正值风华正茂的年龄，却患上不治之症。我为这位父亲悲哀，他将要承受白发人送黑发人的丧子之痛。我在想，他们需要别人的安慰吗？他们在思想、精神上准备好去接受死亡的结局吗？

一个星期后，当我走进医院三楼的候诊室时，我又瞧见了这对父子。与我第一次看到他们的画面相同，他们静静地坐在候诊室的长椅上等待治疗。

我有一种冲动，想与他们交谈。

平时这个三楼的候诊室很安静。在这儿等候临床实验治疗的"白老鼠"们很少相互交谈，大家都沉默不语，各自沉浸在无言的境界中。是啊，一个人若是活到了生命的尽头，任何世俗的语言都会变得多余。

看到我这个陌生人唐突地走上前自我介绍一番，这父子二人显得有些惊异，但随即便从容地与我交谈起来。这年轻人的名字叫马修，他患的是与我相同的绝症——末期肾癌。当父子二人听说我患肾癌长达六年之久，不禁对我的病情与治疗感起兴趣来。

生死之交

同病相怜，我与马修在候诊室里交上了朋友。我们心灵相通，成了结伴奔跑在通往死亡竞场上的莫逆之交。每个星期三我去医院接受临床实验治疗时，心里总是希望可以在三楼的候诊室见到马修。假若在候诊室不见他的踪影，当我走进临床实验室时，我会窥探走过的每一间病房，希望可以看到他，握一下他的手，说上一句祝福的话。

每次在医院见到这个与我的儿子年龄相差无几的癌友，我都被他镇定自若的气质所感动。他原本应该与同龄的年轻人一样，在大学里选修自己喜欢的专业课程，与自己喜爱的女孩子谈恋爱，在职场上追求自己的事业，但这些健康的年轻人所从事的活动，他却因患病，什么都不能做了。

我曾经问过他平时如何消磨时间。他告诉我，他的家住在加州中部地区。为了就诊于"希望之城"肿瘤医院，现在他住在离医院不远的姐姐家里。他无奈地说，因为生病无法读书与工作。他有体力时，会在姐姐家做些轻微的木工活打发时间。在手机上，他让我看了他帮助姐姐翻新的一套木质桌椅家具的照片。

马修接受临床实验的结果不尽理想，尽管医生几次更换了不同种类的实验新药，他的癌细胞仍然无情地蔓延到肺部与其他器官。每次见到他，我都必须抑制自己内心的悲伤，强颜欢笑地安慰他，说几句为他打气、加油的话。我把自己写作的《与癌共舞》英译本分享给马修父子，希望他们与家人读后可以得到心灵上的慰藉。因为我知道，像马修与我这样走在死亡线上的癌症晚期患者，只有上帝才可以安抚我们的心。

最后一次见到马修时，我看见他躺在一个重病号单间房，胳膊上插着注射临床实验新药的针管，他脸色苍白，呼吸有些困难。因为怕打扰他，我没有与他谈话，只是站在他病房的门口，向他做了一个为他祷告的手势。

之后我再没有见过他。每次走过三楼里那几间为重病号设置的单间病房，我总是故意放慢脚步，探头向每个房间里窥视一下。但他毫无踪影。七年来如同我见过的许多病人一样，他悄悄地消失不见了。

直到不久前，我意外收到了马修父亲的两封信，我才知道马修已经离开了这个世界。在我们结伴奔跑通往死亡的竞技场上，马修先我达到了终点。

马修的父亲与他同名，也叫马修。我有时在想，这一定是个非常亲密相爱的家庭，否则的话，老爸与儿子重名会在日常的家庭生活中造成多大的混乱呀。

信是马修的父亲写的，信中不时交叉出现"我"与"我们"的单、复数代词主语，显示出马修的父亲在写这两封信时，既倾诉了他个人的情感，又表达了家人的心意。在第二封信的署名中，除了马修的父母之外，还加上了马修的名字，让我恍惚觉得是在读一封来自天使的书信。

这二封《天使之书》充满了无尽的爱，父母与儿子之爱，弟兄姊妹之爱，候诊室里的爱，"道奇"棒球比赛场上，数万人对一个临近死亡的年轻人的爱，上帝之爱。我边读边流泪，想起主耶稣在被钉死在十字架之前说的一句话："你们要彼此相爱，像我爱你们一样；就这是我的命令。"（约15：12）

是啊，若是心中没有爱，马修父母是不可能在自己儿子死去仅仅九天之后，在悲恸之中连续写了两封信给我，向一个他们曾经在医院候诊室遇到的陌生人表示关怀。征得马修父母的同意，我把这两封信译成中文并写下了这篇博文，以此悼念我的癌友——马修·史密斯。

马修将是这个婴儿的守护天使

——马修父亲写的第一封信

约瑟，

很抱歉，自从上次在医院见到你之后，这么长时间再没有与你联系。因为在最近的这段时间里，我们与马修度过了一段非常艰难的日子。

我非常难过地告诉你，马修的战斗已经结束。马修于七月十六日离开了这个世界，他去了天堂———一个他真正归属的，充满平安的地方。

六月四日他的癌症恶化，引起了一系列的并发症，医生确诊对他的病情已经束手无策。出院后，他被放置在临终关怀机构。癌细胞蔓延到他的肺部，使得他难以呼吸与吞咽。

他原本决定住在洛斯维第斯城市他姐姐的家里，这样我们在那儿照顾他的同时，全家也可以团聚一堂，与他一起度过他最后的宝贵时光。

在这段时间，尽管马修活得很艰难，但我们还是为他做了一些特别的安排。他是个棒球迷，我们带他去"道奇体育场"看了一场棒球比赛。在球场上，他受到了国王般的接待。他被邀请从观众席走下球场，与他喜欢的那些著名的"道奇"球手握手相拥。他从小就是个恐龙迷，我们陪伴他去电影院观看了新电影"侏罗纪世界"。

当他的病情进一步恶化时，他想搬回到我们的老家，因为他从小在那里长大，他想在他熟悉的家里与家人一起度过他生命的最后时刻。

我们实现了他的愿望。搬回老家后的两个星期里，他享受到当之无愧的宁静、安乐、家人的爱。不再有医院，不再有医生预约，不再有临床实验药物治疗所引发的副作用。对马修来说，世界上最重要的是他的家人，这是我们与他告别的特殊方式。

在生命最后的一段日子里，马修展示出他非凡的勇气，端庄的人格。他从不抱怨，他挂念担心我们所有的人——爱他的，他爱的家人，甚于他自己的生命。

他想做的最后一件事就是可以亲眼看到他的外甥出生，他希望他可以见到这个新生命，认识他，与他玩耍。马修的姐姐 Sierra 和她的丈夫将拥有他们的第一个孩子，小婴儿的预产期是八月二十日。马修写了一封信给婴儿，还为婴儿买了一个惊喜的礼物。是啊，这个婴儿将是一个像马修一样漂亮的男孩。这是一个丰盛的祝福，我们多么希望马修可以亲眼看见他啊。但我们相信，马修将是这个婴儿的守护天使，用上帝的爱与光保护他。马修会以他的特别方式去做这件事，死而无憾。

我们深深地怀念他。他将永远不会被遗忘，将永远是我们家庭的一部分。

我有些担心，因为好久没有听到你的消息了。我们祈求上帝在你的抗癌旅途中继续给你平安与慰藉。请回信，让我知道你在做什么。你对我们与马修一直都是那么有爱心，向我们伸出你的援助之手。你是我们所有人的激励，包括马修。

我们关心和爱你。我曾经告诉过你，我相信你是神的爱，
帝派来帮助我们与马修的天使。你的爱是最伟大的礼物。愿
保佑你和你的家人。请记住马修现在正在天上遥望着你，他在
待再次见到你，互相照顾，直到我们都团聚在天国。

爱你的，

马修，莎拉·史密斯 与家人

七月二十五日，二〇一五年

你是一个被许多爱所环绕的人

——马修父亲写的第二封信

约瑟，

非常感谢你的来信，你来信的字里行间洋溢着你对马修的爱与思念。
我真希望我们会有更多的时间在一起，让你去了解他是一个多么
棒的儿子和弟兄。他对上帝与家人充满了深深的敬意与爱，他是
如此的年轻，他付出了自己的一切，我们为他而骄傲。

从你的来信得知你在临床实验室里曾寻找过马修。其实我们在马
修接受临床实验药物治疗时也总是希望能看到你。我很欣慰地听
到目前你仍在接受临床实验药物治疗。我们将始终如一地希望平
安与你同在。我理解你的病情给你与你的家人带了多么大的痛苦，
但是我想让你知道，对于许多其他患有与你相同可怕疾病的人们
来说，你是多么的重要。

你写的文章帮助了众多像我们一样的家庭，如何以专注纯洁的爱去安抚我们饱经病魔折磨而破碎的心灵。感谢你触摸了马修和我们家人的心，感谢你花费宝贵的时间来安慰我们，帮助我们理解什么是最重要的。你的爱与灵性上的引导使我们得以帮助马修在精神上应对他日趋恶化的病情。

你是我们的激励，我们为你祈祷，恳求上帝的爱之光照耀着你，赐予你平安。请不要忘记马修，在你继续接受临床实验治疗的过程中，他会像天使般地环绕在你的身边。马修坚信我们都将再次在天父那儿团聚。

我们深感荣幸，你有感动把马修的故事写在你的《博客》里。我们为你找到了两张我们最喜欢的马修的照片。当你的文章发表时，请给我们发一个链接来阅读。这将是对我们的爱子马修珍贵的怀念。

我想与你分享一下我因失去马修心里所经历的疼痛，我每时每刻都在思念他，我曾试图说服自己，准备好让马修离去，但是我错了。我发现自己还是眠思梦想着他，痴想为他做些什么，想为他提供安全感，想亲口告诉他，我是多么爱他。平时我凝视着他的照片，不断地为他祈祷。但我必须学会坚固我的信心，相信上帝呼召了他，让他继续把爱与祝福赐予大家，让他继续为人们灵魂的更新做出贡献。这不是一件容易做到的事，需要排除自己企图全部拥有他的私念。

马修生前一直希望他在临床试验新药治疗的结果将有助于其他病人，尤其是他在"希望之城"医院见到的那些患有癌症的孩子们。

我也想让你知道马修如何平安地离开这个世界的。那天晚上，他对临睡前的弟弟说："我爱你"。在夜间，我们守护在他的身边，他在我们的怀抱里轻柔地逝去。上帝应许了我们的祈求，赐予马修平安，让他没有痛苦地离开我们。

请与我们保持联系，如果你需要我们的任何帮助或支持请告诉我们。我们很想在你接受临床实验治疗时来看望你，报答你曾经为马修所做出的一切。我们将继续为你祈祷，你要知道你是一个被许多爱所环绕的人，上帝保佑你！

爱你的，

莎拉，马修·史密斯

与你的天使马修

写于二〇一五年八月二十七日

我的美国癌症主治医生

——献给苏曼达·保尔医学博士 Dr. Sumanta Pal

他是一位"研究医生"

七年前在南加州"希望之城"医院三楼的一间门诊室里，我第一次见到苏曼达·保尔医生 Dr. Sumanta Pal。那时我被诊断出罹患末期肾癌，六个月之内做了两次大手术，但在第二次手术后仅三个月，我的癌症再次复发。癌细胞在我体内有如"野火烧不尽，春风吹又生"的劲草，又如神话故事里那些打不死、斩不尽的怪物。

在那次会诊中，苏曼达·保尔医生建议我采用一种名字叫 Afinitor

的临床试验标靶新药。他给我一本册子，让我带回家仔细阅读。

这是一本参加临床试验的志愿书。在志愿书的前几页，我学到了一个新名词：Research Doctor 或者 Study Doctor，翻译成中文的意思是研究医生。原来苏曼达·保尔博士是一位研究医生。

志愿书里解释：研究医生与病人的关系不同于人们常见的私人医生与病人之间的关系。当你生病去医院或私人医生诊所就医时，为你看病的医生通常是你的私人医生，英文称之为 Personal Doctor。私人医生针对你的具体病情，选择一个特定的治疗方案。你的私人医生持有他的信念，认为他选择的治疗方案将有益于他病人的健康。

与私人医生不同，研究医生通过一个具体的研究计划，收集新的治疗方法的知识，但被试验者不一定从其参与的这项研究计划中受益。每位参加临床试验的病人必须接受完全相同的研究程序，才会使研究医生从中得到有意义的结论。换句话说：研究医生不像私人医生那样为他（她）的病人针对性地对症下药，而是对所有病人一视同仁，采用统一相同的试验药物治疗。

读到这里我的心凉了半截，特别是当我在志愿书里读到研究医生把他的病人称之为 Subject 即 "被试验的人"，才意识到原来这个 Subject 相当于试验室里的 "白老鼠" 的代名词。

"被试验人" 的风险

当时我不晓得世界上不是每个病人都可以找到研究医生为其治疗的，因为研究医生与私人医生相比是少数。据说：现在中国还没有研究医生，因为中国目前不允许在病人身上做临床试验。

另外不是每个癌症病人都情愿让研究医生为自己治病，因为这其中牵扯到与自己生命攸关的风险。为了防止被病人告上法庭，研究医生与新药研发单位在志愿书里把丑话说在前，他们对于风险有这样的解说：参加临床研究项目有两个风险。

风险之一是可能不会治疗你的疾病，甚至会加重你的病情。另一个风险是临床试验药物可能有副作用，副作用程度可从轻微到严重，并且可能会持续很久，甚至威胁到你的生命。因为目前是研究阶段，医学界并不知道试验新药可能在人体内所引发的所有风险。说白了，这是告诉"被试验的人"，倘若你在临床试验中得不到医治，甚至失去了生命，你和你的家属必须白认了，不能把研究医生告上法庭，因为你在志愿书上签了字。

我继续往下翻页，读到一段有关治疗癌症药物的科普教育：许多用于治癌药物的功能是抑制癌细胞迅速分裂，减缓它们在你体内的生长，以至于让它们死亡。但这些药物同时也会抑制正常细胞的分裂，并使其生长减缓或死亡。这些被损坏的正常细胞包括那些抵抗感染的白细胞，帮助血凝的血小板，在你体内血液中携带氧气的红细胞。当抗癌药物导致这些正常血液细胞减少时被称为骨髓抑制。

我越读越不寒而栗，越读心里越不情愿在这志愿书上签字画押。说句不好听的大实话：我感觉苏曼达·保尔医生的这个志愿书仿佛是在拉人头去做试验炮灰。

一次门诊中的对话

一个星期后，我带着没有签名的志愿书与内子一起走进"希望之城"医院。这是我第二次见到苏曼达·保尔医生。

"你读完志愿书了吗？有什么问题需要我解答吗？"他面带微笑，和蔼地问我。

我怯怯地问他："如果我不参加这个研究项目，我还有多少时间？"

"一年左右吧。"他平静地回答。

"如果我参加这个研究项目，我还有多少时间呢？"我追问道。

"两年！"他答道。

在公司干了多年的 IT 财务预算，对数字极为敏感的我，试图再次得到证实："你是说这个试验新药只能延长我一年的生命？"

听到我的这句问话，苏曼达·保尔医生先是一怔，迟疑了几秒钟后对我与内子说："可以这么说吧。"

一位崛起的新星

在内子与孩子们的陪伴与支持下，最终我在志愿书上签了字。但当我签字时，我并不晓得自己有幸"签"到了美国癌症研究医生中一位崛起的新星。

苏曼特·保尔医生是个天才。他上小学、中学时连续跳级，十三岁考入了大学里的一个特别班。在这个特别班里的学生需要在四年内完成高中与大学八年的全部课程。他十七岁大学毕业时与他同龄的孩子们还在读高中呢。听说他大学毕业时遇到了令他尴尬的情景，在庆祝毕业的宴会上，一位不知情的教授走到他的桌前，邀请同学们举起酒杯庆贺时，他窘迫地站起来对教授说，自己还没有到法定的喝酒年龄。

这个年轻人二十一岁读完了医学院，二十五岁成为医学博士。在短短的几年内，他在美国的权威医学杂志上发表了一百多篇学术论文。许多美国的制药厂和科研公司纷纷前来与他合作，把他们研发的新药让苏曼特·保尔医生用于他病人的临床试验上。他经常被邀请去美国各地的医学研究会议演讲，介绍他的临床试验进展与成果。

苏曼特·保尔医生在治疗癌症的临床试验上取得的杰出成就，使他囊括了许多医学研究资金奖项。这些研究资金来自加州乳腺癌研究机构、美国综合癌症网络中心、美国国家健康机构。为了表彰他在肾癌方面上的研究成果，美国肾癌医学协会授予他"年轻研究医生奖"。为了支持他对膀胱癌的研究工作，美国西南地区癌症协会 Charles A. Coltman 授予他 "平移研究奖金"。

高尚的医德

苏曼特·保尔医生的精湛医术与高尚的医德使他赢得了病人与家属的尊敬。

在医院里我认识了一位癌友，他名叫麦克，是位退休的大学教授。

他与我一样，患有末期肾癌。麦克的家住在外州，每星期他的妻子陪伴他乘飞机来到"希望之城"医院，接受苏曼特·保尔医生的治疗。麦克是一位抗癌勇士，他经历了十二次手术，参加过几次不同的临床试验药物试验之后，终于不幸去世。

麦克夫人告诉我：当他们获知药物已经对麦克的癌瘤不产生任何效用时，苏曼特·保尔医生亲自去他们在医院附近租的一间公寓去看望麦克，给予麦克夫人极大的慰藉。麦克死后，为了感谢苏曼特保尔医生，她专程从外州飞来南加州，参加一个为苏曼特·保尔医生的研究工作举行的慈善捐款晚宴。

麦克夫人参加的这个慈善捐款晚宴是苏曼特·保尔医生的一个病人发起的。这个病人的名字叫富兰克·迪百拉 Frank DiBella。这位富兰克先生于二〇一一年被诊断出末期前列腺癌，医生说他只能够活四个月。绝望之下他转诊到"希望之城"医院，在苏曼特·保尔医生的治疗下，至今他仍还活着。他说："我第一次遇到苏曼特·保尔医生时，他对我说，虽然他不能根治我的癌症，但他可以让我继续活下去，至少四年。在这期间或许他可以找到完全根治的办法。我相信："如果世界上有人可以找到治愈我癌症的妙方，此人一定是苏曼特·保尔医生了。"

这位富兰克先生是一位资深会计师，在他的客户中，有许多好莱坞的电影明星。为了感谢苏曼特·保尔医生的救命之恩，他发起了这个慈善捐款晚宴，为苏曼特·保尔医生的临床试验研究捐款。许多好莱坞的名流影星前来助阵，甚至我们加州的布朗州长也亲临现场发表演说。这次慈善捐款为"希望之城"医院与苏曼特·保尔医生的研究工作筹集了一百六十万美元。我虽然收到了邀请函，却因病情所困，无法前去参加。

精心照料"白老鼠"

七年前当我在志愿书上签字时，我以为我这个末期肾癌"白老鼠"顶多只能再活两年。但我万万没想到，在苏曼特·保尔医生的精心治疗下，我竟然奇迹般地活了七年。

也许我是苏曼特·保尔医生医学研究中活得最久的"白老鼠"之一，他对我的病情特别关注。每星期三我去就诊，他总是详细地询问临床试验药物在我身体内有什么副作用，他生怕我讲的不清楚，总是询问陪伴我就诊的内子，让她从旁观者的角度来讲一下我一星期以来有什么异常的状况。

今年初我的癌症第四次复发，癌细胞扩散到我的右甲状腺。手术前外科医生告诉我，只要切片化验、分析、证实病人脖子一边的甲状腺长的是恶性肿瘤，外科医生通常会把两个甲状腺一并切除，因为癌细胞会很快地转移到另一边的甲状腺。

在手术室里，当外科医生正要举刀切除我的第二个甲状腺时，他与苏曼特·保尔医生的一通电话交谈使他刀下留情，为我保留了一个甲状腺。苏曼特·保尔医生的这个具有风险的决定使我免于手术后失去甲状腺功能所引发的并发症。

为了精准地了解临床试验药在"白老鼠"身上的疗效，"白老鼠"们每三个月（有时每二个月）要CT扫描一次。对于我们这些"白老鼠"来说，每一次CT扫描之后等待医生告知扫描结果的那几天都是一次精神上的炼狱。苏曼特·保尔医生非常理解病人与家属精神上的煎熬，每次CT扫描之后，不管是好消息还是坏消息，他总是在第一时间，在我预约就诊的前几天就通过电子邮件把CT扫描的结果告诉了我，即使这需要占用他周末的休息时间。其实他大可不必这样做，他有一位年轻美貌的妻子与两个可爱的幼儿，周末他本应把工作放在一边，与家人共享天伦之乐。他的妻子也是一个天才，大学天才班的同学，她十七岁时与未来的先生一起大学毕业了。

苏曼特·保尔医生不只向我展示出一个医生对病人的关心，甚至对我的家人也流露出他的宽厚博爱之心。在一次门诊中，他听说我有个儿子马可打算学医，便主动向我提出可以让儿子马可来医院，到他的部门实习。他对马可想当医生的梦想大力支持与鼓励，为马可创造了良好的工作环境，使得马可可以积极地参与他的临床试验论文的准备与写作过程。在短短的一年里，儿子马可参与了三篇临床试验论文的写作，成为这些科研论文的集体作者之一。这三篇论文均发表在美国的医学杂志上。苏曼特·保尔医生在百忙之中，还为我的儿子马可写了一封热情洋溢的推荐信，今年夏天马可考进了医学院。

绝望中的不速之客

最令我难忘的是两年前发生的一件事。

二〇一三年四月，在接受了长达五年之久的临床试验新药 Afinitor 治疗之后，我的癌症第三次复发。苏曼特·保尔医生看到 CT 扫描片子之后，当机立断，决定让我尝试一个仍然在早期人体试验阶段的新药。这个药物的名字叫 ASONEP（也被称为 Sonepcizumab 或 LT1009)，是一家在圣地亚哥的 Lpath 公司开发的针对癌症，包括肾细胞癌的试验性新药物。

ASONEP 是一种鼠标单克隆抗体，它可以附加到人体内的一个称为 1- 磷酸鞘氨醇 sphingosine-1-phosphate (S1P) 分子上。这个 S1P 可能是致癌的一个罪魁祸首。实验证明：它对多种癌细胞的恶化发展起了极大的坏作用。ASONEP 被寄予希望去减少并缩小肿瘤的生长。

尽管这个药物还没有得到美国食品和药物管理局 (FDA) 的批准，并且医学界对这个新药的了解很有限，苏曼特·保尔医生还是决定把它用在我身上进行试验治疗，因为他从医学概念上推断，这个药有可能抑制我体内肾细胞癌的增长。

我在志愿书上签字后，苏曼特·保尔医生让我安静地等待一个星期。按照他的计划，在停止服用 Afinitor 的这一星期，我的身体得把在体内残留的药物排除干净，以利于开始新药的临床试验。同时医院要取得我的医疗保险公司的批准，同意支付标靶新药临床试验的医疗费用。

天有不测风云，几个星期后，我的保险公司拒绝支付有关这个临床试验新药的一切费用。这期间我"上访"了保险公司与我公司的人事部，但都无功而返。看来苏曼特·保尔医生为我所制定的周密医疗方案要夭折于保险公司的决定了。

在这期间我无药可用。原本计划在一个星期之后就开始接受的新药治疗竟然拖延了近两个月也毫无头绪。想想没有药物抑制的癌瘤会在我体内肆无忌惮地增长，我惶恐不安，认为自己的末日到了。

正当我陷入绝望之际，有一天吃过晚餐，电话铃响了。我拿起了电话，耳边响起苏曼特·保尔医生熟悉又亲切的声音。他说他现在正在离我家不远的一个地方办事情，若是我同意的话，我们可以约在附近的一个日本寿司餐厅见面。我几乎不敢相信自己的耳朵，一个繁忙的大牌主治医生竟然屈尊大驾，百忙之中亲自跑到一个普通病人的家来探访！

半个小时后，我在日本寿司餐厅的门口见到了苏曼特·保尔医生，他看上去还没有吃晚餐。我们在餐厅内找了一个座位，他把随身带来的手提电脑放在餐桌上，立即向我解说起来。他说："这不是世界末日，我们还有其他的药物来治疗你的肾癌。"边说着，他用手指向他的电脑屏幕："你可以尝试这个已经被联邦药检局FDA批准的药物。这个图表是我发表在医学杂志上报告的一部分，上面总结了过去几年来这个药的临床试验结果。在平行线以上，长短不同的竖条代表服用了这个药后活着的人数与年数，在平行线以下的竖条代表用过这个药后死去的人数。"

他一边说着，一边把电脑推进到我面前，让我仔细地看这个图表。这个被FDA批准的治疗肾癌的标靶药物叫Pazopanib。很明显，在五颜六色的图表上，平行线以上的竖条多于平行线以下的竖条。也就是说：凡接受这个药物治疗的肾癌病人中活着的人比已经死去的人数多。在这些活着的人其中，有人活了三个月，五个月，六个月，一年等不同的时间，一个人活的最久的时间是五年。

为了打消我的疑虑，苏曼特·保尔医生以近似权威式的语气说："这是一个很值得你一试的标靶治疗药物，它的优点是有确凿的试验证据证明它的疗效，而那个保险公司拒绝支付治疗费用的新药ASONEP仅仅处于第二试验阶段，目前还没有任何试验结果来证实它在晚期肾癌病人身上的疗效。"

短短半个小时的谈话，我仿佛在迪斯尼乐园里坐了一趟云霄车，从深邃的低谷里一瞬间被抛向云霄中。在晕眩神迷之中，我看到一线光明。在他道别时，我感激涕零，泪如雨下。我紧紧地拥抱着他，感谢他在我心神疲惫的关键时刻亲自来探访我，安抚我受伤的心，耐心地向我解释了新的医疗方案。

成功与失败

历史上伟大的科学家在他们成功地创造出前所未有的科学发明成果之前，都要经历过一段曲折、坎坷的研究过程，在这个过程中，不管试验成功还是失败都不会动摇这些伟大科学家坚韧的意志。

根据美国医学癌症协会二〇一四年的一份报告显示：肾癌病人的存活率男性仅百分之三，女性百分之二，肾癌是癌症种类中存活率最低的绝症。这个令医学界束手无策的疑难病症是苏曼特·保尔医生潜心研究的一个重点项目。与那些历史上伟大的科学家一样，他在研究治疗肾癌的临床试验新药的过程也有成功与失败的经历。

我第一次在志愿书上签字的那个新药 Afinitor 就是一个他试验成功的例子。在我参加临床试验五年后，这个治疗癌症的新药被美国联邦药检局 FDA 正式批准。那年苏曼特·保尔医生飞去了北京，把这个新研究成果分享给中国的医学界同行们。现在这个药已经在中国被获准用于治疗肾癌、胰腺癌与乳腺癌，许多中国癌症病人因此药而受益。

我参加的第二个临床试验新药的命运却没有这么幸运。在美国开发研究一个新药需要经过四个漫长的临床试验阶段。如果临床试验的结果不尽理想，这个新药即可能夭折于四个临床试验阶段中的任何一个阶段。

当我开始接受 ASONEP 概念验证第二阶段临床试验之前，这个试验新药已经完成了第一阶段的人体安全性临床试验。预计有三十九个末期肾细胞癌病人志愿参加第二阶段临床试验。苏尔曼·保尔医生把志愿者分成两组。第一组二十二人，第二组十七人。如果第一组的二十二人之中，有十一个人在接受 ASONEP 临床试验药物后显示出潜在的疗效，第二组的十七人才可以开始加入临床试验。我被分在第一组。

在长达两年的治疗中，这个 ASONEP 临床试验药物在我身上的疗效出奇的好。我体内众多的癌瘤，除了在右甲状腺上的癌瘤增长速度明显，于今年初经外科手术切除之外，其余的癌瘤都被抑制住了。

然而与我同一组的其他人却没有我这么幸运。他们平均仅接受了四个月的临床试验便因病情恶化而悄然退出试验。由于有疗效的人数低于百分之五十，这个 ASONEP 临床试验被迫中断。开发研制这个新药的 Lpath 公司也随之宣布破产。两个月前，当苏曼特·保尔医生把这个消息告诉我时，我有些遗憾，因为这个药毕竟破纪录地延长了我两年的生命。我开着玩笑对他说："是不是可以这样说：我的病史很荣幸地成为医学史上一个空前绝后的病例。"他想了片刻，答道："的确是这样。"

在最后一次接受 ASONEP 临床试验那天，我坐在椅子上，一只胳膊上插着输液管，药液一滴一滴缓慢地流进我的血管里。我拿起手机，朝着挂在输液架上印有 ASONEP 标签与我的名字的药袋拍摄了一张照片，以此纪念这个也许是医学史上最后一袋用于人体临床试验的 ASONEP。

"假期" —— 意外的惊喜

在通知我 Lpath 公司宣布破产的那一天，苏曼特·保尔医生给我吃了个定心丸。他说：他不会放弃对我的治疗，他已经为我寻找到另外一个临床试验新药。目前这个新药刚开始在人体上试验其安全性。但他并没有马上让我进入这个新药的第一试验阶段。相反他给了我两个月的"假期"，把长年积聚在我体内的药毒素排除掉，把身体调理好，以便利于重返与癌细胞搏斗的战场。

可真是个意外的好消息，我听后兴奋不已，心里充满了感恩。在过去的七年里，我从没有奢望自己可以有"假期"。就我所知，当医生通知我停止接受治疗时，就是我已经到了无可救药、临近死亡的地步了。在抗癌药通杀我体内的癌细胞与好细胞长达七年之后，身心俱疲的我竟然重新可以在没有药物副作用下生活两个月，这是多么大的恩典呵！

我感谢上帝，让我有幸遇到了一位有着高尚医德、勇于创新的研究医生。七年来，他以精湛的医术与慈悲为怀的爱心使我这个原本只剩下一年生命的残体跻身于肾癌患者存活率仅仅百分之三的罕见行列之中。

写于二〇一五年，十二月八日

两个女孩——智慧的开端

家里来了两位访客

八月里的一天，家里来了两位访客——薇薇安 Vivian 和艾斯特 Esther，她们曾经是内子小提琴琴室的学生。七年前薇薇安高中毕业后考入了南加州大学 USC。艾斯特则在六年前考入了加利福尼亚大学洛杉矶分校 UCLA。这些年来她们在大学里的功课繁重，我们很少见到她们。几天前艾斯特发给我一个信息，说她与薇薇安想来看望我们，并请我们一起吃午饭。我们约好上午十一点半先在家里见面，然后再出去吃午餐。

两个女孩一进家门就钻进内子的琴室里四下环视："这儿的一切都没有变。" 她俩异口同声地说。谱架子还是放在屋子中央的老地方，那架具有百年历史的老史坦威三角钢琴还在，高中毕业时与老师的合影还挂在墙上……。她们俩仿佛是回到了久别的家中，脸上洋溢着怀旧的笑容。

在这间教琴室里，两个女孩度过了她们一生中求知欲最旺盛的年华。从最简单的乐曲，一直到巴洛克时期的巴赫、韦尔弟；古典音乐时代的贝多芬、莫扎特；浪漫派音乐的萨拉萨蒂、门德尔松、维尼亚夫斯基、布鲁赫；现代派的葛拉祖诺夫、卡巴列夫斯夫、哈察都量……。 她们拉出的小提琴音色各有独特的气质，散发出不可抵御的魅力。薇薇安的音色清纯迷人，富有艺术情感，而艾斯特的音色圆润饱满，极有感染力。每次我为她们弹钢琴伴奏都是一种享受。在绚丽美妙的音乐熏陶下，她们从天真幼稚的小女孩逐渐蜕变成为亭亭玉立、感情丰富、富有创造力的大美女了。

薇薇安的故事

我们坐在琴室的沙发上交谈。内子对两个女孩说："我看到你们俩一起去东南亚旅游的照片了，你们一定玩得很开心吧？" 内子与我平时可以看到她们的脸书，每当看到她们在脸书上贴出新照片，内子和我都会仔细端详着她们的照片，心里充满了感恩。她们就如同是我们自己家里的孩子一样，人生成长过程中的点点滴滴都会牵动着我们的心。

薇薇安告诉我们一个好消息，她说一个星期前，当她与艾斯特正在印度尼西亚的巴厘岛度假时，接到"恺撒医疗"集团的正式通知，她被录取为正式员工了。"恺撒医疗"集团是一个全球医疗的典范，拥有超过一千万名会员，近二万名医生，总体员工十九万人。能够进入这个美国最大的医疗机构工作是许多大学毕业生的梦想。薇薇安在大学里获得的硕士学位是医疗管理，她的具体工作将注重于提高"恺撒医疗"服务的效率与质量。

听到在众多申请者中薇薇安脱颖而出，成为"凯撒医疗"集团的一员，我一点儿也不惊讶。这个从五岁就开始跟内子学习小提琴的女孩，求知欲旺盛，浑身充满了创造力，就像她演奏小提琴时总是给听众带来意想不到的感动，她在生活中也总是寻找挑战。

三年前我接到正在南加州大学读书的薇薇安的电话。她告诉我她想参加我们邻近一个城市 Covina 的才艺选美大赛。我问她为什么不务正业去参加这种比赛，她说若是赢得这个选美大赛，她可以领到一笔可观的奖学金。因为是才艺选美比赛，她请我帮她选一首合适的小提琴曲目。

我们最后决定的曲目是法国作曲家圣桑写的《引子与回旋随想曲》，选择这首曲子的原因是曲子演绎感情奔放，情绪大起大落，很能触动人心。这首乐曲长达八分钟，但选美大赛规定：每一个参赛者表演的时间只有一分半钟，我不得不忍痛割爱，把作曲家的原作删除了许多，为薇薇安拼凑了一个缩减版本。在选美大赛中，她成功地演奏了这个缩减版，荣获了 Covina 市选美大赛冠军。几个月后，薇薇安又打电话来说，她要参加全加州选美大赛。她说她的选美顾问要求她重新选一首小提琴曲子。这次我建议她拉《辛德勒的名单》，因为这是一首催人泪下、打动人心的乐曲。据说她在舞台上淋漓尽致地把这首曲子呈现给现场观众，她的表演打动了评委，她荣获二〇一五年加州小姐选美大赛的前十五名，并且获得了才艺特别奖。

这次薇薇安的来访让我们最感欣慰的是，她现在开始在吃每顿饭之前祷告。她告诉我们，没有上帝的眷顾与恩典，她是不可能有机会进入"恺撒医疗"集团工作的。由于时间的关系，我没有机会问薇薇安她在信仰方面的问题，但我相信这个五岁就开始学习小提琴，从小被父母送进"贵族"式的私立学校，毕业于美国著名私立大学 USC，荣获 Covina 市才艺选美大赛冠军，进入一个全球医疗典范的医疗集团工作的年轻女孩，终究会寻找到智慧的奥秘，因为《圣经》上说："敬畏耶和华是知识的开端，愚妄人藐视智慧和训诲"（箴 1：7）。

艾斯特的故事

正当我们聊得很起劲时，两个女孩提议午饭的时间到了，她们要请我们吃午餐，于是我们来到离家不远的一家韩国豆腐煲餐厅，在这儿我们边吃边聊。内子关心地问艾斯特："你申请学校的事情有什么结果吗？" 两年前，艾斯特大学毕业后积极参与了教会宣教的事奉，我们从她的脸书上得知她去过墨西哥、洪都拉斯等中南美国家，但我们不知道她的长远计划是什么。

"这就是今天我想来当面与你们分享的事情。"艾斯特兴奋地回答："我被加州大学旧金山分校的牙医学院录取了！"

"太棒了！" 我和内子异口同声地叫道。我们之所以也这么兴奋，是因为我们知道艾斯特考入的这个学校是世界著名的生命科学及医学中心。加州大学旧金山分校（University of California, San Francisco）简称 UCSF，位于美国加利福尼亚州旧金山。在二〇一八至二〇一九年度世界大学学术排名中，加州大学旧金山分校临床医学名列世界第二，生命科学名列世界第三。在 US News 全美最佳医院排名中，UCSF 附属医院名列全美第六，美国西部第一。这所学校师资雄厚，有八位教授曾获得诺贝尔奖。由于该校的牙医学院、医学院、护理学院、药学院和研究生院在健康和生命科学领域均位居全美最负盛名的行列，每年这些学院成为报考医科大学的精英学子们梦寐以求的求学目标。

"你在大学里的 GPA 成绩单一定很好吧？" 我这样问艾斯特。因为按常理来说，没有一个超群拔类的大学成绩单，以及在全国统一的牙科医学院入学考试中获得高分是不可能被入学率仅有百分之五的这所顶尖牙医学院录取的。

出乎我的意料之外，艾斯特告诉我她的大学成绩 GPA 并不是最优秀的。那怎么可能呢？我暗自思忖着，半开玩笑地问她："那么是不是你在与考官面试时如同安德烈一样提到了你会拉小提琴？"

安德烈 Andrew 是内子另外一位昔日的小提琴学生。他是一个品学兼优的男孩子，哈佛大学毕业后去了纽约的一所医学院读书。医学院毕业后，他在面试眼科手术专业时提到了他因从小拉小提琴而训练出一双灵巧的手而被录取。记得当时我与内子听得啧啧称奇。

不料这次我半开玩笑地向艾斯特随意提及安德烈的面试经历时，她竟然笑着点头默认了！

面试是医学院或牙医学院审查考生的最后一道关卡。这是一道看上去简单，但实际上令人莫测的关卡，因为在现场你不知道考官会临时向你提出什么样的问题。许多"过五关、斩六将"的考生到了面试这最后一关功亏一篑，饮恨铩羽。

"可以告诉我一下你面试的过程吗？"我好奇地问她。

"当然可以。"艾斯特不加犹豫地回答。

艾斯特的面试

以下是艾斯特对我讲述的她与 UCSF 面试官交谈的内容：

二〇一七年九月，我在我梦想的学校——加利福尼亚州大学旧金山分校的牙科学院接受了考官的面试。

我太紧张了！面试之前我花了许多时间做准备。我想告诉他们：我为什么选择牙科作为职业？为什么我喜欢 UCSF 这个学校？我对未来牙医学发展趋势的看法……，但令我自己吃惊的是在整个面试过程中，我竟然没有机会对面试官谈起任何这些我费尽心思准备的面试内容。

面试官是学校的一名女研究员。她问我的第一个问题是我的爱好是什么。当然我不得不谈论小提琴，因为这是我童年时所做的一个重要选择，小提琴塑造了今天的我。我告诉她，我是如何每天坚持练琴，不只是要在独奏会上表演，还要参与讲习班，大师班，管弦乐队和室内乐，还要参加无数的比赛。我还告诉她，我是怎么去保加利亚参加那儿的一个音乐节。

面试官很感兴趣地听着，以至于我花了太多的时间在讲古典音乐。她很好奇为什么我不选择音乐作为专业，她不停地询问我关于古典音乐是如何塑造了我的个性，以及学习小提琴如何训练我，使我的手指变得灵巧、敏感，这在牙科方面显然非常重要。回答这些问题对我来说太容易了！小提琴对我是多么重要，她教我学会耐心，毅力并追求我仰慕的价值观。她还问我："我想这一定很难做到持之以恒，特别是当你面对非常具有挑战性的曲目时，在你学习小提琴时，你需要克服最大的难度和挑战是什么？"

当她问这个问题时，我傻掉了。在我学习小提琴的那些日子里，对我来说最困难的事情，不是去拉一首难度高的协奏曲，而是当我感到自己仿佛是戴安娜老师家里的一个成员时，你患上了末期癌症。但我不知道我是否在自己情感可以承受的情况下有勇气告诉面试官这个故事。我本来是可以给她一个简单的答案：牺牲自己的时间，坚持练琴与上课，参加竞争激烈的比赛。但当时突然有一种莫名的冲动让我敞开心扉，在面试官面前把我的脆弱赤裸裸地暴露出来。

我毫无保留地向她倾诉在我在上初中的时候，当我获悉你罹患末期肾癌的消息时的悲伤以及你抗癌的经历在我心里、灵魂上引起的巨大震撼。我亲眼目睹你体内的癌细胞已经转移到身体各部位的过程，以及在你身上彰显的神迹。然后这段经历又使你成为一名作家，把你与癌共舞的经历分享给读者。

在讲述的整个过程中我都在流泪，面试官的眼中也满含着泪水。我告诉她，通过你的抗癌旅程，我懂得了如何将人生艰辛的经历转化为美好的祝福。上帝总是通过你和戴安娜老师来教诲我，你们所做的一切都是为了上帝的荣耀。（所以谢谢你们！）

当我讲完后，面试官感谢我和她分享你的故事。她告诉我，实际上她正在从事癌症研究工作，如果我有兴趣，当我进入 UCSF 后，我也可以去她的实验室工作。这简直是太不可思议了！更出乎意外的是她坦言，其实她并不是我今天的面试官！那位本来应该面试我的人由于紧急情况无法前来，所以她才临时介入，对我进行面试。说实话，我认为这是上帝的安排。如果不是她今天面试我，也许我今天根本不会谈论小提琴，那么也就不可能谈到你，而我也不可能与她有如此深刻的交谈并建立起良好的关系。

所以谢谢你约瑟和戴安娜老师，我真的认为没有你与戴安娜老师，我不可能进入这所我梦想的学校。我真的相信这一切都是上帝计划的一部分。你们总是帮助我，启发我对小提琴的兴趣与热爱。这最终帮助我找到了我对牙科的热情。赞美上帝！

一颗谦卑、柔美的心

在我的职场生涯中，我曾经面试了许多前来我们公司求职的新人。可以这么说，我是个职业面试专家。每当我面试的时候，我会在非常短的时间内，根据应聘人对我提出的问题的反应与回答，探测出应聘人的本性，诚实度，可信度以及业务能力。然而艾斯特的面试完全打破了我所知道的传统的面试模式，令我耳目一新。

我不敢想象，在一个世界著名的生命科学与医学中心进行的严肃庄重的面试中，一个应聘者竟敢犯如此大忌，把自己感情上最脆弱的一面赤裸裸地暴露在面试官面前。在整个面试过程中流着泪讲述我抗癌征途上的故事，令面试官为之动容。我不敢想象，在这个新生录取率仅百分之五的美国顶尖牙医学院的面试中，面试官竟然没有提出任何一个有关面试者的医学知识方面的问题。我不敢想象，我这个末期癌症患者竟然成了面试的谈话中心。

最令我和内子感动的是艾斯特的那颗谦卑柔美的心。在讲述面试的整个过程中，她没有因为自己考入美国顶尖的牙医学院而沾沾自喜，而是谦卑地把一切荣耀都归给上帝。在她的身上我们看到了"敬畏耶和华是智慧的开端"的美好见证。（箴9：10）

我们吃完午餐，侍者拿来账单，内子抢先把账单拿到手。两个女孩儿着急地嚷着说："咱们不是事先讲好了吗？这顿饭是由我们来请客的。""这次我们付，下次再轮到你们付。这样我们还会有机会继续听你们的人生故事与见证。"内子笑着对她俩说。

艾斯特的个人陈述书

临别时，我对艾斯特说："你可以把你申请牙医学院时写的个人陈述书寄给我看吗？"

她一口气答应了我的请求。个人陈述书是每个报考医学院或牙医学院的考生需要准备的一份必不可少并且极其重要的申请材料，它在整个申请材料中占有举足轻重的地位。征得了艾斯特的同意，我把她的个人陈述书翻译成中文：

当人群蜂拥而入洪都拉斯国内的一个免费牙科诊所时，一位老年妇女在众多病人中尤其引人注目，悲愁、恐惧和痛苦在她脸上表现得一清二楚。当我领着这位老人坐在牙科诊所的椅子上时，她胆怯地向我自我介绍，她叫奥利维亚。奥利维亚一张开口就把我惊吓得目瞪口呆，我口罩里的下巴几乎掉下来，她的每颗牙齿都出现严重的腐烂和脓疮。当牙医摘除奥利维亚的四颗门牙时，由于免费诊所缺乏麻醉药而没有注射足够的药量，她疼痛万分。我的手指紧紧地扣锁在一起，我试图用她的母语安慰她，但我能给她的只是一个道歉"lo siento"，意思是"对不起"。这是我第一次近距离接触牙科病人的亲身经历，它成为我想学习牙科的"催化剂"，使我萌生了去改变社会的心愿，并立志去服务于边缘化的社区。

在洪都拉斯的一周期间，我对发展中国家迫切需要教育和医疗服务的状况感到震惊。我亲眼目睹大多数病人，包括奥利维亚，都因患有严重的蛀牙而导致感染，严重地影响了他们的整体生活质量。

作为一名准牙科学生 predental，我意识到：我唯一力所能及的就是对洪都拉斯人普及卫生教育。打定主意后，我立马组织排练了一个短剧，教育孩子们了解口腔卫生的重要性，并展示刷牙和用牙线的技巧。我意识到一位牙医不仅是临床医生，他们还要担负起普及卫生教育的重要角色。这是我第一次发现自己对牙科的热情。在大学期间，我曾经花了很多时间寻找未来我在职场中的角色——医疗保健、护理、甚至获得一个"采血许可证"。但是在洪都拉斯的经历帮助我找到了我真正的理想，就是通过接受优秀的教育给予对病人最好的治疗，在口腔和牙科健康方面取得长足的进展。

随着对新知识求知欲的增加，我去了托马斯博士和雷切尔医生的牙科诊所实习。通过这次实习，我见识到牙科的另一个层面——艺术与科学紧密地交织在一起。在我辅助一个通过整容来改善病人微笑的牙科手术中，我想起我对音乐艺术的热爱，以及多年来小提琴古典音乐演奏的训练。牙科艺术所需要的错综复杂的程序触发了当年我学习一首新乐曲的回忆——持之以恒，下功夫练习乐曲中的每一小节，一直练到最后表演的那一天。我把练习一首音乐作品比作牙科训练，把所拥有的技能施用在牙科操作细节上，无论是准备牙冠还是填充牙洞。这就如小提琴家把手指精准地放置在小提琴指板上，可以使一个音符或升或降半个音，牙科医生手的细微移动，直接关系到口腔病人的最佳治疗效果。作为实习生，我领悟到牙科是一个完美的互动学科，它把我对科学的追求和对艺术的热情紧密结合在一起。

口腔是一个从其可以洞察身体其他部位是否健康的窗口，对口腔医学的领悟激发了我到那些贫困地区做牙科义工的愿望。在最近一次访问墨西哥的时候，我有幸为流离失所的海地难民服务。每一位难民的悲惨遭遇深深地撞击了我的悲天悯人之心，他们向我讲述了灾难性的地震，如何让他们在医疗健康方面束手无策。海地人向我证明，医生对病人进行整体治疗是至关重要的。不仅要治愈身体，帮助使之尽快恢复，还需要帮病人建立自尊，花时间去了解周围的社会与文化环境。有一个例子：一个海地女人看到一个简单的牙科工具就胆战心惊，但当她看到自己经过治疗后露出崭新微笑的样子是如此美丽时，她是那么的兴奋。在牙科医生的努力下，她身体的变化导致了情绪上的彻底改变。牙科跨学科领域的知识广度激励了我，并激发我想成为一名终身学者的决心。我将努力成为一名优秀、富于同情心的牙科医生。

我在牙科方面的这些经历激发回馈社会和追求人生价值的动力与激情。作为未来的牙科学生和临床医生，我相信我将持守着热情和勤奋，为生活在贫困与边缘化地区的人们服务。我很兴奋自己将成为一名牙科医生，从治疗每一个病人开始做起，为扩展我在治疗、教育、与国际社会服务的视野而努力。

写于二〇一八年，九月六日

一次短暂的相聚

在罹患末期肾癌的十一年里我深居简出，大部分时间都蜗居在家中养病，几乎没有出门拜访过友人。特别是近年来，我的病情日渐加重，免疫功能很弱，医生建议我最好远离人多的公众场合。然而上个星期去亚利桑那州参加小儿子马可的医学院毕业典礼之后，我破例在凤凰城拜访了一位网友。这位网友是近年来我通过《海外文轩》认识的一位女作家，其实我并不知道她的真实姓名，只晓得她有一个很美的笔名：鹤望蓝（天堂鸟的别名）。

去年八月份，我曾经在网上给鹤望蓝女士发过一条短信："时间过得真快，明年五月份，我们的小儿子就从医学院毕业了，如果那时我还活着，我们会去你们的城市，参加他的毕业典礼，说不定还可以见你一面。"

鹤望蓝女士立即回复我说："凤凰城欢迎你！我也期待着可以亲自向你道贺。在神的祝福中加油啊，常弟兄！为你祷告。"

然而在与鹤望蓝女士约定之后的九个月里，我进了两次急诊室，住了三次医院，接受了两次外科手术。尽管很早马可就在他就读的医学院附近为我们全家人预定了旅馆，但直到他毕业典礼的前一个星期，家里任何人都不能预测到刚做完心脏手术的我是否可以出远门。因为从我们家到亚利桑那州凤凰城有三百六十英里，在高速公路上需要开六个小时的长途车，大家不晓得我的心脏是否可以承受如此长久的颠簸。

直到我们要出发的前五天，我感觉自己的身体恢复得还不错，最后我们才决定了这次的具体行程。我与鹤望蓝约定，在我参加马可的毕业典礼之后的第二天——五月二十九日上午，我将去她家拜访。我在网上查了一下地图，从我们住的旅馆到鹤望蓝女士的家不是太远，开车三十钟就到了。离开旅馆之前，我告诉鹤望蓝女士，我不会打扰她太多的时间，在她家只停留三十分钟，因为我们还要开很长的路回加州。

为我开车的司机是我的大儿子路加。在途中他好奇地问我，为什么我这个从来不出门拜访朋友的大病号，这次破例要去凤凰城，探望一个甚至连真实姓名也不晓得的网友。我向他解释说，这是一位很不寻常的网友，她曾经来加州探望过我两次，并在每次探访之后都会写一篇真挚感人的，探访我的文章。在我的一生中，这还是第一次遇见一位只见过我两次面就写了两篇有关我的文章的朋友。

通过她在《微信》朋友圈里贴出的照片，我知道她培养出两个非常出色的女儿。大女儿在美国著名的乔治华盛顿大学的医学院读书。（The George Washington University of Medicine and Science）这是一所全美国最难考入的医学院，新生录取率只有百分之一。她的小女儿也非等闲之辈，考入美国首屈一指的八大常春藤学院之一的布朗大学（Brown University）。在这所学校的校刊日报《布朗每日先驱报》Daily Herald 当编辑。这份报纸在全美大学日报 "最古老的学生报" 排名中名列第二。许多从《布朗每日先驱报》Daily Herald 出来的校友都从事了与新闻工作有关的职业，多人获普利策奖。鹤望蓝女士自己本身毕业于中国暨南大学新闻系，看来她的小女儿大有继承母亲衣钵的趋势。一位母亲可以教育出如此优秀的两个孩子，令我对她的敬意油然而生。

我们驱车从十号公路转到五十一号公路，继续朝北方向开。儿子路加一边开车，一边与我闲谈着。一路上我欣赏着窗外的风景，对这个建立在一片辽阔沙漠上的城市惊叹不已。当我们的车子接近高速公路出口处时，我接到鹤望蓝女士发来的一条短信："请你儿子做好思想准备，要上一个大斜坡。只管上来，上面车可以调头的。"

"难道这凤凰城还有山坡吗？" 看到她的这条短信后，我自言自语地说。因为一路上我从车窗所看到的风景都是在平坦的沙漠上兴建的建筑物与街道。

"爸爸你看，在咱们的右前方有一座山！"儿子路加按照手机上的卫星导航指示把汽车开出了高速公路，朝着右前方的一座黑山脚下驰去。

我顺着路加指的方向看去，这座拔地而起的黑石山峦虽不是很高，但看上去险峻、陡峭，在半山腰处可以看到一些设计得很漂亮的民宅。

"该不是咱们要去拜访的人家就住在这半山腰上的豪宅吧？"联想到方才鹤望蓝女士发给我的短信，我猜测道。

"咱们很快就会到达她家的门口了。"儿子一边说，一边把车子开上了一条狭窄的山路，这时我这才明白为什么刚才鹤望蓝在短信中提示我们要"做好思想准备"。这条斜坡大约有 45 度，坐在车里的感觉仿佛是坐在正在腾空起飞的机舱内。好在这段斜坡不是很长，不一会儿，我们就到了位于半山腰处的一个私宅停车场。

当我从车上走下来的时候，立即被周围的壮观景色所吸引。在这半山腰上，几乎整个凤凰城城市风光都尽收眼底，特别是山上微风徐徐，空气格外清新，令我心旷神怡。我对路加说："这个地方如同是一个旅游景点，给咱们这次的旅程增添了色彩。"

鹤望蓝从家门口走到停车场欢迎我们的到来。从这个停车场到她住宅的门口要爬二十多个石台阶。望着这长长的石台阶，我心里有点胆怯，担心自己刚动过手术的心脏无法承受得了如此"剧烈"的运动。于是我问她："可以在你家车库里乘电梯上楼吗？"我这样问是因为看到她这所房子依着山势而建，从外观上看，第一层是车库，第二层可能是客厅与厨房，第三层应该是卧室。她略带歉意地回答道："真对不起，我们家这个房子没有电梯。"

"你可以走这些台阶吗？"鹤望蓝关切地问我。"没问题！我今天感觉好多了。"我鼓起勇气，在没有依靠人搀扶的状况下咬着牙，爬上了这二十多个台阶。

当我走进她的房子之后发现自己仿佛是刘姥姥进了大观园。我在美国生活了三十多年，还从来没有见过设计得如此新颖别致、宽敞明亮的超级大客厅。这个大客厅的南墙有四个明亮的大型落地窗，从这些巨大的落地窗向远处眺望，整个城市的风景好像是一幅美丽的画卷，使我情不自禁地想起唐代诗人杜甫《望岳》中的诗句："会当凌绝顶，一览众山小"。大客厅的北面也是一扇落地的玻璃门窗。透过这扇门窗可以看到一个种植着许多热带植物的花园和一个游泳池，一只漂亮的哈士奇在玻璃门外欣喜雀跃地欢迎我们。我们与这只名叫 Suki 的哈士奇狗玩了一会儿，便回到大客厅里聊天。

显然鹤望蓝对我们的来访十分高兴，她热情地为我们沏了一壶茶，看着眼前精致的小茶杯，闻着从茶杯里飘出来的一股清醇扑鼻的茶香，平时遵守医嘱从不喝茶的我抵不过这诱惑，拿起小茶杯细细地品尝了一口。我开玩笑地对她说："今天我真是破医嘱啦！"

"是呵，听说你刚动过心脏手术，我还以为你不太可能会来我家了呢。"

"幸亏我坚持来了，否则我不可能有这个机会在你家居高临下俯瞰整个凤凰城的风景。"我心情愉悦地说道。

"这儿的风景的确不错，每天都可以看到日落"。鹤望蓝看到我对她这所与众不同的房子建筑设计很感兴趣，便介绍说，这所房子是由亚利桑那州一位非常著名的建筑设计师 Vernon D. Swayback 设计的。怪不得走进她家，让我觉得书香气息特别浓厚，仿佛身处一个现代派博物馆。听她这么讲，我才算明白了。

闲谈中我了解到鹤望蓝的父亲是中国大陆作家协会的一位著名诗人前辈，她送给我三本她父亲写的诗集。从她手中接过这三本书时，我告诉她：我也正准备从自己近几年写的文章中挑选出一部分出来，汇集成一本书出版，书的名字叫《与癌共舞十二年》。我想当面得到她的许可，把两年前她探访我后写的那篇文章《晚风中》收录到我的这本书里，我告诉她，每次我重读她写的这篇文章都会感动得流下眼泪，她欣然同意了。

我还告诉她，也许我与她心有灵犀，在我这本即将出版的书的扉页里，我从《圣经》里选择了一节自己最喜欢且富有诗意的经文，而这节经文刚好是她去年秋天来南加州看望我时写在一张卡片上的经文：

"我从前风闻有你，现在亲眼看见你！"（伯42：5）
I have heard of you before, but now I have seen you with my own eyes. (Job 42:5)

其实这不是一个偶然的巧合，我与鹤望蓝在信仰上以及在对生活的理念与喜好上都有许多相似之处。我们都是基督徒，喜欢把自己在日常生活中的信仰见证用文字分享给读者；我们都喜欢动物，她养了一只哈士奇，我们家也养过一只"哈士奇"狗，只是品种略有差异；我们都喜欢上帝创造的大自然，她经常在《微信》朋友圈上贴一些她拍摄的热带植物的照片，我也有同样的嗜好。

在教育孩子的理念上，她非常尊重孩子们自己的选择。她的大女儿在医学院成绩一向很好，在最关键的 Step One 考试中，女儿获得的分数使她有足够的资格申请做脑外科手术医生，并且在外科手术的实习中拿了最高成绩 Honor Passed。但女儿却说家庭医生才是社会最需要的，做家庭医生也可以非常杰出和成功，女儿甚至还考虑去非洲做无国界医生。听到女儿的选择，她只是开玩笑地说："如果你不做外科医生，这么高的分数都浪费了。" 我的儿子虽然没有她女儿考得那么高的分数，但我也从来没有干涉过儿子选择专科的决定。我们都持有相同的观点，这是孩子们自己的人生，我们相信孩子们的每个决定都是经过深思熟虑的。

不知不觉半个小时过去了，我起身与鹤望蓝告别。临别时她告诉我，她很欣慰我这次能够来到她家看望她，她与先生可能在不久的将来会把这所房子卖掉，因为两个女儿都在外地读书，这所房子对他们夫妻二人来说有些太大了。

告别了鹤望蓝，儿子路加小心翼翼地开着车，驶下那条有着四十五度斜坡的山路。当他开上高速公路的时候，聪明睿智的儿子对我说："我现在明白你为什么要来拜访这位连她的真实姓名都不知道的网友了。你们之间的友谊不是着重于世俗的交际方式，你们在灵里有交通。"

那天中午时分，在路加开往加州回家的十号公路上，在《微信》朋友圈里，我看到鹤望蓝女士发了这么一条短信："去年八月的约定，今天终于实现了。一早家里迎来了稀客——常弟兄和他的大儿子。昨天常弟兄参加了小儿子医学院的毕业典礼，今天在回程路经这里。在这之前我们谁都不知道会不会有这次会面。抗癌路上十一年，三个星期之前刚做了一次大的心脏手术。他竟能穿州过省地出现在儿子的毕业典礼上。这是怎样的一个奇迹，何等的恩典！福杯满溢。"

写于二〇一九年，五月三十一日

附　录

晚风中

作者：鹤望蓝

那个星期一的傍晚，望着夜幕低垂华灯初上。天边竟然没有出现沙漠里常见的如血残阳。我的思绪在十月晚风中飘扬。想起白天和好友予微谈起我们都敬重的常约瑟弟兄，他的癌症第六次复发。

这其实也不是新闻。八年前医生就宣布他癌症晚期，只剩下约一年的时间。可约瑟兄与癌共舞乃至今日。今年七月，他又回医院复查。与医生约谈之后，他偕同太太到餐馆用餐。之后还不无幽默地把照片贴在朋友圈，俏皮地让大家猜一猜他的检查结果。人们看到的是他们夫妻俩柔情的微笑衬着餐馆红艳的背景，一派喜乐平安。纷纷猜是好消息，常弟兄的癌细胞仍在冬眠。可惜，那只是大家一厢情愿的美好愿望。事实却是，常弟兄九月一日经历再一次的手术。在医院里，常弟兄是护士们赞不绝口的专业病人。儿子也有感而发，称父亲是超人。约瑟兄则谦卑地说："我自己心里知道，没有天父的恩典与怜悯，我怎能活到今天呢？"是的，天父的恩典够用。可是也需要放下自己，凭信心来到天父面前领受。常弟兄八年来与癌症抗争，经历的正是信心与恩典之旅。

八年里，他深居简出，却写下了数量惊人的文字发表在网络和各种媒体，为主作见证。他写的《与癌共舞》《我的帮助从何而来？》《喜乐的心是良药—写在癌症第五次复发之际》等文章网上点击率过千万，不知道激励了多少人。使许多人的信心得以坚定，生命得以翻转。真正活出主的荣光，耶稣基督的样式。我也习惯了看他每日在朋友圈中的帖子。一个人几经生死，非常人的洞见尽在其中。第五次手术前后，他都不忘与圈中朋友分享。读他豁达淡定的文字，看他一天天恢复的照片，大家的心也渐渐释然。可是十月之后，他的帖文很少再提起自己，且数量在减少。不知道为什么，我就向同在南加的予微问起常弟兄的近况。前不久才听予微说，慷慨助人的常弟兄知道她对今年大选选票里的一大堆选举议案颇为头疼，还热心地将自己抱病研读的心得与她分享。令人深为感动，也让我们这些没病没痛的懒人惭愧不已。询问之下，予微却告诉我一个始料不及的消息，刚才动了第五次手术的约瑟兄又发现了新的肿瘤。来得这么快……？

我与常弟兄有过一面之缘。忽然惊觉那会不会真是仅此一面？平日里只顾享受在网上的互动，从来就没有想过关心他的身体状况。想来我也是个笨嘴拙舌之人，心中纠结不知如何措辞。那是他人的隐私，会不会太唐突冒昧呢？终于还是鼓起勇气发短信给常弟兄。刚说了句您好，他马上回我："你好，有事吗？"满腹迟疑顿消，我即刻把憋在心里的疑问说了出来。他的回答也是豁达坦荡的："不是好消息。我的癌细胞第六次复发了。这次来势汹汹，我的第六感告诉我，天父在呼唤我回天家了。这两天在忙着退群……我想等到医生告诉我治疗方案之后，再告诉朋友圈的朋友们。"真的如我预感的那样，他在退群，在处理后事！

认识常弟兄是因为我在文轩上读到他的《生死候诊室》。文中记述的是他在南加州希望之城医院的三楼候诊室里发生的故事。来到这里的都是被医生诊断为无药可治的癌症晚期病人。他们最后的希望便是接受临床实验治疗，使用还未获美国药管局批准的正在研发的新药。可想而知，每个在此候诊的病人，都清楚知道死亡像一列快车向他们呼啸而来。谁都不知道自己可以撑多久。据约瑟兄的观察，他们就在这儿安静等候安静来去，平均约四到六个月便悄然消失。只有约瑟兄坚持了七年。也正因为他是候诊室破纪录的常客，他能辨认出每一个新来的面孔。在这愁云惨淡各怀心事的候诊室，常弟兄仍没让他关爱人的心失于敏锐。就是在这生死候诊室，常弟兄遇见了马修父子，且与马修结为忘年之交。他无私地分享自己抗癌的经历，以此激励同样跟死神竞跑的癌友。祈求神大能的手安抚年轻马修的心灵。文章不长，可眼泪几次遮挡了我的视线。那是一颗怎样坚强而富有大爱的心，才可以写出这样感人的字句！

其实在此之前我有读过约瑟兄另一篇写女儿毕业礼的文章。当时没有在意着墨最多的 USC 校园精神和传统，印象深刻的倒是文章开头提到他"虚弱的病体"。他本以为体力不支，连女儿的毕业典礼都要错过。只是在妻子出门的那瞬间，还是决定支撑着到了现场。我不禁想，作者会是个什么样的人？久卧病床重病缠身？及至我读到《生死候诊室》，才明白他文字背后的故事。之后查找了更多常弟兄的文章，从此欲罢不能越读越爱读。约瑟兄的文章也不是篇篇都是严肃沉重的话题。他也会写他家的鱼池和爱犬。这太亲切了，我家也有鱼池和狗狗。他还会写故乡青岛的故事，写家中儿女的成长父亲的心思。从文中知道他身居南加。不正是我常来常往的地方？于是萌生了结识的愿望。

正当我思绪万千望着天边变幻的云霞，发现微信中海外文轩作家协会主席海云发了个帖子："送给他，一个我尊敬的男人。"帖子里海云没提她的眼泪为谁流为何流。直觉告诉我，她为之流泪的人也是我此刻所挂念的。忧伤弥漫开来。突然发现自己也很脆弱，我忍不住又打电话给予微：是不是医生说了什么？海云听到什么更糟的消息？予微说，她把告诉我的也告诉海云了。没想到她听完后即刻坐下落泪。此时此刻，所有的言语都是贫乏的，所有的句子都是苍白的。

今年一月一日，就是我们三人有幸拜访了常约瑟兄弟。此次见面，我只是陪客。皆因仰赖了海云的面子和予微的交情，我才足够幸运地与常弟兄结缘。约瑟兄会面后还写了《新年第一天的访客》发表在文轩。几个月后，还有电台主播把此文制成音频节目播放。坐在约瑟兄的客厅交谈，他人如其文，淡定从容睿智大度。第一次见面，我们就在谈笑风生中论及生死。最记得他们家的琴房，有一片大大的玻璃窗。窗外的阳光热情欢快地洒满一屋，正如约瑟兄顽强的生命力活泼地呈现在我们的面前。从窗子望出去，就是后院。那里有常弟兄笔下的花园鱼池和忠诚护卫的爱犬"雪儿"。临别之前，常弟兄带我们参观他的"病房"。在房子僻静一隅，约瑟兄为自己最后的日子预备了一个小房间。想着离开世界之前，自己再也无力走上楼上的卧室。他在此安置了一张小床，预备着宁静度日。不想时光飞逝，死神还没来得及光顾，这小空间成了他撰文写作的书房。就是在这里，约瑟兄笔下的生命纪实感动了万千人的心，给无数人安慰和希望。就是在这里，神祝福他忠实的仆人，磨难中赐他亮光。

愿神与他同在，让我们一起见证神在他身上的作为。

写于二〇一六年，十一月十四日

第三部　儿女情长

参加女儿的毕业典礼有感

五月十七号是举行女儿获得硕士学位毕业典礼的日子。作为年度优秀学生的家长，我与内子已于前一天去参加过学院在室内举行的特别荣誉颁奖会，内子担心我虚弱的病体无法承受冗长的室外毕业典礼活动，事先商讨，决定十七号这天我留在家中休息，由她代表全家去参加女儿的毕业典礼。

清晨临出门之前，内子随口问了声还躺在床上的我："我要自己去了，今天早上你感觉如何？没有改变主意吧？"眼瞅着内子以急速的脚步朝楼梯走去，一股莫名的冲动涌上心头，我不假思索地说："我也要去！"

三年前，当女儿在美国的克里夫兰音乐学院 Cleveland Institute of Music 毕业时，内子因要照料刚做完第二次手术的我而无法出远门，只好委派小儿子马可只身飞到美国东部克里夫兰市，代表全家参加姐姐的毕业典礼。这次我不想再失去一次见证女儿完成学业的机会。

女儿就学的南加州大学 University of Southern California（简称 USC）是一所具有一百三十三年历史的私立大学，学校名列全美二十五所最好的大学校府之一，有来自美国本土及世界各地不同国家近五万名学生分布在十八个专业学院学习。这些专业学院包罗万象：医学、人文、金融会计、牙医、药物、建筑设计、音乐、美术、电影、戏剧、法律……每年大约有一万名学生毕业，其中获得硕士、博士学位的学生占三分之二。据说在这所大学里有二千多名来自中国大陆的留学生，是全美聚集来自中国大陆大学生与研究生最多的校园。

USC 是一所坐落在距洛杉矶市中心南三公里的一个古老、美丽的校园。漫步在校园里，人们的视野即刻会被纵横林立的罗马式建筑所吸引。富有中世纪特色厚重敦实的红砖墙，线条高雅优美的圆拱，宁静的草地花园，欢乐的小松鼠毫不惧人地在路边树林里玩耍。所到之处，到处都弥漫着这所历史悠久的高等学府散发出的浓郁的人文气息。

从我家开车去学校只需要三十分钟。上午九点钟我们到达时，校园里已经是人山人海，笑语喧天。在美国大学毕业典礼可是一件盛事，毕业生的阖家大小、男女老少、亲朋好友都踊跃参加，几乎人人都手持照相机、摄影机、亲眼目睹记录下年轻人即将踏入社会这一重要的时刻。

当我们漫步至学校图书馆附近时看到图书馆正门前搭起了一个巨大的临时主席台，面向广阔的校园中心广场。那儿已经聚集了大约三四万熙熙攘攘的人群。总毕业典礼要先在这儿举行，然后十八个学院在校园内不同的场地分别举行学院毕业典礼，给学生颁发毕业证书。

我们达到校园的时间还是有点迟了，中心广场已座无虚席。我只好站在一个偏远的角落，从大银幕上观看总毕业典礼的盛况。

大大出乎我意料的是总毕业典礼没有我原先想象得那么冗长，只用了一个半小时就结束了。可这短短的一个半小时，扭转了我过去对 USC 这所私立大学的一些歧见。

多年来我一直把 USC 当作一所"贵族"私立大学看待。我称她为"贵族"学校有三个原因：其一，学校的入学"门坎"特高。高中毕业生若 GPA 不在 3.7 以上，SAT 成绩低于 2,070 这个分数（满分是 2400）是无法跨进这所学校大门的。换句话说，被录取的学生在高中四年中几乎每门课的成绩都是"A"。其二，学校的学费特贵，一年的学费加生活费高达六万美元。这相当于我的两个儿子在加州公立大学一年的费用。其三，我想有条件进入这所大学的学生们一定都是些智商 IQ 极高，来自富裕家庭的精英分子，他们的生存状态与普通老百姓家的孩子之间也许有着不可逾越的鸿沟。

在总毕业典礼中，我惊异地察觉到我所谓的"贵族"概念是不完全正确的。诚然这所大学的"门坎"很高，但我发现这些智商极高的学生们并不是些"四体不勤，五谷不分"，只会啃书本的富家书生子弟。学校非常重视培养学生"为人民服务"的情操，积极鼓励学生回报社会。超过大半数的 USC 学生在他们繁忙的学习中抽出时间，义务地服务于附近的社区居民。学校非常重视学生

"德、智、体"全面发展，注重培养学生有一个健康的身体。至今在夏季奥运会历史中，USC 的学生运动员获得了一百二十二枚金牌，七十六枚银牌，六十枚铜牌。假如把 USC 当作一个参加奥运的国家，她积累的奥运会奖牌数名列全世界第十二名。

学校提倡"德、智、体"全面发展，面向社会。在一个半小时的总毕业典礼之中，"为人民服务"的学校宗旨展现得淋漓尽致。给我留下深刻印象的是六名被校长授予荣誉博士的杰出人士，他们在不同的领域出类拔萃，取得了非凡的成就。有一对夫妻双双被授予——"荣誉博士"，他们俩是 USC 的老校友慈善家，先生是位著名的房地产大亨，工作之余热心服务社区，常常慷慨解囊给他的母校 USC、社区的博物馆、贫困社区的学校捐献了很多钱。他酷爱运动，休闲时喜欢爬山，骑自行车。他的妻子是一位著名的画家、慈善家，USC 的艺术学院就是以她名字命名的。第三位荣誉博士是位著名"舞蹈家"，毕生醉心于舞蹈艺术教育，USC 的舞蹈学院就是以她的名字命名的，同时她也是一位慈善家。第四位荣誉博士是一位著名的美籍华人剧作家。第五位是曾获得诺贝尔奖的英国生物学家。最后一位被授予荣誉博士的是当今美国热门音乐制作人——吉米艾欧文 Jimmy Iovine，这个月他和他的一位同伙嘻哈教父德瑞博士给 USC 捐献了七千万美元，用于建立一个艺术、科技与开创性商业研究院。

在主席台上，当校长把这六位杰出人士一一介绍给大家，并亲手授予他们荣誉博士证书时，他向台下一万名即将踏入社会的毕业生和几万名家长来宾们传达出一个强烈的信念与召唤。当你们事业成功时不要忘记培育你们的母校，不要忘记贫困社区那些需要帮助的人。你要乐善好施，扶困济贫。在你忙碌的工作之余不要忘记锻炼身体。不论你出身于哪个种族，来自哪个国家，你都有发挥你才能的机会，从而走上成功之路，攀登至文学、艺术、医学、科学领域的高峰。

毕业典礼的重头戏是聆听从校外请来的特约嘉宾的演讲。去年在 USC 毕业典礼上演讲的嘉宾是美国总统奥巴马，今年请来的嘉宾是刚从校长手中接受 "荣誉博士证书" 的音乐制作人——吉米艾欧文。

吉米的演讲朴实生动，他讲述了自己创业的艰苦经历，勉励毕业生们坚持独立思考的理念。在逆境中不放弃，不绝望。不要满足现状，要不断革新。活到老学到老，谦卑地学习新事物新科技，为实现自己的梦想披荆斩棘勇往奋斗。

以下是摘自吉米演讲中的几句原文和我译成的中文：

Fear is a fact of life that you can use to your advantage. Because when you learn how to harness the power of your fear, it can take you places beyond your wildest dreams.

惧怕是现实生活中的常态，你可以转化它，使之成为你的优势；当你学会把惧怕转变为动力时，你将会实现心目中最狂热的梦想。

All of the great artists used their fear to inspire them.

所有伟大的艺术家都会从惧怕中摄取激励和灵感。

We believed in ourselves. We harness our fear into power and turned it into action.

我们相信我们可以将惧怕转化成为付诸实际行动的能力

Not every industry was made to last forever.

没有一个行业可以永垂不朽地生存。

Everything you know could already be wrong.

你所学到的一切也许都已经过时了。

The diploma you hold in your hands today is really just your learner's permit for the rest of the drive through life.

就像学开车要先笔试，拿到驾驶许可证一样，今天你们手中拿着的毕业证书，其实只是你们今后人生征途的开始。

Remember, your diploma does not represent the end of your education, but the beginning of your continuing education. Continue to listen and learn, with humility and hubris.

请记住，你们手中的学位证书并不意味着你受教的结束，反而是你受教的开始。怀揣梦想心，存谦卑；继续倾听，不停地学习吧！

Remember, you do not have to be smarter than the next person, all you have to do is be willing to work harder than the next person.

请记住，你不必比下一个人更聪明，但你必须，而且一定要比下一个人更努力地工作。

总毕业典礼结束后，我即刻赶到音乐院 USC Thornton School of Music 去参加女儿音乐院的毕业典礼。与其他学生的家长和亲朋好友一样，我翘首企足用照相机捕捉女儿在音乐院毕业典礼中每一个值得纪念的瞬间：她英姿飒爽地头顶黑色的毕业方型帽，身穿黑长袍，佩戴着印有 USC 金边字的红色长佩带，与其他毕业生一起鱼贯而入，步入会场；她如花绽放的脸颊，烂漫清纯的微笑，洋溢着青春岁月的快乐；她昂首阔步走向主席台，从院长手中接过硕士学位毕业证书，实现了她一生中的一个重要的里程碑。

当我正沉醉于这一连串令人神往的迷人画面时，我猛然醒悟：我在毕业典礼中体会到的 USC 教育宗旨和精神其实已经深深地融入了女儿的血脉。她追求自己的梦想，执着无惧地选择了一门一般人都认为毕了业就失业的小提琴演奏专业。她无惧贫困，两年前不听我们的劝说，从舒适的家搬出去，在学校附近与朋友分租一间破旧的公寓。自己打工挣钱，说要学会独立生活。她刻苦学习，以优异的成绩获得全额奖学金。她精益求精，在多次比赛中获奖，其中包括美国教师协会主办的"大洛杉矶地区小提琴比赛"第一名和全加州第一名，第三届"香港国际小提琴大赛"第一名。她勤俭节约，连学校礼品店里印有 USC 校名的短衫也不舍得花钱买。她回馈社会，积极参与学校组织的义务辅导社区孩子的音乐课。

音乐院的毕业典礼仪式结束后，女儿走到我和内子面前紧紧地拥抱着我们，感谢爸爸妈妈的到来，感谢我们多年来对她的爱和支持。被她明眸中闪烁着的那股真诚、青春、无惧的气息所感染，我的耳边又回响着吉米那激情高昂的演讲——把惧怕 Fear 转化为动力和行动，从惧怕中得到激励和灵感去实现心中那最狂热梦想。

Fear，Fear，Fear ——这是一个缠绕着我们，怎么也挥之不去的一个词汇，没有人可以夸口忽视它，更没有人能逃避它，它伴随着我们人生的每一步脚印。如果我是吉米艾欧文，我会在演讲中再加上《圣经》里一句有关 Fear 的话，去勉励这些将要踏入社会的年轻毕业生们："敬畏耶和华是智慧的开端。"（Fear God is the beginning of wisdom）（箴 1：7）

写于二〇一三年，五月二十九日

女儿的婚礼（一）

女儿订婚了

去年七月二十四日，女儿与她的男友路易斯送给我一个惊喜的生日礼物，他们告诉我与内子，他们订婚了！婚礼的日子定于一年之后的八月五日。

女儿长达七年马拉松式的恋爱终于有了结果，我们老两口高兴不已。但欣喜之余，我却感到有些紧张。对于一个末期癌症患者来说，一年的等待太漫长，我不知道自己是否可以活到一年之后女儿婚礼的那一天。

就在女儿告诉我这个好消息的三天前，我刚从癌症主治医生那儿得知最新的 CT 扫描结果，报告显示我体内的癌细胞第五次复发。由于此次的癌症复发来势凶猛，主治医生表示他也不晓得外科手术是否是一个可施行的选择。

准备婚礼的第一步是寻找婚礼场所。按我们二老的心愿，我们希望女儿在教堂里举行婚礼。但女儿说她喜欢在室外举行她的婚礼，这样可以享受到阳光与大自然的气息。我对她讲，若是找到了婚礼场地，务必事先告诉我，因为我也想去参观一下。那些日子我经常在祷告中对上帝说：即使我无缘活到女儿婚礼的那一天，但只要上帝允许我到她预定的婚礼场地走一走，看一看，我也就非常心满意足了。

但上帝似乎没有听见我的祷告。在接下来的二十多天里，女儿寻找婚礼场所进行得不顺利。她看上的场地不是早已经被人家预定了，就是租金价格太贵，超出了我们的预算。眼睁睁地看着时间一天天地溜走，体内的癌瘤一天天地长大，我的情绪开始有点失落，担忧或许自己在离开这个世界之前没有机会亲眼看到女儿婚礼的场地了。

一天女儿打来一通电话，仿佛给我服了一颗"定心丸"。她说她找到一处婚礼场地，想约老爸老妈于八月二十日一起去参观一下。电话中她没有详谈，只是留下了婚礼场所地址，我们约定分头开车，去那儿碰头。

伊甸园 Eden Gardens

去年八月二十日，我与家人驱车驶向婚礼场地。女儿找到的这个婚礼场所名叫"伊甸园"（Eden Gardens），位于洛杉矶西北方向的一个叫作 Moorpark 的边远小城，距离我家七十多英里，开车需要一个多小时。因为地点较为偏远，伊甸园的租金比我们家附近的婚礼场地便宜了许多，我猜想这也许是女儿选择它的原因吧。

这是一个非常美的花园。当我们一行人走进花园入口处的拱形通道，便发现自己仿佛置身于仙境。在这里郁郁葱葱的小道蜿蜒曲折，走到每一个转弯之处都会看到令人赞叹的景象：从瀑布流淌下的潺潺溪水，在柔和的、粉红色灯光映照下的鸟笼，绽放着芬芳花朵的花坛，象征着婚礼喜事的白色孔雀……

我们继续往前走，来到欢迎贵宾的接待处。在这一小片空地上布置着许多高大的鸟笼。来宾首先会被引导到这儿休息片刻，当他们喝着柠檬水与其他饮料相互交谈时可以听到鸟笼中色彩斑斓的鹦鹉用颤嗫的声音细语呢喃，爱之鸟与红冠玄凤鹦鹉用它们的颤音唱着悦耳的小夜曲，白色的鸽子与孔雀伸展着美丽的翅膀……

一位在"伊甸园"工作的员工告诉我，九年前这儿曾是一片荒地，有人花费了五年的时间设计构建这个花园，种植了近千棵树，把它打造成一个动人心弦的森林与热带绿洲，成为专为举行婚礼的小小世外桃源。

伊甸园占地二公顷（二万平方米），设有三个景区可供新郎新娘为他们的婚礼仪式选择场地。女儿似乎最喜欢其中之一的 Ceremonial Garden 礼仪花园，她与路易斯在这个花园里停留的时间最久。这儿有装饰着灯光闪烁着的一连串拱门，它们与五颜六色的鲜花交织在一起，形成了一副令人赏心悦目的视觉画面。高架的圆形舞台——交换誓言的新人站在上面，俯瞰宁静的池塘与季节性的鸢尾花和百合花。

我坐在修剪整齐，绿色草坪上的椅子上，陶醉在这富有诗意的景象中。远处女儿与路易斯站在圆形舞台上与接待他们的伊甸园员工细声交谈，在他们的身后池塘中喷泉喷涌出的水柱，在阳光的照射下璀璨透明，池塘的水面被散落下的水珠敲打得碧波荡漾。

我拿起相机把这梦幻般的景象拍摄下来。照片中内子独自坐在草坪前排的座椅上，让我浮想联翩。一年后的八月五日，我会活着坐在内子身边的椅子上与她一起观看女儿与路易斯相互倾诉他们的结婚誓言吗？

在"伊甸园"的办公室里，一位女工作人员向女儿与路易斯讲解了租金合约里的条约。她说女儿可以把合约带回家仔细阅读，他们有十天的时间决定是否最后签下这个合约。

接下来的几天里，我不时地翻看着我在"伊甸园"里拍摄的照片，打心眼里喜欢上这处婚礼场所了，心想如果女儿签下这个合约，这将是一个多么梦幻般的婚礼呵！

然而一个星期后，八月二十七日，女儿打来电话说她在洛杉矶市附近找到另外一个婚礼场地，她想在参观这个新找到的婚礼场地之后再做最后的决定。

女儿与这个婚礼场地管理部门预约参观的日期是八月二十九日。她问我是否有兴趣跟她与路易斯一起去看看这个新找到的地方。我在电话里对女儿说，这次不能陪伴她去参观了，因为八月二十九日那天，我要去医院做第五次手术前的一系列检查。

烟雾测检站 Smog Shoppe

女儿找到的这处新的婚礼场地叫 Smog Shoppe。当我从她嘴里第一次听到这个英文店名时，脑子里立即联想到 Smog Check Station，即烟雾测检站。按照加州汽车管理局的规定，为了减少加州的空气污染，加州的汽车每两年要做一次汽车尾管排气系统的检验。"烟雾测检站"便是专为这两年一次的汽车排气检测而设立的。我在想：女儿不会突发奇想，选择在一个烟雾测检站里举行她的婚礼吧？

出于好奇心，我在网络上搜索到 Smog Shoppe 的网站。当我打开这个婚礼场所的网站时不禁哑然失笑。原来这个场地在八十年代还真是一个汽车烟雾测检站，但不知何故后来有人把它装修成一个举行婚礼的场所了。

从网上的资料来看，这处婚礼场地实在无法与伊甸园相比拟。首先是占地面积，伊甸园占地两万平方米，来宾若是不小心的话，可能会在里面走迷了路。而烟雾测检站占地六百平方米，只有"伊甸园"面积的百分之三。

"伊甸园"里有近千棵由园林专家精心规划种植的树木，还有优美的池塘、花草、人工喷泉、白孔雀与其他鸟类，漫步在园林内的亚热带绿洲仿佛置身于一个皇家御园。而烟雾测检站因为面积太小没有什么空地种植树木与花草，装修设计师只好别开心生面地在一面围墙上建造了一个"立体花园"，在墙上"贴"满了耐旱的热带植物仙人掌。"伊甸园"除了有三个景色迷人的礼仪场地之外，还有两个环境优美专门用于婚宴的场地。而烟雾测检站露天的礼仪场地只有三百平方米，大概是昔日前来做汽车烟雾测检的顾客停放汽车的地方。它的婚宴厅是在一个简易的建筑物里，这儿就是八十年代用来测检汽车烟雾的车间。

女儿的选择

在接下来的两天里，我因忙于去医院做手术前的体检而无暇顾及女儿最终与哪一家婚礼场所签下了合同。但我心里毫无疑义地相信"伊甸园"肯定是女儿的首选。

一天后，我被推进了希望之城的手术室。经过五个多小时的外科手术之后，我从麻醉药中苏醒过来。朦胧中看到内子、儿子、女儿与路易斯围绕在我的病床前。女儿知道我心里在挂牵着她的婚礼场地，她笑着告诉我，她已经正式签约了。但大大出乎我的意料，最终她与路易斯选择的不是"伊甸园"，而是那个我根本没有看上的烟雾测检站！

躺在医院病床上还没有完全清醒的我很想对女儿说几句话，问她是不是我耳朵听错了。但却发现自己的嗓子失声了，无法讲出话来。我当时在忖思：在女儿与准女婿参观时，这个烟雾测检站的工作人员放了啥烟雾迷惑了他们，让他们宁可放弃"伊甸园"，而决定选择这个简陋的婚礼场所呢？

出院后蜗居在家中养病的我没有去烟雾测检站，直到今年八月四日，女儿婚礼的前一天上午，我们全家去那儿彩排婚礼的程序，我才第一次见到这个烟雾测检站的庐山真面目。

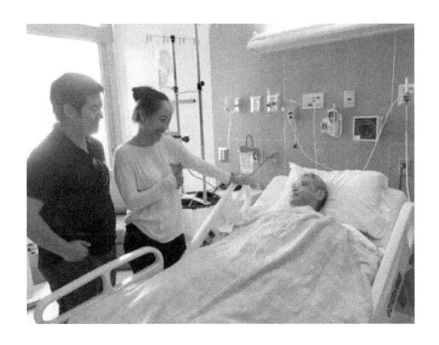

写于二〇一七年九月二日

（待续）

女儿的婚礼（二）

人生最后的愿望

八月五日，女儿婚礼的这一天终于来临了。

婚礼是下午四点半开始。女儿在婚礼场所附近的一家旅店租了几间房间，其中一间会议室供女儿与伴娘们化妆之用。她让我们中午赶到旅店，因为想让化妆师为妈妈化妆并打理一下头发。

下午一点钟我们来到了旅店。下车后内子径直去了化妆室，而我则在三楼的一间房间里休息，这是内子与女儿精心为我安排的日程。她们担心我这个大病号的身体无法承受长达五个多小时的婚礼，把我安置在这儿睡一个午觉，让我在婚礼之前养精蓄锐。

由于长期接受抗癌药物治疗，近来我身体内储存能量的"电池"容量越来越少，每天白天需要补充两三次睡眠，才可以"充电"恢复体力。但在这间屋子里我躺在铺着雪白床单、舒适的大床上却辗转伏枕无法入眠，突然感觉到一种莫名的紧张。

其实直到女儿婚礼的前一天，我都没有这么紧张过。在女儿的婚礼准备工作上我是个"逍遥派"，内子分配给我的唯一任务是希望我可以活着参加女儿的婚礼。

这个看似简单的任务我也差一点没有完成。去年九月一日，我接受了患末期肾癌以来的第五次手术。但手术后在我体内的癌瘤仍然一个劲儿地疯长，特别是在我脖子上的两个癌瘤越长越大，主治医生说，因为其中一个癌瘤长得太靠近喉咙与气管，手术的风险太大，不能通过外科手术把它们切除掉了。

在那些日子里，每天早晚在浴室洗脸照着镜子时，我不自觉地触摸脖子上眼看着日益长大的癌瘤，意识到死亡离我近在咫尺了。为了准备后事，我与内子去一家律师事务所办理了《生前信托书》与最后的遗嘱。我甚至把多年前买的墓地也卖掉了，嘱咐家人把我的骨灰海葬。那时我感觉自己乘坐在一架时光逆流的飞船上，离女儿的婚礼日期渐行渐远。

去年十一月，在绝望中我向上帝发出了一个"电子邮件"。在这封没有文字的"电子邮件"中，我向上帝表达了我人生的最后愿望："主啊，若是你的旨意，在我身上再行一个神迹吧，可以等到女儿明年八月五日的婚礼之后再接我回天家吗？"

上帝似乎接到了我的 "电子邮件" ，祂倾听了我的祷告，满足了我的最后愿望。两个月后我的主治医生突然改变了他最初做出的不能手术的诊断，就这样我第五次被推进了希望之城医院的手术室。

在这旅店三楼房间里，我浮想联翩，无法入睡，直到下午四点才接到内子的电话，让我到二楼的化妆室与她会合，准备一起去婚礼现场。

当我走进化妆室时，看到新娘与伴娘们正陆续离开这儿前去婚礼场地。一位女化妆师正在收拾她的工具箱。她告诉我她是老板，这次一共带来了旗下的四位化妆师。我告诉她，我早已多次从女儿那儿听说过她的大名——一位在帕萨迪纳市有名望的化妆师。

听内子说这位化妆师忙前忙后地花费了好几个小时精心为女儿化妆，设计发型，整理婚纱与头纱。我感谢她的辛劳并邀请她与我们合影留念，她听后开始一怔，但立刻欣然接受了我的请求。这时我才发现原来她是一位身材姣好，丰姿曼妙的美女。

不知道为什么刚才在旅店三楼房间里的紧张情绪此时消失得无影无踪。离开旅店时，我们在走廊与大门外拍摄了几张照片。这个旅店建于一九二四年，在洛杉矶是个具有百年历史的老建筑物，现在被市政府列为重点历史文物保护单位。旅店建筑的外墙与室内仍然保持着古香古色的特色。我看到一个转盘式拨号旧电话，这个古董电话静静地在走廊的一个角落里散发着旧时的余晖。

浓浓的爱

女儿选择的这个婚礼场地叫作 Smog Shoppe，即 "烟雾测检站"，位于洛杉矶一条交通繁忙的南北向大街上。我在婚礼的前一天已经来过，在这儿排练婚礼仪式的走台。当时我有些担心，婚礼是否会被外面马路上汽车的喧嚣、嘈杂声打扰呢？

除了对周边街道上的交通噪音有顾虑之外，我对这个场地的内部设施也的确不敢恭维，露天礼仪场地上零星地摆放了几排简陋的长条木凳子。婚宴的场地在室内，我从裸露的墙壁、粗糙的水泥地、上下启动汽车房式的拉门这些硬件设施中可以看出，这儿曾经是测试汽车排放尾气的车间。看到这一切我心生疑虑，女儿在这儿举行她的婚礼，来宾们会感受到浪漫的气氛吗？

我们提早三十分钟来到婚礼场地，参加婚礼的人们还没有到，现场只有一些工作人员在忙碌着布置。当我的脚步一踏入室内婚宴餐厅时，发现仅仅一天的时间，这里完全变了个样。

首先映入眼帘的是每一张餐桌上摆放着的一团团白玫瑰花，这些
象征纯洁的爱的玫瑰花散发出迷人的浪漫气息。婚宴餐桌上虽然
没有铺桌布，但看上去简朴美观：明亮的高脚酒杯，叠摞整齐的
餐巾压在两个大小盘子之中，在每个小盘子上都有一张印刷精美
的婚宴菜单与一枝绿叶。餐桌上的蜡烛并不太高，听女儿讲，租
场地合约中有严格的规定，每根蜡烛的烛火不可以长于五英寸，
以防引起火灾。

下午四点半，婚礼来宾陆续到达露天庭院，这原本空荡荡的礼仪
场地霎时充满了喜气祥和的气氛。参加女儿婚礼的宾客来自五湖
四海，可谓美国多元民族与文化的一个缩影。他们之中有人讲英语、

德语、保加利亚语、俄语、亚美尼亚语、日语、韩语、马来西亚语、华语、菲律宾语、西班牙语，当然英语是大家相互交谈的主要语言。

与来宾们交谈，我发现自己仿佛置身于一个人才济济的群英会。这儿有音乐界的钢琴家、小提琴家、大提琴家、音乐制作人、录音师；有医学界的心脏外科医生、医学科研专家、护士、医学院的学生；有飞机驾驶员、航天工程师、律师、心理学家；有从事金融财务、电子媒体、国际贸易、航空、IT、保险、房地产等商业界的专业人士；有教育界的教授、老师；有教会的牧师、传教人、刚从神学院毕业的学生。

在人群中我见到了我的许多家人。我对女儿说真要感谢她了，若

不是她的婚礼，我是不可能与家人有如此难得的"世纪大团聚"的。我见到大姐常以斯，见到三姐常安斯以及她的女儿与儿子全家一共九人，他们分别来自美国东海岸的克里夫兰、芝加哥以及太平洋彼岸的上海，这是二十六年以来我第一次见到三姐夫尹兴华博士。我见到来自北京的黄总，他是我的外甥——四姐常多斯的儿子。见到我的侄子常彼得全家三人，他是我大哥常恩惠的儿子，来自芝加哥。见到我的内弟陈雷与他的女儿，他们来自奥地利，他的女儿是婚礼仪式上的花童。

除了我们的亲人之外，我与内子还见到了许多我们人生中的至交。一下子见到这么多亲朋好友，我兴奋万分，深深地沉醉于"烟雾测检站"空气中弥漫着的浓浓的爱与友情的温情中。

听见来自心灵的声音

女儿策划的婚礼很有创意性。在新娘与父亲入场时，女儿没有采用人们熟知的德国作曲家门德尔松作曲的那首曲调庄严雄伟、气势昂扬的《婚礼进行曲》。她选择的是美国作曲家 James Horner 为电影 Legend of the Fall《激情岁月》谱写的主题曲。（注释 1）

这是一首描写大自然广袤雄伟风貌的曲子。从这首曲子缓缓流淌着的音符，人们仿佛可以看到一副唯美纯净的画面：一望无垠的田野，闪动着粼粼波光的河流，巍峨的群山，山顶皑皑的白雪，灿烂明媚的云霞……从这些大自然的景象中，人们可以领悟到生命的力量，也许这就是女儿选择这首曲子的原因吧。

这首曲子的开头是由钢琴弹出一小段浪静风恬的前奏，因为声音太柔弱，我开始没有听得出来这是个什么曲子。当时女儿正从"烟雾测检站车间"二层楼梯上走下来，这二层楼上只有一间小屋子，当初可能是"烟雾测检站"简易的办公室，现在用来作为新娘与伴娘的临时休息室。

当女儿走下小木板屋的楼梯，等待在楼梯口的我走上前去轻轻地挽起她的右手，这时钢琴前奏正好结束了。我陪伴着女儿在优美、流畅的《激情岁月》主题曲中，在金黄色的夕阳余晖映照下，缓步进入露天礼仪场地……

几位友人看了我陪伴女儿入场的照片后问我："你还记得当时想了些什么吗？是不是万般不舍地将宝贝女儿交到新郎的手里？心里担心她会生活幸福美满吗？"

由于露天礼仪场地的面积不大，我陪伴女儿入场时只走了一分钟就到了前排。在这么短的时间内，我根本没有机会去胡思乱想。电影《激情岁月》的开篇有一句独白："有些人能清楚地听见来自心灵的声音，他们依着那声音作息。"在短短的一分钟里，我听到了一个声音在对我说："神为爱祂的人所预备的是眼睛未曾

看见，耳朵未曾听见，人心也未曾想到的。"（林前 2：9）

是呵！在这神圣庄严幸福的一刻，我怎能不用一颗完全的心，专心致志地赞美那至高无上的上帝呢？没有祂的怜悯与慈悲，我这个癌症末期患者怎么可能活到今天，怎么可能亲手把女儿交给她所爱的心上人呢？

让你感受我的爱

虽然在婚礼中与女儿跳舞只有两分钟，却令我刻骨铭心。

按照次序，第一支舞是两个新人一起跳。新娘与父亲跳第二支舞。当我走向舞台时，我的心里还真有些紧张，因为我不会跳舞，生怕自己笨手笨脚地给女儿添乱。婚礼前一个月，我曾打电话让女儿回家教我跳舞，但她一直无动于衷，还让我不要担心，说只要到时候跟着她的舞步走动就行了。

与女儿跳舞的音乐是我挑选的，这是在女儿巨细靡遗地筹划婚礼的细节中我提出的唯一建议。我选择的音乐是英国女歌手 Adele Adkins 阿黛尔·阿德金斯翻唱的"Make you feel my love" 让你感受我的爱。（注释 2）这首歌的原创是今年诺贝尔文学奖获得者 Bob· Dylan 鲍勃·迪伦。我喜欢阿黛尔的翻唱，因为她低沉深厚的嗓音把歌中的深情厚谊演绎得淋漓尽致。

起初女儿对我的这个建议持保留意见，她认为这首曲子太伤感，她不想在我们父女俩跳舞时，因为这首催人泪下的歌曲而流泪，她想找一首比较轻松的乐曲。

我很理解女儿的心情。她与男友谈恋爱八年，也是我患末期癌症的八年。一个女孩子在自己的父亲多次濒于死亡期间谈恋爱，她的内心世界要经历许多磨难。在她的婚礼上，她不想让自己哭哭啼啼，因为这应是她一生中最欢乐幸福的时刻。

我向女儿保证，在与她跳舞时我决不会掉泪。虽然这首歌词的内容是在讲一对男女恋人之间的爱情，但也道出了我对女儿深深的爱。

女儿从小善舞，她在音乐学院读书时还念念不忘这个喜好，在大学选修了一门现代舞蹈课。音乐响起时，她轻松自如地引导我的舞步，令我原先的担忧一扫而空。听着阿黛尔带有磁性低沉迷人的嗓音，看着女儿甜美可爱的笑容，我沉醉其中，感受到女儿对我的爱。

注释

1) James Horner（1953-2015）美国著名作曲家，获得两次奥斯卡奖，曾为一百多部电影片配曲。

2)《让你感受我的爱》中译文，词曲：鲍勃·迪伦

当雨水在你的脸上恣睢
你将整个世界背负在自己的行囊里
我会给你一个温暖的拥抱
让你感受我的爱
当夜幕降临

天上的繁星闪现

没有人拭去你眼角的泪水

我会紧紧地抱着你，直到海枯石烂

让你感受我的爱

我知道你还没有下定决心

但我决不会做错事

我知道——从我们相遇的那一刻起

毫无疑问——你在我心中的位置是多么的重要

我会为你风餐露宿，我会为你忧郁感伤

我会为你在无人的小路蹒跚徘徊

没有什么我不可以做

只是让你感受我的爱

肆虐的暴风卷动着翻滚的海浪

孤独的公路上

风儿在自由而狂野地流放

你会看到我的每个影像

我会让你开心，让你美梦成真

没有什么我不可以做

我会为你走遍天涯海角

让你感受我的爱

写于二〇一七年，九月二日

（待续）

女儿的婚礼（三）

与女儿的一次谈话

按照习俗，新娘的父亲在婚礼上要发表致辞。我在婚礼的前一个星期就把致辞稿写好了。写这个稿子时，我发现要在很短的时间内把自己对女儿的爱与祝福充分地表达出来还真不是一件容易的事情。写时我尽量控制自己，不要把父女情长写得长、太啰唆，因为我知道女儿在策划婚礼时把每一项节目的时间都安排得很简短。她不想让来宾们有枯燥沉闷的感觉。

那天女儿回家，我告诉她我刚写完致辞稿。她不放心地叮嘱我说："你想讲多少分钟呢？可别长篇大论呀！"

"我现在不晓得，因为我还没有练习呢。你会给我几分钟的时间呢？"我征求她的意见。

"一分钟！"她半开玩笑地说道。

在一旁听我们谈话的内子听不下去了，她劝女儿说："你怎么可以只给爸爸一分钟的时间呢？这可是他人生中最重要的演讲，你应该给他充足的时间让他把心里话说出来。"

"三四分钟可以吗？我保证不会超过五分钟！"我向女儿打保票。

女儿点头同意了。

迦拿婚宴上的神迹

当我在婚宴上致辞时，我看到女儿时而含笑，时而含着泪水，但我没有注意到自己讲了多久。致辞结束后，许多来宾纷纷与我握手祝贺，说他们听时也是有喜也有泪。一位男士对我说：他有两个女儿，我的致辞启发了他，他现在知道在自己女儿的婚礼上应该讲什么了。一位女士对我说：她的眼泪止不住地流。

我的外甥黄总对我说："小舅，我用手机把你的演讲录下视频了。你知道你刚才讲了多久吗？"

"五分钟？"我猜道。

"你讲了十分钟！"

"十分钟？"我惊讶自己浑然不觉竟然讲了这么久，心中顿时感觉有些不安，觉得自己违背了不前久对女儿的承诺。

但黄总安慰我说："你讲得真好，听的人不感觉冗长。我把录的视频放在我的《微信》朋友圈上现场播放了，在北京的许多朋友们看了都感动地流下泪来。你应该把这段英文致辞翻译成中文。"听从黄总的建议，这两天我把致辞译成了中文。也许是我的翻译水平不高，当我阅读中译文时感到这是一篇普通得不能再普通的讲稿，里面的内容大都是我在述怀生活中父女之情的点点滴滴。我纳闷，为什么这么一篇平淡无奇的致辞可以感动许多人呢？

《圣经》里一个脍炙人口的故事解答了我心中的疑问，约翰福音第二章记载了主耶稣在祂短暂的三年半传道生涯中所行的头一件神迹。在加利利的迦拿，耶稣与母亲参加一个婚宴。当时的场面非常热烈，来宾们尽情饮酒狂欢。当婚宴进行了一半时，主人尴尬地发现他准备的几大桶酒竟被喝光了。在这紧要关头，耶稣行了一个神迹，把六缸水变成了醇香的美酒。

虽然在女儿的婚宴上没有发生"以水变酒"的神迹，但我仔细想想，我这么一个经历了七次手术，体内长着数不清的癌瘤的末期癌症患者可以现身于女儿的婚礼，亲手把她交付给新郎，并且还与她翩翩起舞，这不就是一个类似迦拿婚宴的神迹吗？《圣经》上说，在迦拿婚宴上耶稣把水变成醇香的美酒是为了"显出他的荣耀来，他的门徒就信他了。"（约2：11）同样圣灵不正是把我那平淡无奇的致辞变成了一个可以触动人心的见证，彰显上帝的荣耀吗？

我的致辞中译文

在我的一生中，我参加过许多次婚礼。但那些婚礼从来没有像今天这样令我百感交集，因为这是我自己女儿的婚礼！

谢谢大家的光临。你们之中有许多人来自本地，谢谢你们从百忙之中抽出时间，开车穿越全美国最繁忙的高速公路来到这儿；你们之中也有许多人来自远方，从北美地区与世界各地近二十个城市不辞辛苦地长途旅行来参加女儿的婚礼。你们大家带来了最珍贵的礼物，那就是你们对女儿、路易斯与我们一家人的爱，我们将把你们的爱永远深深地珍藏在心中。

女儿是上帝赐给我们的礼物，自她出生的那一天起就成为"Daddy's girl 爸爸的小棉袄"——我的小公主。

她小的时候，我非常娇宠她。记得有一天我下班回来，看到内子因为她做错了事而在管教她。她哇哇大哭，哭声撕裂了我的心。我对内子说："从现在开始，当我下班后回到家时不要再让我听到她的哭声，你可以当我不在家时管教她呀。"

我与我的"小棉袄"有很多共同点，我们都喜爱俄国作曲家柴可夫斯基。当年我与内子约会时，我正在练习柴可夫斯基第一钢琴协奏曲；当女儿和路易斯约会时，她演奏柴可夫斯基小提琴协奏曲。由于我们俩都太喜欢柴可夫斯基了，六年前我们领养了一只拉布拉多小狗时，我们给他起名为"柴可夫斯基"。

我们都出生在龙年。在中国的"十二生肖"动物之中，在中国神话和传说中，龙是最有活力、最强大的一种动物。在龙年出生的人通常被认为拥有内在的勇气，聪明出众和固执己见的性格特点，他们具有非常强势的个性。内子出生于猴年，大家可以想象一下，一个家庭里有两条龙和一只猴子，对于猴妈妈来说，在日常生活中与我们打交道时会面临多么严峻的挑战呵！

当她还是个小女孩时，每天清晨出门上班之前，我总是走进她的房间亲吻她的额头。有时如果她半睡半醒，她会在睡眼惺忪中给我一个拥抱。那些年我天真地以为"少女青春叛逆期"这个名词决不会出现在我的字典里。

她八岁那年，在我生日那天画了一张画，画中有一个爸爸与女儿一起玩耍。她在画上还写了一首诗。我把她送给我的这份生日礼物用镜框镶起来，放在我的办公桌子上，直到我从公司退休。

这是她写的那首诗：
爸爸可亲
爸爸可爱
爸爸与孩儿玩耍
心怡神悦
乐在其然

我的爸爸就像太阳
他照耀着每一天
他给我温暖
他逗我开心
在我心目中
他独特非凡

今天当我看着眼前的这个身穿漂亮婚纱的窈窕淑女，心里充满喜悦与感激之情。我感谢上帝给予我的特权和荣誉，成为她的父亲，陪伴她从一个娇小玲珑的女婴成长蜕变为一位魅力四射、年轻貌美的女子；我感谢上帝赐予她令人难以置信的音乐才华，从她的小提琴发出的声音总是令我心醉神迷；我感谢上帝，经过长达八年之久的马拉松恋爱，她和路易斯今天终于成就彼此，开始组建他们的新家庭。

我感谢上帝，让我活到今天来参加这场婚礼。这在一年前是不可想象的。

去年八月，我的癌症再次复发，癌细胞扩散到我体内的许多部位。在短短的五个月期间我接受了两次手术。但每次手术之后癌瘤仍然不断地增长。我告诉女儿我的日子屈指可数，很可能无法参加她的婚礼了，但我答应她，我将在天上观看她的婚礼，给她我的祝福。

感谢上帝的恩典和怜悯，在我身上彰显了一个奇迹，让我今天在这场婚礼中陪伴她，把她亲手交给她所挚爱的男人，一位将与她一起度过她余生的男士。

在座的诸位有多少人知道女儿的中间名是什么吗？

女儿的中间名叫"以琳"，英文是 Elim。这是她素未谋面的祖母为她起的名字。起初我不明白为什么我的母亲为我的女儿起了这么一个名字。以琳是《圣经》里的一个地名，而不是人名。我不晓得为什么我的母亲没有为孙女从《圣经》里找一个流行的女性名字，如：玛丽、丽贝卡或者以斯帖。

在《圣经》里，以琳是精疲力竭的以色列人出埃及后，在旷野中扎营、休憩的一个地方。在旧约圣经（出 15：27）节有这样一段描述："然后他们来到以琳，在那里有十二股水泉，七十棵棕树，他们就在那里的水边安营。"

今天在这大家欢聚一堂，共同见证女儿与路易斯开始一个全新家庭的时刻，我终于悟出当年母亲为女儿起名"以琳"的奥秘。

如同《圣经》里所描绘的以琳——一个沙漠中的绿洲和土地富饶的地方。

我的女儿——愿你的家是一个沉浸在启示、爱意、甜蜜与宁静中的绿洲！愿你的家远离这世界上的诱惑！愿你的家是一个生育子女的富饶之地！如同淌流在以琳的十二股水泉象征着真理的生命活水，愿上帝丰丰富富地赐福你！当你喝下这活水，你将永远不会感到口渴！

如同耸立在以琳的七十棵棕树，愿上帝向你揭示祂的旨意，赐予你智慧与才智！

如同以色列在以琳的水边扎营，愿上帝增强你的信心和爱心！

现在让我们一起举杯，为我的女儿常以琳干杯，祝愿她和路易斯这对新人百年合好，相亲相爱。

写于二〇一七年，九月二日

儿子路加的成长过程

我的大儿子路加在加州圣地亚哥大学 UCSD 毕业后，在当地找到一份工作，居住下来。圣地亚哥市距离我们家一百多英里，开车需要近两个小时。今年父亲节的前一天，大儿子从圣地亚哥开车回家，说是要送给我一件父亲节礼物，带我去鞋店买一双运动鞋。

说起运动鞋，我还从来没有穿过新的。多年来我一直都是捡两个儿子的旧运动鞋穿，有时候一直穿到鞋底磨破。内子曾经为我买过新鞋，但那都不是运动鞋。儿子说买一双合脚的运动鞋对病中的我每天出门散步事关重要。

我是一个很怕逛商店的人，平时自嘲有"商店恐惧症"。从前每次跟着内子去 Mall 买东西，置身于琳琅满目的商品之中，我都会感到窒息，头昏脑胀。看到我在商场中如此狼狈不堪，善解人意的内子就不再勉强我跟随她去商场购物。但这次是儿子第一次说要带我去商店买鞋，我欣然同意了。

星期六上午，儿子首先开车带我去了一个叫 Spot Chalet 专卖运动服装器具的连锁店。当我们走进这家商店时发现这个商店里的人异常之多，人们攘往熙来，纷纷争抢购买商品。原来这个连锁店最近宣布破产，商家急于清仓，所有的存货都打六、七折。

儿子带着我径直走到卖鞋的部门。由于试穿新鞋的人太多，地面上凌乱不堪，到处散落着人们试穿过却没有放回原处的鞋子。儿子在这儿转了个遍后对我说："这儿没有我想为你买的运动鞋，咱们改去另外一家商店吧。"

我对他说："这儿有这么多运动鞋，又是大减价，咱们为什么不可以在这儿趁机买一双经济实惠的新鞋呢？"

儿子对我这勤俭节约的诉求似乎毫无所动，不由我分说，他拉着我走出这家正在大减价的商店，开车去另一家购物商场。

这是一个大型室内购物商场，顾客很容易迷失在"八卦阵迷宫"似的众多店铺里。儿子跑到走廊中间一个竖立着的商场地图板前查看鞋店的地理方位。他想带我去一个叫 Footlocker 的鞋店。

与刚才那个即将倒闭、正在清仓大减价的运动商品专卖店相比，这个 Footlocker 的店铺面积要小的多了。但麻雀虽小，五脏俱全。在这个小鞋店铺的墙架上摆满了各种各样的运动鞋，我注意到在这儿工作的店员都是一些充满了青春活力的年轻人。

儿子让我坐在一个供顾客试穿新鞋的长条椅子上，便独自一人去为我挑选鞋子。他在店内的鞋架前走来走去，向一位走上前来服务的高个子年轻店员询问，与他交谈，最后请他去店铺里的存货处取样品鞋的另外一只，因为在鞋架上的样品鞋只有一只，我想这是因为店铺的面积太小，没有足够的空间，把所有的样品整双地陈列出来。

不一会儿我的脚下就出现了三四双不同风格、品牌的运动鞋，儿子时不时跪在地上帮助我试穿新鞋。他耐心地帮我解鞋带，系鞋带，坚持让我一定要把两只脚都穿上新鞋，在地上来回多走几步，不厌其烦地问我对每一双鞋的感觉如何。

我选中了一双黑白色的运动鞋，这鞋穿在脚上感觉特别舒服轻便。我对儿子说："就买这一双吧。"

但儿子却把我选中的那双鞋放在椅子旁边，继续与那位高个子年轻店员一起忙着把新挑选出来的鞋放在我的脚下。

我发现自己被一堆运动鞋包围了。如同红楼梦里的"刘姥姥进大观园"似的，这些不同品牌、各色花样的运动鞋看得我眼花缭乱、心烦意乱，我感觉自己又要犯"商品恐惧症"了。若不是儿子在身旁镇静地指挥我一双一双地试穿，我可能早就从这堆鞋子的包围中逃之夭夭了。

最终我选中了另外一双由 Nike 设计，在中国制造的运动鞋。这是双名叫 Lunarglide 7 的灰蓝色运动鞋非常轻巧合脚，穿上后让我感觉步履轻盈，似乎在我这个重病缠身的人身上输入了一股渴望散步、锻炼的动力。这双鞋的鞋面设计得新颖别致，由许多细小的洞孔织成了一个美丽的图案。仔细一看这些细小的洞孔并没有穿透鞋面，它们的下面有一层黑色薄布垫底。儿子告诉我，这种独特的设计是为了让鞋子有既可透风，又可阻挡灰尘的功效。

我从长条椅子上站起来，手里捧着的这双具有"特别功能"的新鞋，如释重负，心想这下子总算是可以从包围圈里突围出去，接下来应该是儿子去柜台收银员那儿付钱了吧。

出乎我的意料之外，儿子把这双鞋从我手中接过去后，转交给了一直在我身旁忙前忙后的那位高个子年轻店员，对他说："请你暂时帮我们保管一下这双鞋，我还是想带我父亲去楼上另一家鞋店看一下。如果我们在那儿没有找到合适的鞋子，我们再回来付钱买这双鞋子。"

我懵里懵懂地站在一旁，一时间搞不清楚情况。既然已经花费了这么多时间与精力光顾了两个鞋店，从众多鞋子中挑选出了一双称心如意的鞋子，为什么我们还要再去第三家鞋店呢？同时我对这位高个子的年轻店员心生歉意。他跑前跑后为我们服务了这么长时间，现在儿子竟然告诉他煮熟的鸭子可能要飞了，让他替一个可能不再回头的顾客保留一双折腾他许久才挑选出来的鞋子。

这个高个子的年轻店员听儿子讲完后，没有流露出一丝不快的情绪。他欣然答应了儿子的请求，甚至还热情地告诉我们去二楼第三家鞋店的路线与方向。

我很不情愿地跟着儿子走出了 Footlocker 鞋店，乘电梯上了商场的二楼，来到了第三家鞋店。

这个鞋店的名字叫 Champs Sports。走进这家商店，可以看到在鞋架上展示着许多 NBA 球员品牌的球鞋，其中有些 NBA 球员的品牌只在这个店里专卖，诸如：传奇球员乔丹、勇士队的三分球王柯瑞，儿子并没有让我试穿这些 NBA 球员品牌的球鞋，他想介绍给我的是一种叫 Ultra Boots 的新型运动鞋。

儿子介绍说，这个 Ultra Boots 运动鞋是用新科技材料制造的热门货。它的鞋底，特别是脚跟的部位铺设了一层加厚的鞋垫，由此增加了鞋子的弹性，很适应于人们长跑、散步、健身时穿。

我只试穿了两双鞋就作罢了，因为一来我的脑子里一直还在想着那双灰蓝色的 Nike。二来我感觉像我这种平时走不了多少路的老弱病残，穿这种用于人们长跑的 Ultra Boots 实属浪费。我对儿子说："咱们还是回到一楼的 Footlocker，把那双灰蓝色的 Nike 买下来吧。"

儿子与我重新返回到一楼的 Footlocker，　他让我坐在店里的长椅上等他办理付款手续。看着站在收银员柜台前儿子宽厚的背影，我心里暖滋滋的。三进三出鞋店，让我在父亲节感受到儿子对老爸的孝心与温情。在我的印象里这个从小就愣头愣脑，做事情经常粗心大意的儿子，竟在我不知不觉中变成一个体贴入微的大男人了。

不久前有一对年轻夫妻向我讨教教育子女的经验，他们误以为我与内子是虎爸虎妈，他们羡慕我的三个孩子在学业与工作上各有所成。他们好奇地问我："孩子小的时候，你对他们有过什么样的期望？"

我和内子养育了三个孩子，一个女儿与两个双胞胎儿子。路加是双胞胎男孩中的老大，比他的双胞胎弟弟早出生一分钟。像许多家长一样，孩子们小的时候，我对他们抱有望子成龙的期望。路加从五岁起便跟我学钢琴，我期望他有朝一日可以圆我儿时的梦想，成为一名钢琴演奏家。但我对他的这个期望很快就破灭了，他对钢琴没有太多的兴趣，只学了三年便半途而废。我们又在洛杉矶为他找到一位颇有名望的大提琴老师，希望他在大提琴上有所成就。但他读高中时迷上了网球，不再去上大提琴课了。

进入青春期后，有一段时间他与父母之间的沟通出现了问题，那段时间让我们最为担心他。那一年的暑假，我们把他送去中国北方一个偏远的地区，与当地的一些孩子同吃同住，并在一间教会里教孩子们英文。临走时我交代他，我是通过第三者联系到的这个接待他的教会，我本人并不认识那儿的人，他需要在一个陌生的环境中学会待人处事。

据说他初到这个中国北方偏远的小城市，让他着实不习惯了一段时间。他从小在家都是在单人浴室洗澡，当他被人带进一个公共浴池，看到许多赤身露体的男人在一起洗澡时差点儿被吓晕，立马转身，从浴池跑回更衣室。

夜间睡觉对他也是一个挑战，他从小自己睡一个小房间，有自己的私人空间。但在这个北方的小城市，他要与许多男孩子挤睡在一间房子里的大通铺上。听说后来当地的牧师担心这个只身从美国来的小男孩睡不好觉，就把他叫到牧师家里去睡单间了。我听后大为遗憾，因为这与我们送他去那儿的初衷相反。不过听教会的牧师反映，他对这份义工倒是很认真、很投入。年纪虽小，但坚持每天站在讲台上，为与他年龄相差无几的学生们上英文课，最长时间长达六个小时。

路加考大学那年，我患上了末期肾癌，半年就接受了两次大手术，每天都生活在生死边缘，根本没有精力去关注他的学业。他与双胞胎的弟弟同时考进了加州大学圣地亚哥分校。四年后我与内子参加了他们的毕业典礼。在毕业典礼结束后那天夜晚，全家人在一起做了一个祷告。这个从小不太善于表达自己内在感情的大男孩在祷告中声泪俱下，他感谢上帝对他的恩典与怜悯，让他可以顺利完成学业。他说自己从小干了许多惹父母生气的错事，但父母对他一直不离不弃，他感谢父母对他的爱、包容、信任。

听他发自内心的祷告，我老泪纵横，我感到他像是《圣经》中讲的那个浪子回头的故事里的小儿子，在人生的道路上挣扎了一段时间后重新回到父亲身边。我从来没有料想儿子在这个年龄可以理解父母为养育他而付出的一切，原来他是这么善解人意。我惊讶自己这些年来竟然浑然不知他对父母的深情。他祷告完后，我紧紧地拥抱了他，我感到在灵里我们父子之间从未有过的亲近。

儿子大学毕业后去工作的那家公司是一家刚成立不久的新公司，他的起薪很低。新员工受训时，他得知他今后薪酬的增加将取决于这个新公司业务的扩展与自己的工作表现。

自从他加入这个公司两年以来，他的表现让我跌破眼镜。当我对孩子的未来没有信心时，上帝在他的身上做工，给他的生命以最完全的意义。我惊讶地发现这个在学校里不太会读书，成绩平平的儿子，在公司里竟然大受老板的钟爱。他的人缘关系特好，工作勤恳认真，从一个卑微的小职员做起，一路提升，现在手下有三十多个员工，每月要负责高达二十亿美元的业务，他的工资因此也翻了一倍。

看来我多年来对他的担忧都是杞人忧天了。

我们为这个儿子起名为路加，英文 Luke，是为了纪念内子的姥爷马路加牧师。马路加牧师是三十年代一位在中国北方传播福音的牧师，也是我的母亲梁今永早年非常敬重的一位牧师。他年仅三十七岁便荣归主怀。我们希望儿子路加成人后，也像他的曾姥爷马路加一样，尽心尽意地爱主，把神的爱传递给他周围的人。

那天我们买完鞋后，在回家的路上，儿子一边开车，一边与我聊天，他说："爸爸，明天是父亲节，但我一早起床后要赶回教会了，因为我们青年团契还有许多事工需要做。祝你父亲节快乐。"

"没关系，明天晚上姐姐会回家陪我过父亲节，你去忙你的吧。"我没有挽留他。

我心里明白，即使我提出让他星期天留下陪我过父亲节也是徒劳的，因为几年前我曾"碰过钉子"。那次是我的生日，我问他是否可以星期天向教会请假一天，留在家里庆祝我的生日。他半开玩笑地回答，我们小的时候，你不是经常给我们读那段圣经吗？——"爱父母过于爱我的，不配作我的门徒；爱儿女过于爱我的，不配作我的门徒。"（太 10：37）

儿子的回答虽让我无语，却令我欣慰，我已知道他对父母的深情厚爱都在心底，现在我更知道支撑他生命的真爱——神的爱才是一切爱的来源。

写于二〇一六年，八月七日

父亲节随笔

父亲节的前一个星期，我与内子去圣地亚哥的海边小屋度周末，也趁机与在那儿工作生活的大儿子路加一起提前庆祝父亲节。每次与孩子们相聚，我都很珍惜这美好的时光。

我们在一家名为 Mimi's Cafe 的餐厅吃午餐，这是一家我们经常光顾的美国餐厅连锁店。我们很喜欢这家餐厅法式风格的饭菜。餐厅最早是由一位在第二次世界大战中驻在法国的美国飞行员 Arthur

Simms 创办的。法国解放后，他在一个派对上邂逅了一位名叫 Mimi 的法国女郎，于是便以她的名字为他后来创办的餐厅命名。现在这家餐厅连锁店已经发展到遍布美国二十四个州了。

那天来吃午餐的人不多，我惬意地坐在宽畅明亮的餐厅里，打开菜单挑选了一份贻贝（海虹）面条，内子则点了一盘沙拉。为我们服务的是一位非常漂亮的年轻女侍者。她讲话彬彬有礼，脸上总是带着微笑，给人一种亲切感。她胸前佩戴着一枚小胸章，上面写着 Trainer，即训练员的字样，虽然她看上去年纪轻轻，但在这个工作岗位上已经是一位资深员工了。

我随意地对儿子路加说："这女孩真甜美，她长得又好看、又能干，在这儿让客人有宾至如归的感觉。" 我讲这话并没有期望路加有什么反应，只是想表达自己此时此刻愉悦的心情。

然而儿子好像并不十分同意我的观点，他对我的审美观与判断力似乎有些怀疑。他笑着说道："爸爸，你总是这么说，无论你走到哪儿，从你嘴里我从来没有听过你说过别人不好的话。在医院住院时，你一个劲儿地夸奖那些护士；去药房取药，你对那儿的药剂师赞不绝口；在这餐厅里，你又赞美这位女侍者。"

冷不防听到儿子的这一番话，我一时不知该说什么好。是我的判断出了问题吗？近几年来我的身体被癌症折磨得越来越不好，我的脑子也随之变得迟钝。在家里，我从过去的一家之长变成"一家之尾"了，好在我还有自知之明，家里所有的事情我都听从内子与孩子们的决定。

看到我没有立刻回答他，儿子为了不让我这老爸感到尴尬，便打圆场地说："其实我在公司的同事与教会的好多朋友也这样说我呢。"

我好奇地问他道："他们说你什么？"

"他们对我的评论与我刚才对你的评论一样，说我总是说别人好。他们说要从我的话中扣减三分，才能了解我评价那个人的真实情况。"这是我第一次从儿子的口里听到别人对他有这种看法。看到我听得津津有味，儿子继续讲道："如果从我的话里要扣减三分的话，那爸爸的话就要被扣减七分了。"

中国古代文学家颜之推在他写的《颜氏家训·慕贤》里说："人在少年，神情未定，潜移默化，自然似之。"我虽然一时不太确定儿子话中的真正含义是在怀疑我的判断力，还是在半开玩笑地赞美我这个老爸，但有一点我可以确定，他是在讲我平时的言行对他产生了潜移默化的影响。

仔细想想，被朋友们戏称要从他的话里"扣减三分"不是一件容易的事。一个口里"总是说别人好"的人，他自己的内心必须很强大。他必充满了喜悦才可以做到，即使他自己可能正遭受苦难，一个心里塞满了抱怨的人是不太可能总是心怀感恩去赞美别人的。

我心里暗暗为儿子高兴，没想到他在同事与朋友中获得如此高的赞誉，被称为是一位"扣减三分"的年轻人！在这个父亲节里，有什么会比这更贵重的礼物呢？想到最近我的癌症又复发了，这也许是我与孩子过的最后一个父亲节，但知道自己的孩子可以心怀感恩，喜乐地生活，我真可以没有什么遗憾地离开这个世界了。

儿子的这一番话让我想起了他从没有见过的爷爷，我去世多年的父亲常子华。如果按照儿子说法，我是个"扣减七分"的人，那么在我身上的这个优点应该归功于我的父亲了。因为在我"神情未定"的少年时期，他对我产生潜移默化的影响最大。

最难忘父亲在"文革"抄家中被扫地出门，与母亲一起被街道干部们赶到龙江路三十二号别墅后院的那几间潮湿、黑暗的小屋里居住的时光。在那段艰难的日子里，他每天总是唱一首圣诗歌："我们要欢喜快乐，将荣耀归给祂。因为羔羊婚娶的时候到了，新妇也自己预备好了，就蒙恩得穿光明洁白的细麻衣。这细麻衣就是圣徒所行的义。"（启 19：7-8）

那时我只有十几岁，每天听到父亲唱着这首歌，我百思不解：失去了所有的财产，住在如同地牢般潮湿黑暗的小屋里，被江苏路街道办事处的大妈们视为"头号阶级敌人"，被强制每天在龙江路三十二号门外扫马路，在人格上遭受百般羞辱的父亲，怎么可能每天都"欢喜快乐"起来呢？另外我对这首歌的歌词也是一窍不通（那时候我并不知道这歌词是引自圣经《启示录》里的一段经文）。为什么羔羊要婚娶呢？谁是新娘？为什么新娘要穿细麻衣？这些疑问我从没有在父亲生前请教过他。

我与父亲常子华　（拍摄于一九七三年二月，青岛龙江路三十二号后院）

但在那段艰难的日子里，父亲从未停止唱这首诗歌。父亲唱这首歌时，他的歌声轻柔动听，余音绕梁。他的面目表情如同一个孩子那样单纯，仿佛他身处于另外一个世界里似的。每天清早起床，他与母亲把潮湿的被褥从后院小屋搬到前院晒太阳时，他唱这首歌；每当青岛的雨季来临，外面下大雨，屋内下小雨，他用脸盆在屋里接从房顶漏下的雨水时，他唱这首歌；小屋顶的瓦片其实是邻家恶少怀着阶级斗争的仇恨恶意毁坏的，每次他爬上屋顶去修瓦片时，他唱这首歌；每天在龙江路"劳动改造"扫完街道，在人格上被路人羞辱一整天，回到潮湿黑暗的后院小屋里时，他唱这首歌；在他被诊断出癌症后，他唱这首歌；他从青岛唱到北京，七十年代我的大姐常以斯把父亲接到北京治疗癌症，父亲与母亲住在大姐在清华大学新林园六号后院的一个几平方米大的小屋里，父亲在这间小屋度过他生命的最后时光时，仍然在唱这首歌。

父亲常子华在清华大学新林园六号教外孙女唱诗歌　拍摄于一九七三年十二月，父亲去世前的四个月。

父亲去世十年之后的一九八四年，我在美国的一个基督教大学 Biola University 读书时选修了《圣经》中的一卷书《启示录》。在学习这门课程时，我意外地发现父亲当年唱的那段歌词原来是《启示录》第十九章七至八节的一段经文，这时我才恍然领悟父亲当年为什么在患难中一直唱这首歌，以及这首歌词的含义。这段经文讲的是一个欢庆的盛大婚宴，得蒙救赎的人赞美神的全能与救赎，归荣耀于神。在这个羔羊的婚宴中，羔羊象征主耶稣基督，新妇象征教会——得蒙救赎的人。而新妇穿的"光明洁白的细麻衣"是美丽的白色婚纱，象征纯洁、正直和公义的判断。这个羔羊的婚宴预示在末世主耶稣基督与祂的教会完全联合的景象。

这段经文向我揭示了父亲在唱这首歌时的内心世界。原来他之所以在患难中心里仍充满了欢喜快乐，是因为借着这段经文，他看到了神奇妙的应许带给他的盼望。基督和祂的教会——神和祂的子民之间爱的联合是永恒的，任何的患难和苦痛都不能消减消灭这爱。他唱这首歌是从内心深处向天父发出赞美的声音，表达他心甘情愿地为基督受苦和在苦难中对神的信心与依靠。

父亲的天籁之声伴随了我的一生，在我身上产生了潜移默化的影响。无论我走到哪里，我的耳边总会响起他那余音缭绕的歌声。特别是在罹患末期肾癌的近十一年里，父亲天使般的歌声给了我极大的安慰与喜乐，他总是充满了欢喜、快乐的言行成了我终生效法的榜样。

当我还沉浸在思念父亲的沉思中时，临桌一位素不相识的食客突然走到我们桌前打断了我的沉思。她送给我们两张 Mimi's Cafe 礼券，对我们说，一张礼券可以减免十二美元。这真是一份出人意外的礼物。但因为我反应迟钝，还没来得及搞明白怎么回事而谢谢人家，这位素不相识的好心人已经离开了餐厅，幸亏反应灵敏的儿子与内子及时向她表示了感谢。

我仔细阅读了一下这两张礼券，上面写着持此票者必须在点菜之前把礼券交给侍者才可以享受减免十二美元的优惠。我对儿子说："看来今天咱们与这个礼券无缘了。"

"你不是很欣赏那位年轻的女侍者吗？一会儿咱们把礼券交给她，就知道她是否真的是像你所说的那么好了。" 儿子狡黠地笑着对我说，他似乎还想验证他的理论，从我口中说出的赞美别人的话，需要"减七分"才能接近现实。

"这会不会有点儿难为人家了呢？" 我觉得这样做有点强人所难。

"今天不能使用这礼券也无所谓，这本来就是个意外的礼物。"内子也加入了我们的谈话。

"是的，我们只是随便问一下罢了，你放心，不会难为人家的。"儿子附议内子，并安慰我说。

过了一会儿那位年轻的女侍者又来到我们的餐桌，亲切地问我们吃得怎么样，为我们添加咖啡与热水，还问我们需要什么？她讲话的声音温婉柔和，一直保持着她那"标志性的微笑"。突然眼尖的她看到儿子手里拿着的那两张 Mimi's Cafe 礼券，便立即从儿子的手中抽取出一张，没有等儿子开口，就说道："你们今天是想使用这张礼券吧？没问题，我会用它在你们的账单上减免十二美元。"

"我的眼光与判断力不错吧？" 女侍者离开后，我得意地对儿子说道。

在我们吃完午餐离开这家 Mimi's Cafe 之前，儿子把剩下的一张礼券转送给坐在我们旁边另外一桌的两位素不相识的女食客了。我站在远处，看着儿子与那两位女食客谈话，她们脸上流露出不久前与我们相同的惊喜的表情。

那天晚上我睡在海边小屋，午夜正是涨潮时分，从窗外传来有节奏的，像是催眠曲似的海浪拍击沙石的浪涛声，我慢慢地进入梦乡。我梦见了父亲，我对他说："爸爸，谢谢您的歌声伴随了我的一生，在我去天国与您重逢之前，我想开心地告诉您，您的孙子路加将会继续把您最喜欢的那首诗歌唱下去。"

写于圣地亚哥太平洋海边小屋，Pacific Beach

二〇一九年，六月九日

儿子马可的独特旅程

去年六月，我家的小儿子马可大学毕业了，为了奖励他大学四年寒窗苦读付出的努力，我与内子向他表示愿意提供他一次出国旅游的费用，旅游的国家与地区随他自己选择。当时我们建议他考虑一下欧洲或亚洲，因为这两个地区有不少亲朋好友，他若是去了可以有熟人接待。但由于马可毕业后即刻找到了一份工作，没有时间出门游历，我们对他的这个承诺也就迟迟没有兑现。

两个月前，马可突然告诉我们二老，他决定要在五月份出国旅游十天。但他选择的国家不是我们熟悉的欧洲与亚洲，而是中美洲的一个小国——危地马拉共和国（Guatemala），简称危地马拉（台湾译称"瓜地马拉"）。

危地马拉共和国位于中美洲，西濒太平洋，东临加勒比海，北与墨西哥接壤，东北临伯利兹，东南临洪都拉斯和萨尔瓦多，人口一千五百万。内子与我很纳闷，为什么马可舍弃了一般游客喜欢去的欧洲与亚洲这两处旅游的热门地区，而选择了一个陌生的中美洲小国呢？

马可告诉我们：他在网络上看到一个慈善机构招募志愿者去危地马拉做义工的消息，于是做出了自己的旅游计划。这次的旅游在出游前的准备工作与通常人们的旅游前所做的有所不同。首先他要向慈善机构呈递一份志愿者申请书，在这申请书上除了提供个人的学历，工作背景及技能之外，还要简单地阐述自己申请做义工的动机。慈善机构审查通过后，他要到一个医疗中心去注射许多不同种类的防疫针。因为这些特别的防疫疫苗不是美国一般民众必需的，所以这些疫苗的费用不包括在医疗保险的范围内，马可要自己负担打防疫针所需的五百美元的医疗费用。

其实这并不是儿子马可第一次独自离家远游。四年前女儿大学毕业，内子为了照顾两次手术后身体仍然虚弱的我而无法脱身，只好委派当时还在大学里读书的马可独自飞去美国东部的克里夫兰市，代表我们全家参加姐姐的大学毕业典礼。去年他还代表我们二老只身飞去北京参加我岳父的葬礼。在今年的第一季度里，他因出公差单飞了两次，去北加州的旧金山与东部佛罗里达州的迈阿密开会。在他所去过的这些地方或有亲朋好友接待，或由工作单位统一安排旅馆住宿与会议场所，所以我们对他的这些远游比较放心。

但马可的危地马拉之行让我们二老有些担心。在他出发的前一天夜晚，内子请他留下他这次去做义工的行程表，慈善机构的所在城市的地址与电话。她对马可开玩笑地说："有了这些信息，万一你在这人生地不熟的地方失踪了，我们起码还晓得到地球上的哪个角落去寻求帮助。"临出发前，马可与我们二老拥抱告别，他说因为接待他的慈善机构住房比较偏远简陋，没有网络，他可能无法随时向我们报平安，让我们不要为他担心。

事实上我们的担心是多余的。十天之后马可毫发无损地平安回家了。一进家门，他就兴奋地汇报了这次在危地马拉做义工的体会，以及工作之余体验当地风土人情的经历，着实给我们二老上了丰富的一课。

马可这次被慈善机构分派到一个叫安提瓜 Antigua 的古老小城。这小城建于一五二四年，位于危地马拉南部的萨卡特佩克斯省，距首都危地马拉城西南约四十公里。它曾经是危地马拉历史上第三个首都，后来毁于大地震，震后虽几经重建，却始终无法恢复昔日的辉煌与繁华。在四世纪到十世纪，基于这个地区是玛雅文化的中心，一九七九年联合国教科文组织将安提瓜作为世界文化遗产列入《世界遗产名录》。

到达安提瓜后，马可与其他二十四位志愿者被安置在一个具有百余年历史的老宅里。这老宅内的设施很简陋，没有空调。危地马拉属于亚热带气候，五月的安提瓜白天气候闷热，夜晚蚊子袭人。马可住的房间有双层铺床，小小的房间塞进了五个男生。慈善机构找了一个当地的妇人给这二十五位志愿者做大锅饭，凡住在这个宿舍的人每天只需支付五十美元，就管吃管住了。

这二十五位男女志愿者来自美国、加拿大、澳大利亚。他们非常年轻，年龄从十八岁至二十二岁。当马可得知有四个志愿者的年龄只有十八岁时不禁惊叹地对他们讲："我的父母在我十八岁时决不会放心让我一个人单独地去一个人生地不熟的陌生国家，你们的老爸老妈胆子真够大的。"

二十五位年轻人各怀不同的志愿来做义工，慈善机构按照他们各自的志愿与技能，把他们分派到不同的工场里。在他们当中有的去学校教英文，有的去孤儿院照顾孤儿，有的去养老院照料老人，有的去建筑队为贫困村民盖房子，有的去医疗队协助医生为穷人治病。他们在这些不同的领域里八仙过海，各显其能。

马可选择了医疗志愿队。这个医疗队的门诊处设在一个名叫Sumpango 偏远山区的小村庄里。每天清晨七点吃过早餐后，马可与他的同伴步行到安提瓜的汽车站乘坐公共汽车，沿着海拔一千五百米的崎岖山路行驶四十五分钟，于八点之前赶到Sumpango 的门诊处做义工。

这个村庄如同许多中国的村落一样，男人们都出去打工了。白天的 Sumpango 像是一个"留守村"，来门诊处看病的人都是留守女人与儿童。与中国"留守村"不同的是 Sumpango 的男人们并未长年背井离乡，在外劳作，大多数人都在村庄附近的咖啡庄园或农田里工作。他们早出晚归，虽然辛苦，晚间却仍然可以老婆孩子热炕头，全家其乐融融地在一个屋檐下共同生活。

在医疗门诊处，马可经历了许多他一生中的第一次。在这儿他生平第一次为村里的孩子们注射维生素营养药针剂，因为村里许多贫困的孩子们营养不良，没有钱去买维生素保健药品。在这儿他生平第一次为村妇们注射节育药针剂，在这儿他生平第一次为妇女和孩子们注射疫苗。

马可打针的技术是六年前我第二次手术后，他在我身上学会的。因为我在那次手术中失去了胰脏，要靠着往体内注射胰岛素才能存活。医生要求我的家人要学会如何为我注射胰岛素。没想到六年前马可因照料父亲而学会的打针技术，竟然在危地马拉这个偏远山区的小村庄里派上了用场。

在医疗门诊处，马可还意外地担任了西班牙语的翻译工作。危地马拉人讲西班牙语，而马可在高中四年选修的外语正好是西班牙语，这使得他有了用武之地，成为门诊处里的大忙人。因为与他一起做义工的几个年轻人都不会讲西班牙语，当他们与来就诊的村民们的交流遇到困难时，总是吆喊马可来解围。热心的马可有求必应，随叫随到，急步穿梭于门诊室内的人群中，使出了浑身解数，用他多年前在高中课堂中学习的西语词汇手舞足蹈，连说带比画，解决了许多义诊工作中的燃眉之急。

每天紧张愉快的工作结束之后，这些精力充沛的年轻人毫不浪费休闲的时间，他们三五成群、流连忘返于安提瓜古城的九条别致小巷、乡间的黑草莓田埂、咖啡庄园以及亚热带森林的荫蔽小径。安提瓜古城的独特风情使这些年轻人心醉神迷。

马可告诉我们：他爱上了安提瓜这个充满魅力的小城。整个小城占地仅五十公顷，方块形的城区由九条主要街道相互穿插而成。小城里有一个中央广场，广场四周棋盘状的道路上散落着许多雕琢、装饰华美的巴洛克式建筑。这样的布局具有典型鲜明的西班牙殖民城市特色，为现代人再现出十八世纪西班牙古建筑群的完美风貌。

安提瓜曾经遭受数次毁灭性的大地震与火山爆发，从许多遗留下来的废墟遗址上仍可看出这个曾经的西班牙殖民统治中心当年的辉煌与繁华。灾难重建后的城市、房屋都很低矮，站在安提瓜山顶那巨大的十字架下俯瞰四周，整个小古城的景色一览无遗。危地马拉人笃信宗教，在全国一千五百万人口之中，几乎人人都有信仰。据说百分之五十五的危地马拉人信奉天主教，百分之四十五的人信奉基督教。也许危地马拉人在山顶上竖立起这个巨大的十字架的原因之一，就是祈求上帝保守看护这个几经火山爆发、地震毁灭的古城，将平安赐予在这片土地上生活着的二十万信奉天主教与基督教的居民。

最让马可难以忘怀的是游览安提瓜区的一个咖啡庄园。危地马拉盛产全世界最优秀的咖啡，这是因为它地处热带，海拔高，气候温和，适宜的气候加上肥沃的土壤造就了种植咖啡的绝佳环境。危地马拉内有七个主要的咖啡种植区，其中安提瓜区出产的咖啡，享有全世界品质最佳咖啡的声望。北京以及世界各地的"星巴克"咖啡店里卖的上等咖啡饮料都有来自安提瓜庄园的咖啡原料。

在咖啡庄园里，庄园主让马可与他的年轻朋友们骑着高头大马，怡然漫步在绿荫田野里。庄园主介绍说，安提瓜区之所以出产世界上最好的咖啡，除了三个火山之间肥沃的土壤及亚热带温和的气候之外，还有一个重要的因素，就是当地的咖啡农场主掌握着丰富的园艺知识，并对咖啡怀有真挚的热爱。在二十一世纪的今天，这儿的人们仍旧沿袭着传统的生活方式。热情的庄园主让马可与他的朋友们亲手学习了如何用原始古老的手工方法制作咖啡，使来访的年轻人大开眼界。

听着马可生动地描述他的咖啡庄园之游，让我这个平时从不喝咖啡的人对这号称世界第一的安提瓜咖啡产生了兴趣。马可告诉我，他们造访的这个咖啡庄园所生产的咖啡在市面上无法买到，因为一家日本公司与庄园主签了合约，买断了所有产品。但这合约上有个例外，即庄园主可以卖给来访的游客们一点零星咖啡作为纪念。马可边说，边从他的旅行包里取出了两小袋安提瓜咖啡，作为他这次旅游回家送给父母的礼物。

按捺不住好奇心，第二天清晨起床后，我请内子用她的咖啡壶制作了一杯马可带回家来的安提瓜咖啡。果然名不虚传，当咖啡壶里的水煮沸时，一股浓浓的香气飘散着，弥漫在屋内的空气中，还没有喝到这咖啡，仅仅闻一下那独特的香气就已经是一种享受了。

煮好咖啡后，内子端给我一小杯没有加糖与奶的纯咖啡。我用舌尖在杯子边上舔了一下滚烫的咖啡，立即感受到这安提瓜咖啡丝绒般的质感和纯度，它浓郁绝妙的熏烟味道在我的舌尖与唇间流连忘返，徘徊不去。

坐在起居室的沙发上，我慢慢地品尝着这诱人浓郁、与众不同的安提瓜咖啡，惊喜地发现越喝越有一股甜美与甘苦混合在一起的神秘滋味，越喝越令人难以忘怀它的深沉，它的醇香。

细想一下，难道马可不正如这与众不同的安提瓜咖啡吗？他没有随波逐流地选择流行的旅游方式：吃喝玩乐、住星级旅馆、游览名胜古迹，却选择了一个与众不同的历程——吃大锅饭、睡简陋的宿舍、为贫困山区的陌生人奉献爱心。他拍摄的照片中少有流俗的喧嚣和年轻人的浅薄躁动，那田野里的黑草莓、穿着传统民族服装的妇女、西班牙风格的古老建筑、用山石铺设的石街路……无一不映射出他丰富沉静又纯真的心灵。博大的爱和深沉的情感在他的生命里扎根、成长、开花、结果，此刻我正品尝着这美好的滋味……

马可说：将来有机会的话，他会重游危地马拉。

写于二〇一四年，五月十六日

儿子的医学梦

小儿子马可三岁时，有一次我与内子带他去医院看病，当他看到医院里穿着白大褂的医生时，还在不停地用小嘴吸吮手指的他，奶声奶气地说："我要当医生！"我和内子听到后，只把它当作幼儿的戏语，没有当真。

出乎我们意料的是儿子三岁时讲的这句话，竟然变成他长大后真正的梦想。

儿子上初中时，嘴巴里偶尔仍嘟囔着说长大了要当医生。我们半信半疑，但为了圆他的梦，便为他找了一位退休的数学教师补习数学，因为我们猜想，想当医生的人也许必须要有很好的数理化基础。这位数学教师是一位很虔诚的基督徒，儿子在她家补习数学课之前，她总是要求儿子先背诵一段圣经经文。几年下来，虽然我不晓得儿子的数学进步了多少，但可以肯定地说，儿子在这位数学补习老师家里倒是学会背诵不少圣经经文。

让我印象最深的是儿子背诵旧约圣经《箴言》第三章。这章圣经长达三十五节，儿子可以从头到尾，一字不差地把它背诵得滚瓜烂熟。其中有这样一句警句：

She is a tree of life to those who embrace her，those who lay hold of her will be bless.

这句英文版的经文可译为："凡拥抱上帝的人，便拥有了一棵生命树；凡依靠上帝的人，便会蒙福。"（箴 3：18）

从此，"生命树"（a tree of life）这个词深深地印记在我的脑海里了。

儿子上高中时似乎开始认真做起想当医生的梦来。他连续两年利用暑假去一家医院做义工。他在医院为病人服务，在病房里扫地、送饭，兴致盎然地干了许多又脏又累的活。他人小胆大，寒假时独自一人飞去美国东部的圣路易斯市，跟随一位在当地享有盛名的外科医生 Dr. Suen 进入手术室，观察他如何为病人做那些血淋淋的心脏外科手术。

儿子上高三时，我被查出罹患末期肾癌，六个月内连续做了两次大手术。在那些日子里，他经常陪我跑医院，当他得知自己的父亲的生命也许只剩下一年时，他说："我想作一名医生"。

儿子考进了加州圣地亚哥大学。这是一所很好的综合性大学，在现职教授中有五位诺贝尔奖获得者，其中两位教授任职于生化系。儿子选修了生物学以及其他与医学有关的课程，因为修读这些医学预备课程是报考医学院的必要条件。

中国有句成语"十年寒窗"，形容学子长年刻苦读书。在美国学医要经历十年以上的漫长旅程。与中国的教育体制不同，美国的大学不设有医学专科。医学院只招收具有四年大学学历的本科生。医学院的学习时间是四年，再加上担任住院医生（实习医生）的二三年，一个人拿到医生执照可以行医时将是三十岁出头的年龄了。换句话说，美国医生的前半生大部分时间都在学校里读书。

在美国医生是一个很受人尊敬的职业，所以在大学的新生群体中，特别是那些被虎爸虎妈们寄予厚望的华人子女，梦想当医生的年轻人比比皆是。但真正梦想成真的人为数并不多。深奥的生物课程、激烈的竞争、刁钻的考试使得许多选修生物主课的大学生半途而废，转而去选修其他一些较为容易的课程。能够坚持把大学里的预备医学课程学完是件不简单的事。

儿子的四年的大学生活丰富多彩。他没有像其他那些立志当医生的学生们那样整天拼命地啃书本。他把他的小提琴带去了校园，参加了一个大学与社区合办的交响乐团，每星期都参加乐队的排练与演出。

在大学一年级时，他交了一个女朋友。女孩子很漂亮，长得很像好莱坞那个演《黑天鹅》的女影星娜塔莉·波特曼。但他们交往的时间不长，不到一年就吹了，为此多愁善感的儿子还伤心欲绝了一般时间，考砸了几门功课。好在儿子从小与父母很亲近，他在这段情绪低落时期，经常打电话给我与内子，向我们倾诉他的苦恼。我这老爸以过来人自居，与他分享了自己年轻时遇到的感情上的困惑，鼓励他振作起来。而内子坚定地对他说："我们相信将来上帝一定会为你预备一位最好的妻子。"

在大学期间，儿子参加了学校附近的一间华人教会。他被选为教会青年团契的负责人。青年团契的活动很多，儿子经常带领青年团契里面的大学生去社区辅导弱势族群的孩子们文化课。在教会里他还参加了一项事奉，去帮助流落在圣地亚哥市老街头的那些无家可归的流浪汉。每个周末，他都会在自己汽车的后车厢里装满了瓶装饮用水和一些罐头食品，驾车去城市中心的老街头，把食物和水分发给那些流浪汉，与他们谈心，向他们传福音。我曾一度担心他的人身安全，因为主流媒体经常报道，在这个社会底层的群体中有不少人沾染上吸毒、打架、酗酒等恶习，但儿子似乎对于自己的安危毫不在意。在老城的街头，他甚至与几个流浪汉交上了朋友。大学四年学习期间，他从没有间断过这份义工。

大学毕业后，他"卧薪尝胆"两年，为报考医学院做准备。在这两年中他仅挣到美国劳工法规定的最低工资。因为每个月的薪酬低微，他没有钱出去自己在外租房子，于是搬回家住了。

美国医学院非常难以考进，除了必须在大学里修读医学预科课程外，报考人还必须度过两道难关。

第一道难关，报考人必须有在医学领域里有做义工的经验。这包括曾经在生化研究所、医院、门诊里工作或是义务服务过。倘若报考人曾经有机会参与过医学研究，并且在美国的医学杂志上发表过科研文章，那就会更加有利。

第二道难关，报考人要参加全国统一的医学院入学考试，The Medical College Admission Test，简称 MCAT。这个全国统考是用来评估报考人解决问题的能力、批判性思维、书面分析能力以及在科学理念与原则方面上的知识。考试分四个部分：1）化学与物理，2）生物学与生化学，3）批判性思维与推理技能，4）心理学与社会科学。

儿子在过第一道难关时很幸运，他遇到了一位贵人——我的癌症主治医生 Dr. Pal。在一次门诊中，Dr. Pal 听说我有个儿子打算学医，便主动向我提出可以让儿子来医院到他的部门工作。

我的癌症主治医生是一位年轻的肾癌、膀胱癌专家。他幼年时是个天才儿童，上小学、中学时连续跳级，十八岁大学毕业，二十二岁医学院毕业，二十六岁就成为肿瘤医学博士了。他虽然年仅三十出头，却已经在美国的权威医学杂志上发表了一百多篇学术论文。许多美国的制药厂和科研公司都与他合作，把他们研发的新药让 Dr. Pal 用于他的病人临床试验上。儿子马可在他手下的具体工作是为他在癌症临床试验中取得的数据做分析处理，并写出总结报告来，另外他也跟随在 Dr. Pal 左右，观察他如何为癌症病人做诊断。

Dr. Pal 对马可想当医生的梦想大力支持与鼓励，他为马可创造了良好的工作环境，使得马可可以积极地参与他的临床试验论文的准备与写作过程。在短短的一年里，马可参与了三篇临床试验论文的写作，成为这些科研论文的集体作者之一，他甚至是其中一篇论文的第一作者，这三篇论文均发表在美国的医学杂志上。

然而儿子在他报考医学院的过程中犯下一个错误判断。他曾经做过调查，了解到医学院录取的大学成绩平均分数 GPA，以及全国统一医学院入学考试 MCAT 的平均分数。他天真地以为只要他达到医学院录取的平均分数线，便有希望考入医学院。

儿子的这个误判让他在申请医学院的过程中几经周折，吃了不少苦头。原来美国医学院在录取新生时分数线不是唯一的标准。因为美国是一个多民族的国家，学生族裔的多元化使医学院校招生、录取政策上有一个公开的秘密，即对不同群体的申请人采用不同的标准。儿子万万没想到，因为他的亚裔背景，即使他达到了医学院录取平均分数线，却只有 20.4% 的录取可能性。但如果报考生是非裔，被医学院录取的可能性竟然高达 80%。也就是说，在相同的平均分数线上，非裔学生被录取的可能性比儿子要高出四倍。

儿子要面对的不平等竞争对手不仅仅是非裔学生，根据二〇一四年报考美国医学院的资料，在同等医学院录取平均线上，白种人的录取率是 30.6%，西班牙裔的录取率是 61.7%，他们的录取率均高于亚裔的 20.4%。（注释 2）

在儿子报考的几十个医学院中，有五个医学院答应让他去校园面试。为了面试，儿子买了套新西装、一双新皮鞋。他反复练习面试中考官可能提出的问题。这五所医学院分布于美国东、西部不同的几个州，我们二老对儿子的面试全力支持，我们省吃俭用，提供给他买机票和订旅馆的费用。但每次面试下来，儿子都是乘兴而去，铩羽而归。

对儿子来说，这是一段痛苦难熬的日子。一封封未录取通知书都意味着他当医生的梦想变得越来越渺茫。眼睁睁看着他几个要好的朋友接到了医学院的录取通知书，而自己却一无所获，他的精神承受着挫折与打击。

但儿子从来没有在我面前把他心里的苦水吐出来。他照常按时去一位皮肤科医生的门诊室上班，下班后他照常去一家健身房锻炼身体，并在一个业余篮球队打球。每当我去医院接受临床试验治疗，内子因为教授小提琴课无法接我时，下班后，他总是开车去医院接我回家。每当 NBA 有精彩的篮球比赛时，他总是打开电视，陪伴我一起看球赛，让我这癌症末期病人享受到父与子的天伦之乐。

我曾经婉转地试探他，是否考虑放弃他当医生的梦想，转而选择其他比较现实的行业，因为以他的亚裔背景，百分之二十的命中率仿佛是在中彩票。儿子的回答并没有让我感到意外，他说他不会放弃他的梦想，如果今年没有考进，他将卷土重来，重新报考医学院。他说他准备在打工之余回去大学修几门课来充实自己。

我曾半开玩笑地问儿子，他是否感到孤独、寂寞，是否想找一个可以敞开心扉，推心置腹的女朋友？儿子回答说，他现在无此打算，再说倘若考进了医学院，根本没有时间与精力去谈恋爱。

七月初的一个清晨，我正在社区的小公园散步，口袋里的手机铃声响了，耳边传来儿子稳重的声音："爸爸，刚才有一个医学院通知我，我被录取了。"

我几乎不敢相信自己的耳朵，只觉得心脏跳速增快，两腿发软，顿时跪倒在公园草地上，感恩的眼泪止不住地流下来。

儿子离家去医学院的前一天，他与妈妈单独促膝谈心到深夜。他含着泪向妈妈倾吐心里话。他过去对医学院录取标准的误判，自己没有竭尽全力地学习，收到未录取通知时的挫折感……。他说他之所以没有把肚子里的苦水告诉爸爸，是因为他不想让身患末期癌症的爸爸为他担忧。他谦卑地说，他之所以能够最终被录取并不是他人为的努力，而是上帝的眷顾与恩典。因为儿子考入的这所医学院今年有二千多报考生，学院仅录取了一百零八人，录取率百分之五。

在美国医学院的开学典礼上，有一个隆重的 White Coat 仪式，即每一位新生走上主席台，由医学院的教授亲自披上白色外套，象征着这些新生的人生从此改变，他们将为治病救人的崇高使命而奉献自己的一生。

望着在开学典礼上英俊潇洒的儿子身穿洁白的外套，我的脑海里霎时浮现出一棵茂盛的生命树。这棵"生命树"生长在一片肥沃的土地上，还是株小树苗时就被上帝智慧的灵泉滋润着。这棵"生命树"愿意做善事，在浓密的树荫下让无家可归的人憩息。这棵"生命树"有鼓子韧劲儿，在酷旱的日子里不放弃，凭着信心期待着春雨降临。这棵"生命树"谦卑自牧，把荣耀归于上帝。

注释：

1）Mark J Perry，"Acceptance rates at US medical schools in 2014reveal ongoing discrimination against Asian-Americans and whites"，AELdeas，January 4, 2015

写于二〇一五年，七月三十一日。

儿子马可的美国医学院毕业典礼
（一）

在培育三个孩子成长的过程中，参加他们从小学到大学的毕业典礼是我们家庭生活中的一件大事。不管我们的工作有多忙，我与内子几乎每次都会到场出席。我唯一缺席的一次是女儿在美国克利夫兰音乐学院（Cleveland Institute of Music）的毕业典礼，因为她毕业的那天，我被送进医院动了一次外科手术。记得当时是小儿子马可飞去克利夫兰市，代表我们全家人参加了姐姐音乐学院的毕业典礼。每当我想起那次的缺席，心里总是感到内疚与遗憾。

在我罹患末期癌症的十二年期间，我一共参加了四次孩子们的毕业典礼。其中有两个双胞胎儿子路加与马可的高中与加州圣地亚哥大学（UC San Diego）的毕业典礼。女儿以琳在南加州大学（USC）的硕士学位毕业典礼，以及小儿子马可的医学院毕业典礼。最令我难以忘怀的是马可的医学院毕业典礼。这是我一直渴望参加的仪式，因为在美国生活的四十年期间，我从来没有目睹过医学院的毕业典礼，很想去开一下眼界，亲身感受一下美国培养精英分子的医学院与普通大学有什么不同之处。

为了参加三个孩子之中这最后一次毕业典礼，早在半年前，我们全家就开始筹备，甚至连我九十岁的老岳母也跃跃欲试，不顾自己年老多病的身体，想与我们一起去远行。马可的医学院毕业典礼预定在五月二十四号，他很早就为我们预定了旅店，并安排了具体的行程计划。然而天有不测风云，就在毕业典礼两个月之前，二〇一九年三月十一日，我被送进了希望之城医院，在医院待了长达九天之久。

那次住院的主要原因是我的下肢严重浮肿，体内积累了五十英镑的水分。原本"身材苗条"的我变成了一个如同电影里"大金刚"（Donkey Kong）似的庞然大物，奇丑无比。我的双脚肿胀得无法穿上鞋，以前穿的中号内裤，不得已改成了特大号。由于我的腿部浮肿得太厉害，我的膝盖甚至到了无法弯曲的程度。我的心脏更因为承受不了体内突然积存了这么多水分的压力，心律失常，感觉好像是跳不动了，我觉得自己要死了。我的癌症主治医生 Dr. Pal 在三月十一日的一次门诊检查后决定让我立即住院，接受进一步的检查与治疗。

因为无法查出病状的起因，医生怀疑我是一位高危病人，可能把未知的病毒传染给其他医护人员，于是我被安置在一间单独的隔离病房。在我的病房门口贴着一个告示，警示这是一间隔离病房，闲人不可入内。与一年后在全世界爆发的新冠状病毒的病人处境相同，任何进出我病房的人都要全副武装——戴着口罩与防护面罩，穿上消毒的工作服。这些工作服一出门就立刻被扔进了垃圾桶。

为了查出我的病因，护士每天要在我的胳膊上抽三四次血，将血样提供给不同科室的医生，医生从不同的医学角度分析我的血液成分。我的胳膊上被针扎得百孔千疮，特别是左手，因为输液管插在左臂上，我那原本弹钢琴的修长、漂亮的左手，肿胀了三倍之厚，惨不忍睹，我仿佛成了一个怪物。在这间隔离病房里最令我茶然沮丧的是，看来我不能去参加期待许久的小儿子马可的医学院毕业典礼了。我的癌症主治医生 Dr. Pal 保尔医生查病房时鼓励我说，我们终究会查出病因的，你不要失望，到时候我也会与你一起参加马可的毕业典礼的。我没有把他的话当真，他这么一位美国著名的肾癌医学专家，怎么可能去参加一个病人孩子的毕业典礼呢？况且我现在又病重到如此地步，根本无法出远门。

不同科室的医生团队马不停蹄地对我的病情做分析研究，虽然最后确定我患的不是传染病毒，解除了隔离，但仍然无法确诊真正的病因，直到在第八天的一次心脏超声波检查中才发现是我的心脏出了大问题，需要转诊到一个心脏专科医生那儿做特别的检查。

出院回家时，医院为我配备了大小不同的氧气筒与制作氧气的机器，我的家仿佛变成了一个布满吸氧器的急诊室。

心脏科医生是 Dr. Frank Lin 林医生，他的诊所在 Covina 市，离我家不太远。我怀着忐忑不安的心情走进他的诊所，因为他的医疗诊断将决定我是否可以参加儿子马可的毕业典礼。他非常严肃地对我说，我所患的心脏疾病叫作"二尖瓣反流"（MR）。他进一步解释说，每个人的心脏都有四个瓣膜，它们均起单向阀门作用，使血液只能从一个方向流向另一个方向而不能倒流。而我的一个心脏瓣膜出了问题，导致大约有超过百分之五十的血液在右心室倒流。因为我是一个高风险末期癌症患者，他不敢为我打开心脏去做修复心脏瓣膜的外科手术，但他可以选择用最先进的医学技术，为我做一个叫作"经导管二尖瓣修复术"（TMVR）。这是近年来新兴的微创技术。接受这个手术的患者三十天生存率为 69.3%，一年生存率为 47.4%。他问我是否愿意尝试一下这个手术。

我听后立刻回答他我同意做这个手术，因为它起码给我一线希望，如果手术成功，我也许还能去参加儿子马可的毕业典礼；如果不成功，死在他的手术台上，对我来说，也许是比死于癌症更好的解脱。

这位原本持着严肃冷静态度的心脏科医生听到我这个病人的奇谈怪论，大为惊叹。转而一反常态，把脸颊伏在他的办公室桌上哑然失笑了许久。这可能是他从医多年来第一次听到一个临近死亡的病人以如此轻松的口气对他有关生死决定的治疗方案做出的回答。

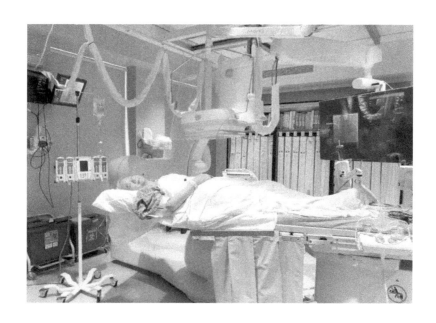

在美国每年就有四百一十万例"MR"患者，其中百六十七万需要手术治疗。在中国大陆，"MR"患者在一千万以上，但外科手术治疗率低于2%。我决定冒险让林医生在我身上做这个手术。手术定于四月十七日，距离儿子马可的毕业典礼只有一个月了。

记得我被推入一个类似星球大战电影里的指挥室，里面装饰了一面巨大的电脑屏幕。在麻醉师为我注入全身麻醉药的时候，我向神祈求："主啊，如果是你的旨意，请圣灵降临到这个手术室，让这位心脏外科医生顺利地把两个夹子精准地插到我的心脏瓣膜上，阻止血液倒流，让我可以去参加儿子马可的毕业典礼。"

六个小时之后，我从麻醉中清醒过来。我被告知：手术成功。至于我的身体状况是否允许我参加马可的毕业典礼，没有人可以预先估计到，我们只有把一切都交托给上帝了。

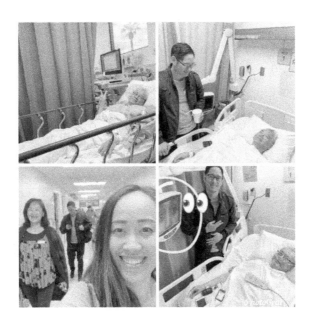

感谢神的怜悯，在一个月内我的健康慢慢地恢复起来，直到毕业典礼的前一天，我们全家决定让我去参加！全家人分兵三路出发。马可提前几天与三位同学一起开车，先去学校做一些准备工作。而我们五个家属分开两部轿车，由大儿路加开他的车，带着九十岁高龄的岳母；女儿以琳开我们的车，带着我与内子，这样车内可以有充足的空间带上我的氧气筒与行李箱。

马可的医学院毕业典礼在亚利桑那州凤凰城附近一个叫作方山市的小城（Mesa），距离我们家三百八十英里（六百一十公里）。在高速公路上要开五个多小时，对我这个刚刚接受心脏手术的大病号来说是非常具有挑战性的冒险旅程。五月二十三日，我在女儿与内子的精心呵护下一路风尘，穿越了美国西部广阔荒凉的沙漠地带，顺利抵达方山市。

在近六个小时的行程中，我怀着愉悦的心情观看着路边沙漠地区的奇峰异石。最令我叹为观止的是那些在沙漠上孤独生长的热带植物仙人掌，它们似乎有着非常顽强的生命力，在常年干旱的环境下竟然可以生存下来。听说这种仙人掌的寿命可长达二百年之久。

二十四号的晚上，我们全家人在方山市找到一家法国餐厅吃饭，而马可带着他的女朋友 Sandy 桑迪去参加医学院教授为毕业生举行的一个私人宴会了。

写于二〇二〇年，七月六日

待续

儿子马可的美国医学院毕业典礼
（二）

儿子马可就读的这所医学院不是一所名校。但四年前来报考这所
小医学院的二千多报考生中，学院仅录取了一百零八名学生，录

取率5%。而在这"梁山泊一百单八将"中，有五名学生因为无法完成紧张的学业而退学了，所以这一届毕业生只有一百零三人。尽管毕业生的人数不多，但学院还是租了Mesa市的一间豪华音乐厅——方山市艺术中心的池田剧场。

在毕业典礼的前一个小时，我们全家到达池田剧场。剧场内几乎座无虚席，大约有上千人出席。在那儿我意外见到了我的主治医生Dr. Pal，这真是让我惊喜万分！原来他是我儿子马可的特邀嘉宾，在毕业典礼上他将把一个象征毕业的绶带连领帽hood亲自挂在儿子马可的脖子上。

我的这位肾癌主治医生——苏曼特·保尔医生 Dr. Pal 是个天才。他上中、小学时连续跳级，十三岁考入了大学里的一个特别班。这个特别班里的学生需要在四年内完成高中与大学八年的全部课程。他十七岁大学毕业时，与他同龄的孩子们还在读高中呢。这位年轻人二十一岁读完了医学院，二十五岁成为医学博士。在短短的几年内，在美国的权威医学杂志上，他发表了一百多篇学术论文。许多美国的制药厂和科研公司纷纷前来与他合作，把他们研发的新药让苏曼特·保尔医生用于他的病人临床试验上。他经常被邀请去美国各地的医学研究会议演讲，介绍他的临床试验进展与成果。这么一位著名的美国医学专家，在百忙之中竟然抽空飞来亚利桑那州凤凰城出席儿子的毕业典礼，令我受宠若惊。他告诉我，这是他从医十二年来第一次参加一位病人家属的毕业典礼，他还特别给马可写了一张热情洋溢的卡片：

"亲爱的马可，我感到多么的荣幸能够被邀请在你的毕业典礼上亲自为你戴上学位连领帽。时间过得真快，我感觉就好像是昨天才遇到你的父亲。而在夏天当我们一起做研究的时候，日子就更显得短了。从我见到你的那一刻起，我就知道医生对你将是一个合适的职业选择。你仁慈、善良、体贴他人，仅凭这些特征再加上一些装备就会让你成为一名出色的医生。在最近几个月里，在帮助你的父亲经历另一道难关期间，你已经证明了你的才华与能力。此刻我几乎没有什么教训可以传授给你。你曾经在我的诊所工作了一段时间，我想你知道我的策略是"让我的诊所成为我快乐的地方"。希望你让你的工作环境成为你快乐的地方。拥抱责任，陶醉在成功中。如你需要我的时候，请给我打电话。蒙蒂"

读到 Dr. Pal 对儿子这番高度的评价，我有点不敢相信自己的眼睛，心里暗暗怀疑，我的这个儿子真正具备 Dr. Pal 在卡片上写的那些优秀品质吗？但我知道对马可想当医生的梦想，Dr. Pal 给予了大力的支持与鼓励。几年前他为儿子创造了良好的工作环境，使得儿子可以积极地参与他的临床试验论文的准备与写作过程。在短短的一年里，儿子参与了三篇临床试验论文的写作，成为这些科研论文的集体作者之一，他甚至是其中一篇的第一作者。这三篇论文均发表在美国的医学杂志上。儿子还跟随 Dr. Pal 左右，观察他如何为癌症病人做诊断，他成为儿子考入医学院的导师。

在这个培养美国精英分子的医学院毕业典礼上，我原来以为会听到一些高谈阔论、高深莫测的科学术语，但实际上毕业典礼上每一位演讲人的演讲都非常简明扼要、朴实无华。在毕业典礼开始时，一位教授做了一个简单的祷告，他的声音低沉优雅，他被圣灵充满。这位教授的祷告一下子就触碰到了我的灵魂，让我感觉到仿佛在参加一个布道会似的。

在毕业典礼上令我印象深刻的是所有的毕业生大声地集体宣读一个非常感人的职业誓言，以此表示他们对于即将进入医生这一崇高职业所持有的态度与人生观：

"在此我确保我对即将进入的职业的忠诚。我将始终铭记我的伟大责任，以维护我的病人的健康和生命。作为一名医生和朋友去保持对他们的信心和尊重，以审慎正直的荣誉和忠诚保守他们的秘密。忠实地履行我的专业职责，始终如一地以我良好的判断力与我的技能和能力采用那些公认的治疗方法，时刻牢记自然规律和身体固有的康复能力。

我会时刻保持警觉，促进社会大众的健康福利，维持社会的法律和机构，不从事那些以任何方式给我本人或我的职业带来耻辱或失信的行为。我不会给任何人致命的毒品，尽管有人可能会向我寻问。我将本着改革、合作的精神，努力与我的同事们保持一致的合作，绝不通过口头或行动对他们或他们的合法做法进行指责。我将尊敬所有曾经教导过我的导师，我将忠诚于我的医学院，永远为学院的最大利益和在我之后的医学院学生的利益而努力奋斗。我将时刻关注把基础生物学真理进一步应用到愈合艺术和发展骨科医学的原则，这是我们医学院创始人安德鲁·泰勒博士最先阐述的原则。"

毕业典礼中的"重头戏"是听一位特邀嘉宾的演讲。演讲人是一位资深的女医学博士——琳达•汤姆斯-海麦克，Linda Thomas-Hemak 她毕业于常春藤联盟教育学院。让我大吃一惊的是，她这个内部演讲的重点不是歌功颂德地夸耀世界上在医学领域里占据领先地位的美国医学教育上的优势，而是谦卑地教导这些美国精英分子的后起之秀，要集中于圣灵的果子和上帝赐予他们特殊的超级能量。琳达女博士在这所美国小医学院的演讲主流美国媒体没有报道，其中涉及的许多有关美国医疗系统上的议题，对于生活在完全不同制度下的中国大陆读者，也许很难真正理解其含义。但我还是在此精选几句她在这个精彩的演讲中给我留下深刻印象的几个警句，供读者们欣赏：

"我的这个演讲将集中于圣灵的果子和超级能量，其实我们每一个人都拥有他们，并且他们与医学的基本原则有着直接的关联。但只有真正通过发现并怀着优雅、感激和慷慨之情分享这些圣灵

的果子和超级能量，我们才能积极地改变我们的世界，推进人类的进程，改善全球的健康。

请珍惜并记住这一时刻。毕竟这是你们经历多年的早起晚睡，辛勤工作，充满惊心动魄的艰难和压力而获得的时刻，更是经历那些令人敬畏的救赎时刻的结果。请记住：当你们刚刚晓得自己对别人的生命产生了令人难以置信的积极影响的那一霎间所感受到的快乐。在那些为他人服务的神圣时刻，你们不仅实现了你们的医生身份，也实现了你们的'治愈者'身份。

虽然我很喜欢科学，但我同样以灵性为动力，总是崇敬超越我能力的上帝的大能。作为一名天主教和耶稣会学者，在我的生活中我被教导和激励以圣灵的九大果子为指导为人类服务。从实际经验中我认识到，实际上这些圣灵的果子是非教派的，并且是每个人生命最重要的品格的最佳版本。圣灵所结的这九大果子是：

仁爱 love

喜乐 joy

和平 peace

忍耐 patience

恩慈 kindness

良善 goodness

信实 faithfulness

温柔 gentleness

节制 self-control

有时候你可以把一切都做得很完美，一切都照章办事，但世界还是有它自己的一套计划。优雅地接受，有时自然力量比我们最好的意图和大多数循证的努力更强大。在这些时刻，真正地站在人性的谦卑中，让自己放下你确实无法控制的东西，把你如此慷慨地给予患者和患者家属的善良和同情扩展到给你自己和你的同事。

你的爱心是你的医学使命的动力站，但一名医生顶级的超级能量是镇定。镇定是一种镇静自若的能力，它存在于最伟大的仁爱和关怀中。即使在感情上，对大多数人来说，那是在无法抗拒的情况下也是如此。你不会吸收、反映或投射来自患者、患者家属或护理团队成员的能量，这是你通过你的镇定和病人与家属对你的信任，以及对神圣空间的深度尊重，巧妙地管理病房间里的能量，让你释放和分享你的治愈的能量。

请记住这一点：永远不要说：'我无能为力'。因为在人最脆弱的时刻，即使在生命最后的日子里，也总是有你可以为他做些事情的机会。不要成为一个修补者，一根拐杖，而要成为一个真正的治愈者。"

毕业典礼的时间不长，大约在两个小时之内就结束了。之后毕业生们与医学院的校长、教授、以及亲朋好友们欢聚一堂，在池田剧场的一个厅院内共同庆祝这一个难忘的时刻。

中午我们全家人请 Dr. Pal 一起去一家意大利餐厅吃 Pizza。在路上 Dr. Pal 交给我一张他亲笔写的祝福卡片，字里行间洋溢着对儿子马可的期望，令我动容：

"亲爱的约瑟和戴安娜，今天是你们多年辛勤工作和奉献的结果。你们培养了一位了不起的年轻人，我为能成为他职业生涯的一部分而感到非常自豪。约瑟，我经常想到我们多年来在一起的时光。当你与肾癌作战时，你表现出难得的稳重自若和优雅的风度。你和戴安娜展现出极大的怜悯与同情心。很明显，我在马可的身上看到他承传了你们的这些品质。我期待看到马可在他的职业生涯中取得进步。自私地说，我希望他能进入肿瘤学，这样他就能在我退休后接我的班，继续为你治疗（从现在开始再二十年！ btw!）祝贺你们！蒙蒂 "

一天之内我连续读到 Dr. Pal 两次写的高度赞扬马可优秀品质的卡片，让我突然意识到也许我与内子真地培育了一个怀有博爱与怜悯、同情心的儿子。为了庆祝这个难忘的日子，我与内子在一家叫作 Mastrov's 的餐厅请全家吃牛排与海鲜大餐。我告诉孩子们，随便点这家豪华餐单上的任何一道菜，一起尽情享受欢乐时光，我们二老会付全部的费用。

Mastrov's 餐厅提供了一流的服务。当他们听到马可的女友 Sandy 提及我们这一桌预定的晚餐是为了庆祝一位医学院刚毕业的医学生时，立即为我们印刷了几张特别设计的餐厅菜单，上面用黑体字写道：Congrats Mark! 祝贺马可！

记得餐厅里的灯火那天有些幽暗，食客们则攘往熙来，空气中飘浮着牛排与海鲜的香味。在食客的喧哗与杯觥交错声中，一群年轻貌美的女侍者与英俊的男侍者们不停地穿梭往来。我与内子静静地坐在餐桌的一角，看到平时勤俭节约的孩子们，兴奋地点了一个有两英尺高的小冰塔。这是这家餐厅的招牌美食，在这个冒着强烈白色蒸汽的冰塔上，摆满了来自阿拉斯加的大螃蟹腿、来自美国东海岸 Maine 缅因州的大西洋大龙虾，和美国西海岸盛产的大肉螃蟹，以及新鲜的活虾与牡蛎。

孩子们从小没有吃过黑鱼子酱 Caviar，等他们吃完晚餐，我付账单时才发现他们要了三小盒非常昂贵的野生黑鱼子酱。这使得我们这顿餐饮的账单特别昂贵，当三个孩子发现我们破费了上千美元去付清这顿豪华晚宴后甚感后悔，一再向我们二老为他们的无知道歉。但我们二老认为这不是什么大不了的事情，能够全家团聚，让孩子们如此尽情享受一下美食，一起庆祝马可的医学院毕业典礼，这快乐是金钱买不到的。

第二天大清早，我们一家人兵分两路：小儿子马可与他的女朋友 Sandy 以及内子与女儿一行四人，开车直接往内华达州拉斯维加斯市去布置马可租的公寓房，他将在内华达州大学的医学院附属医院，接受长达三年之久的内科医生训练。而大儿子路加开车把我这个大病号与年迈体弱的岳母带回南加州的家中休息。

内子与女儿，儿子马可与他的女朋友的工作效率特别高，几位能干的"女武将"仅用一天半的时间就把马可新租的房子安顿好了。第二天晚上，她们在拉斯维加斯市中心观看了著名歌星 Celine Dion 的音乐歌舞会。

内子与女儿以琳是二十八日那天顺利返回家的。一进家门她们俩就争先恐后地向我讲了一个儿子马可的故事。原来在马可带着一位男同学与两位女同学提前几天开车去亚利桑那州凤凰城的路上，他们遭遇到一场突如其来的沙漠狂风。这场风暴把正在高速公路上行驶的一部旅游车抛向空中，又狠狠地摔下来，车子四轮朝天地翻滚在路边，两位车主被困在车内，没有办法爬出来。

马可迅速把车子停在路边，走上前去抢救困在车里的驾驶员，发现他们是一对年迈的夫妻，还活着，急忙递送了两瓶水，安慰他们不要紧张，救援人员马上就会到来。这时马可在事故现场听到一丝轻微的声音，他怀疑是车子里的煤气桶在泄煤气，很容易引发大爆炸，为了另外两位女同学的安全，他阻止了她们参与抢救过程。

当救护车人员赶到现场，把两位老人送去附近的医院接受进一步的治疗之后，现场指挥救护的负责人对马可在紧急情况下临危不惧，镇定自若的处理方式大加赞赏。

当内子与女儿七嘴八舌地讲述马可这个故事的时候，我被震撼了。经历了这么大的事故，马可竟然在与我们一起吃意大利 Pizza 和 Mastrov's 吃豪华晚宴时，若无其事，一点儿也没有透露给我们。这时候我才意识到为什么我的主治医生 Dr. Pal 会在给马可的祝贺卡上写下那句话："我见到你的那一刻起，我就知道医生对你将是一个合适的职业选择。你仁慈善良，体贴他人，仅凭这些特征再加上一些装备就会使你成为一名出色的医生。"

我恍然大悟，原来主治医生对马可的期待，毕业典礼上琳达·汤姆斯 - 海麦克 Linda Thomas-Hemak 女博士在演讲中强调的九大圣灵的果子与镇定自若的超级能量，早已融化在这位年轻人的生命中了。对他来说在荒野的高速公路救助一对翻车的老人只是他职业生涯中的一个平凡举动，没有必要向自己的父母大惊小怪地啰唆叙说。

毕业典礼之后，我在马可的脸书上看到了他写下的一个简短感言，感谢所有的亲朋好友多年来给予他的支持与陪伴。他引用了《圣经》（耶 29：11）的一段经文："我知道我向你们所怀的意念是赐平安的意念，不是降灾祸的意念，要叫你们末后有指望"。（For I know the plans I have for you, declares the Lord, plans to prosper you and not to harm you, plans to give you hope and a future.）（Jeremiah 29:11）

写于二〇二〇年，七月二十四日希望之城医院 City of Hope Hospital

第四部　杂谈随笔

从买旧车谈起（一）

在南加州橙县五十七号高速公路上，轿车向北奔驰着。我坐在车内，惬意地观赏着车窗外南加州三月的美丽风光——清澈的蓝天，高耸挺拔的棕榈树。车子的隔音设备很好，几乎听不到车子本身引擎的发动声和周围高速公路上交通的喧杂声。也许是还不太熟悉这部轿车的性能和功用，内子把车开得很小心谨慎，比她平时开车的速度要慢多了。

这是一部我和内子上星期临时起意去买的轿车。我们的三个孩子再过两个月就要从他们学习的大学和研究院毕业了。因为目前三个孩子只有两部旧车，很久以前，内子和我就计划再给他们买一部便宜的二手车，这样三个孩子毕业后就可以各自行动，去找工作，独立生活了。

上星期的一个夜晚，内子突发奇想，为什么我们二老不去买一部新点儿的车，把我们现在开的这部旧的凌志车转给孩子们开呢？她这主意立即遭到我直觉的否定。在我看来，目前这打算不太适宜于我们家的特殊情况。

我在直觉里反对是有原因的。其一，从这个月起我因病退休了，家里的经济情况有较大的改变。其二，我已经答应两个儿子，帮助他们偿还他们的学生贷款。如果我们再买一部新一点儿的车，就没法兑现我的诺言了。其三，我的病情越来越不好，几星期前拍的 CT Scan 证实癌细胞已经扩散到肺部了。我不想在我去见上帝时给内子留下太多的债。另外我们目前开的这部十一年前出厂的旧的凌志跑得还不错，再多开几年应该不会出什么大问题。

从一般的常理来看，我反对的理由似乎合情合理。但那天夜晚，我最终还是同意了内子看似不合情理的大胆"奇想"了。

内子的想法是，我们全家现有的三部车都是多年前买的旧车，每辆车的车龄都在十年左右，已经跑了十万多哩了，如果再去买一部便宜的旧车，那我们家就真像开"旧车行"了。她心里有个愿望，希望趁我还活着的时候，我们一起去买一部新点儿的车子，一起去体验买车时的那种经历，开着这部车带我去医院看医生。她还说，如果她以后自己生活的话，她不想再独自去买车了。至于孩子们上大学和研究院借的学生贷款，内子说，如果神让我多活些日子，我们就尽力想办法帮助他们偿还，但如果神早些时候接我回天家，让他们有些债也不见得是件坏事，也许反而会让他们学会更有责任心，更有独立性去努力工作还债。

回想在美国生活这三十多年，除了买房子之外，也许买车是人们生活中的另一个"大件"了，特别是在美国中、西部公共交通不方便的地区，没有车几乎是寸步难行，很难谋生。

生活逐渐地教会了我如何去买这"大件"，买车不要追求华丽奢侈，而要注重安全和经济实惠。近年来我们从未买新车，而是挑选大约有三四年车龄，跑了四万至七万里的旧车。这种车有很高的折旧率，只需花费新车一半的价钱即可买到。同时我们也可以从买旧车的过程中给孩子们做个榜样，不要只追求自己的享乐，车子只是一个交通工具，省下的钱可以去帮助那些生活中遇到难处，需要帮助的人。

我们老两口统一思想后，当天晚上就上网挑选我们喜欢的旧车，没花多少时间就锁定了三部旧车，都是二三年的车龄，跑了低于三万里的凌志 LS460，这是一种性能很棒，质量很好的车型。

我们没有马上去车行看车，而是在电话里与三个车行分别进一步了解这三部车的车况，当然电话中每位卖车的经理都施展了他们的专业魅力，热情地邀请我们去他们的车行看车。一个车行位于富有的好莱坞比利华山庄，另一个车行位于橙县，但原车主也住在好莱坞比利华山庄。最后一辆车是在 Costa Mesa，是两个埃及人合伙开的车行，多年前我们有两部旧车都是从他们那儿买的。

尽管我们想要买的旧车比新车便宜了几乎一半，我们还是需要去银行申请贷款，因为我们没有足够的现金储蓄。于是在网上填了买旧车的贷款申请，并在电话里与银行贷款员说明了我们买旧车的意愿。银行贷款员说，只要我的财务信用好，寄去我上个月的工资单，证明我的收入，她就会即刻着手办理。

正好二月底是公司按原工资发给我的最后一次工资，从电脑把它传给银行后，一天之内就收到银行批下贷款的信件，而且是市场上最低的利息，只有 1.75%。看来商业界也如同朋友之间的人际关系一样，信誉高的人好办事，在困难时会有人帮助，没有钱也能轻易地借到最低利息的贷款。

拿到银行的贷款同意书后，我们决定去那个埃及人的车行看车，因为他要卖的那辆车虽然跑的里数多些，但比另外那两部车要便宜一万美元。

在车行接待我们的不是埃及老板本人，而是一位年轻人，他叫 Mo。Mo 说老板去看牙医了，嘱咐他一定好好地接待老板的老顾客。

这部凌志 LS 460 是三年前二〇一〇年出厂的，银灰色，跑了二万七千里，车子的内部是黑色，保养得很好，看上去与新的没什么不同。内子试车完后，Mo 问我要不要试开一下，我说不必了，太太说好就可以了。

我们在车行的办公室坐下来谈价钱，我这辈子买东西从不会杀价，只是客气地问了一句，老板是否有指示给我们减价，Mo 出去给老板打了一个电话，回来讲，老板说因为我是他的老顾客朋友，可以减少一千美元。当 Mo 了解到我们准备把我们的旧车给孩子开时，又主动热情地提议帮助我们把旧车彻底大清洗一下并打上蜡，让孩子有如开了一部新车的感觉。他的提议让内子和我喜出望外，因为我们知道这种服务挺贵的，至少要花掉他二百多美元。

当我们办完了买车的手续之后，车行的那位埃及老板看完牙医也回来了。握手言欢之后，他让我们看了当时他买进这部车的买单原件，是四万二千元，他讲他从这部车上并没有赚到什么钱。我算了算也真是的，买进四万二千，卖出四万四千，又减了一千，花掉帮我们去洗旧车的二百多元，他真正的利润还不到一千元。临别与他握手告别时，他对我很诚恳地说，我这个老顾客的精神面貌不像罹患末期肾癌的病人，在与癌共舞的日子里还能再次光顾他的车行买车，对他来讲意义不凡，让他深为动容。

在从车行回家的高速公路上，我坐在舒适的车内，看着内子平稳地驾驶着这部刚买来的凌志 LS460，车里的导航电子系统不停地自动报告我们所开之处的地图和方向，有点像坐飞机的感觉，心中不禁油然而生一股感恩之情。

在我们的生命中，每天以心存感恩的心态去生活，诚恳待人，上帝就一定赐给我们平安喜乐和幸福。从这次买车短短几天的经历中，上帝让我体会到内子对我的深沉的爱和人际关系之间温馨的友情。以心存感恩的心态去生活，我们就可以享受到上帝赐予我们每一天的宝贵时光。以心存感恩的心态去生活，我们欢喜快乐地把买来的旧车当新车开。

写于二〇一三年，三月十日

从买旧车谈起（二）

六年前的二〇一三年三月，我与内子去买了一部旧车 Lexus LS460，
回家后我写了一篇日记，记录下我们一起买车的过程。这篇 "流
水账" 似的日记对我来说意义非凡，因为这是我在罹患末期肾癌
的风烛残年用中文写的第一篇处女作，是我写作的起点。这些年
来我从没有想过再写一篇有关买旧车的续文，因为我一直认为六
年前那次难忘的买车经历是我与内子相濡以沫共同生活中最后一
次买车了。

然而今年八月一日，在我体内的众多癌瘤全面复发之际，我与内子突然心血来潮，做了一件连我们自己都甚为惊讶的事情，我们又一起去买了一辆二手车。这次买车的前前后后比六年前更为戏剧化，令我忍不住拿起笔来续写了这篇新的"流水账"。

这次我们买车的动机不是因为六年前买的旧车出了什么故障。那部有着九年车龄的雷克萨斯 Lexus 性能极佳，从来没有出过任何问题。再加上平时我们除了去医院就诊和去超市买菜之外很少开车出远门，目前这部车子只跑了八万英里，仍处于"壮年时期"，车子状况与六年之前没有什么变化，我们还可以继续开许多年呢。

这次我们买车的起因源于小儿子马可开的那部二〇〇三年的老爷车雷克萨斯 LS350。这部具有十六年车龄，跑了二十多万英里的老爷车经常出现一些故障。今年五月小儿子马可医学院毕业时，我们曾经与他商讨，建议他去换一部三年左右的旧车。我们说可以帮助他付买车的首款，其余的费用他自己可从银行贷款。但儿子谢绝了我们的好意，他说四年医学院的学生贷款已经让他债台高筑了，他不想再增加债款。他觉得只要维修一下这部二〇〇三年的老爷车，还可以凑合着继续开二三年。

于是今年六月，在儿子去内华达大学"拉斯维加斯医学院"附属医院（UNLV School of Medicine）工作之前，我们花费了两千美元把这部老爷车维修了一番，换了一个汽缸，让它可以重新跑动起来（这部旧车的市价可能也就值几千美元）。由于这部汽车太老旧，当时儿子没有让我们去修理其他一些损坏的小零件，因为他认为不值得再花多余的钱去修理这部老爷车了。

今年六月底的一天，儿子要开车离家去内华达州拉斯维加斯市做实习医生工作。这是一个值得纪念的日子，他就要开始独立生活了。看着他把行李箱装进车厢，一切都准备得井井有条，我们二老走出大门，站在门外，恋恋不舍地与他拥抱告别。我们心里明白，这一走就很难像以前那样可以经常见到他了。因为美国的实习医生非常忙，逢年过节都要值班，很少有机会放假回家。我们看着他把车子从家门口的停车场倒退到马路上，把车头调转方向后开始加速油门，这时突然一块黑色的板子从车子的底部脱落在地上，发出刺耳的刮地皮的声音。内子立即冲了上去，招手示意他把车子停下。儿子下车后便与妈妈两个人一起趴在车子底下试图找出问题所在。

原来那是一个从底盘上脱落下来的发动机飞溅保护罩 Engine Splash Shield。其实很早以前这个保护罩就脱落过，按正规程序我们应该把车子拿到 Lexus 车行的修车厂，让专业维修人员换一个新的保护罩。但我们觉得这个老爷车不值得送去 Lexus 车行去修，便凑合着土法上马，用胶带把保护罩粘贴在汽车的底盘上。显然这些胶带经不起汽车的颠簸而脱落了。

我站在远处，看着儿子从车里取出备用的胶带，与内子一起在南加州六月的盛暑骄阳下趴在汽车底下，费了九牛二虎之力把保护罩重新粘贴在底盘上，心里不禁担心起来，如果儿子在开往需要四五个小时才能达到拉斯维加斯的路程上，这些胶带在路上再次脱落了怎么办呢？

七月里的一天，有一位热心的青岛读者刘方先生来我家探望我，与他一起来的还有他正在读高中的儿子。与这位第一次见面的青岛老乡聊天时，我随意讲起了自己对小儿子开的那部老爷车的担心。我半开玩笑地说：“真没想到我这个刚从医学院毕业的儿子是如此勤俭节约，坚持要开那辆老爷车去医院上班。”

其实这部老爷车还有许多其他的小毛病——它的右侧外后视镜坏了，不能自动调节方向，我们也是用胶带把它固定住，才敢开车上路。另外它的四个车门中的三个车门都坏了，特别是右前车门，每次打开时总会发出吱吱的响声，令人担心这车门要掉下来。另外这右前车门还无法从外面打开，需要驾驶人从车内伸过手去打开开关。对正在谈恋爱的常医生来说，实在造成许多不便。

设想一下，常医生若开车带女朋友出去约会，却不能像那些恋爱中的男孩子们一样走到车前，展示着优雅的绅士风度，主动打开车门，有礼貌地请女朋友坐进他的车子里，而是要让人家女孩子一个人孤零零地站在右车门外，等着他绕到车子的左边，钻进车里，再从驾驶座上探过身去，伸手把车门打开，这多少都会有些窘迫尴尬吧。

我对这位青岛老乡讲起儿子和老爷车的故事，只不过是随便找了一个闲聊的家常话题，并没有什么特别的目的，也没有期望他发表什么意见。不料这位刘方先生听后，立即正色地对他正在上高中的儿子讲："你听到了吗？人家的孩子医学院毕业，当了实习医生却还在开一部近二十年的老爷车。而你只不过是一个高中生，就已经与老爸商量要老爸在你上大学之后给你买新车了。咱们实在是应该向常医生学习呀！"刘方先生的反应实在出乎我的意料。

前面说过儿子执意不换这部老爷车的主要原因是他认为四年医学院的学生贷款已经令他债台高垒，而美国实习医生的工资不高，他要等到三年实习结束后，才有经济实力开始去还贷款。到那时他的学生贷款利滚利。又会增加不少，他不想在这期间再增加债务了。

从七月份开始，儿子的第一份实习医生工作是在医院急诊室的加护病房。在加护病房里的病人都是在生死边缘上徘徊的重病号，这是一个责任重大、非常紧张繁忙的部门。因为是新手，儿子为了让自己更好地进入工作状态，他早出晚归，每天工作时间长达十二至十六个小时。有时候忙起来一整天都没有时间吃饭。我们二老听到他的工作如此辛苦也帮不上他忙，只有在家里默默地为他祷告，求天父给他力量与智慧，可以胜任这份责任重大的工作。我们平时也不敢给他打电话，生怕打扰他的休息。每天高强度工作之后的那仅仅四五个小时的睡眠时间实在宝贵。在这期间他也很少给我们打电话，我们只能偶尔从他在脸书上发的简短信息得知他的近况。

七月的最后一个星期，我们意外地接到了他的一通电话。他在电话里说，在开车去医院上班的路上，那部老爷车突然停摆了，车子已经被拖到一家修车店检测，发现是交流发电机 Alternator 坏了。他正在等待一位同事前来带他去医院上班。儿子的这通电话让我们二老开始怀疑，当初我们决定让他开这部老爷车是否是一个明智的选择。这部小毛病频发的老爷车似乎跟不上每天工作长达十二至十六个小时的实习医生的紧张节奏。

接下来发生的事最终让我们二老对这部老爷车彻底失去了信心。那是七月底，儿子开着这部老爷车从拉斯维加斯回家。他下车时，我看到他从车里取出一块破损的黑色板块，原来在回家的路上发动机 "飞溅保护罩" 又从汽车底盘上脱落下来了。我看着他手里的这块残缺不堪的保护罩不禁怜惜起儿子来。虽然没有追问他这次故障的详情，但可以想象得到，儿子开着这辆老爷车行驶在从内华达州开往加州的高速公路上，车子突然出现状况，只能把车停在路边，在这前不着村，后不着店的荒凉沙漠地区顶着烈日，趴在滚烫的地上，查看因为胶布失效而脱落的发动机飞溅保护罩……。这实在是一件不安全，甚至有些危险的事儿。但儿子似乎没有把它当回事儿，他说，若是把车子开到 Lexus 修车厂，换一块保护罩要花四百美元，而自己上网买一个新的保护罩则只需要三十美元左右，他可以把车子开到附近的修车行请师傅装上，这样的话可以节省三百美元。

那天晚上我们二老私下达成了共识，儿子在今后紧张繁忙的三年实习医生工作期间，不应该把他有限的精力花费在维修这辆老爷车上了。我们决定把我们现在开的这部九年车龄的 Lexus LS 460 让给儿子，我们自己再去买一部车龄更短一些的旧车。

上网搜索旧车是我的强项。这些年来孩子们从高中开始学开车到大学毕业后买的车都是我在网上为他们搜索到的旧车。久而久之，甚至有些朋友听闻我买旧车经验丰富，也会请我上网为他们寻找物美价廉的旧车。这次也不例外，七月三十一号，我只用了一天的时间，便在一个叫作 CarFax 的网站上锁定了一部旧车。这个 Carfax 是北美地区专门提供旧车信息的网站，它庞大的数据库号称储存了二百亿份有关在美国五十个州与加拿大十个州的二手车资料。令我印象最深刻的是这个网站提供的汽车历史报告 Vehicle history report 里面详细记录了车子的出厂日期、维修保养项目与日期、是否出过交通事故、迄今为止跑了多少里数等重要信息。据说当年这个网站的创始人 Ewin Barnett III 就是为对付充斥二手车市场上里程表骗局的乱象而建立了这个资料库，很受消费者的欢迎。

我在这个网站上找到的这部二手车，与我们六年前买的那部是同样的车型雷克萨斯 Lexus LS 460。这部二〇一五年出厂的旧车只跑了二万六千英里，价格却仅有新车的一半。在这部车的汽车历史报告上有着完整的维修保养记录，同时显示没有任何交通事故记录。

第二天，八月一号上午，我按照 Carfax 提供的电话号码给卖家打了一通电话，想询问一下这部车是否还在市场上销售。接电话的车行推销员叫罗密欧，他显然是一个很有推销技巧的工作人员。他告诉我，已经有一个外州人对这部车感兴趣。（不知道是真是假）但若是我今天到他们的车行来，他可以保证让我有优先权买下。他还说，这部旧车没有讲价钱的余地，必须按照现在标出的价格四万二千美元出售（这是真的）。我在电话里对他说，我们手头上没有这么多现金，除去把银行里的现金存款与可从信用卡上借点临时"抱佛脚"的现金作为首付款之外，还需去银行 Credit Union Bank 申请贷款，等到银行批准贷款之后再去看车。我查看了一下地图，他的车行位置于圣地亚哥市西部靠近墨西哥边境地区，开车需要两个小时。在没有获得银行贷款之前，仅仅去看一下车，白跑这么远的路不是一个明智的选择。但罗密欧在电话那头向我提出了一个诱人的建议，他说如果我的信用记录良好，即使银行贷款还没有批下来，今天我也可以把车子开回家。

罗密欧的这个建议打动了我，于是我与内子决定去这个车行看车。临出门之前，我们把小儿子也拉进车里。但儿子对我们心血来潮的决定大感不解，他不明白为什么我们要在年老多病之际再举债买车，而且又是如此地仓促上阵。我们一时也无法向他解释清楚，只是央求他帮忙当我们的司机，因为这个卖车的地方离我们家太远。

儿子开了两个多小时的车，终于把我们带到了目的地。一下车就看到罗密欧早已经在车行大厅门口迎候我们。他热情地把我们带入一间备有自动咖啡机的休息室，让我们休息片刻，喝杯咖啡。他说他已经把我们想看的雷克萨斯车停放在大厅外面了。

当我第一眼看到这部白色晶亮的雷克萨斯车型时就被她吸引住了。虽然这部车的型号也是 Lexus LS460，但她与我们六年前买的那一部普通版车型的 LS460 大不相同，这是一部 F Sport 运动版的跑车。她给我的第一印象她仿佛是一个充满灵感的移动艺术品。她车头两侧的翼子板上标识特有的 "F SPORT" 铭牌，显示着其特殊的运动版身份。她的车身线条设计的动感流畅，勾勒出年轻、时尚、优雅的曲线美。

罗密欧请我们一家三口坐进车里试车，由内子开车，罗密欧坐在副驾驶位置上，我与儿子坐在后排座椅上。内子一边小心翼翼地开着车，一边仔细聆听罗密欧讲解车子内部的一些细节，特别是中央控制台上那些复杂的电子设备的名称与功用，导航、收音机、多媒体、电话、系统设计、空调控制等功能。我几乎没有听他们交谈的内容，因为即使我努力去听，也知道自己听不懂这些新科技。但突然罗密欧说的一句话却深深地钻进我的耳朵里，"这个雷克萨斯 F Sport 运动型的跑车在旧车市场上是稀有品，一般来说，一位车主若拥有这辆豪华品牌的跑车都不舍得轻易把她卖掉。"

我静静地坐在后排宽大舒适的座椅上，座椅是用真皮包裹的，对身体的支撑性很到位。与这款车夸张、豪华的外观设计相比，车内的设计风格与内饰配置比较保守、简洁，营造出我喜欢的舒适温馨的气氛。

试完车后，罗密欧把我们带到车行的财务部门，接待我们的是一位今年初才上任的年轻财务主管。这位年轻人与我握手言欢之后，开门见山地对我说："我查了你的信用报告，你是我见到的信用分数最高的人。"

"我的信用分数是多少呢？"我好奇地问他。长期蜗居在家养病的我，这些年来一直没有查询过自己的信用报告。

"你的信用分数是 837，几乎接近满分 850 了，这是非常少见的，只有百分之十的消费者可以达到如此高的信用分数。"

"那么今天我可以把这部跑车开回家了？"我半开玩笑地问道。

"当然可以，你的信用实在是太棒了，我现在就把买卖的合同写好，你签字后就可以把车开走了。但是请记住，你需要在一个星期之内把银行贷款办理好。"

我有点不相信自己的耳朵，在美国生活了近四十年，这是第一次在还没有获得银行贷款之前就可以把一部新买的汽车开回家。在离开车行之前，为了纪念这次不寻常的买车经历，我们与罗密欧一起拍照留念。

在车行的停车场上，我把我们原来的那部九年车龄、银灰色的雷克萨斯 Lexus LS460 的车钥匙交给儿子说："从现在开始，你就是这部车子的主人了。谢谢你今天陪爸爸妈妈来买车，你若是不肯来，我和妈妈要各自分别把这两部车子开回家。"

儿子似乎对我们二老在一天之内做出的闪电般的决定还没完全反应过来，他从我手中接过车钥匙，诚挚地对我们说："谢谢爸爸妈妈，但我觉得自己不配开这么好的车。" 我心里暗自在想：看来这个勤俭节约的儿子还需要一段时间才可以把他原来的那部老爷车完全忘掉。

在回家的路上，我坐在这部新买的跑车的副驾驶座位上，看着内子一反常态，飞快地在高速公路上驾车奔驰。由于是运动版跑车，所以可以在短短不到六秒钟内把车速从零加速到一百公里。内子似乎想测试一下车子的这个性能，她在高速公路上一路狂飙，车速有时会飙升到每小时一百五十公里。看到一路上被我们甩到后面的车辆，我们二老大有返老还童的感觉。

内子后来解释说，其实当时她并没有意识到自己超速许多。因为这部车的驾驶座位比普通轿车的要低一些，使人感到更加接近地面，增加了十足的运动感，很容易刺激驾驶人开快车。另外这辆跑车具有一个先进的由电子控制的自动适应多种变化能力的空气悬架系统 Adaptive variable air suspension system。它可以把地心力的中心降低，减少由于开高速而引起的颠簸，增加车子的稳定性与灵活性，所以即使内子飙车到每小时一百五十公里左右的速度，坐在车里的人仍然感到车子行驶的非常稳定。

第二天，八月二号，在《微信》朋友圈里，我心情愉悦地发了几张在车行买车时拍照的照片，许多亲朋好友纷纷表示祝贺，大家都认为我买到了一辆物美价廉的二手车。然而一位山东老友陈兄的一句留言引起了我的好奇心。他是这样写的："在美国像你这个年龄的人还可以贷款吗？在中国是绝无可能的。"

我立即与陈兄在《微信》上交谈，询问他为什么？他告诉我说："在中国像我们这样的老年人无法获得银行的贷款。这是因为中国的银行业对超过六十五岁的老年人的偿债能力没有信心。"他甚至说："甭说是汽车这种消费品了，就是把房产抵押给他们都不可以呢。"

陈兄的一席话提醒了我，让我开始担心我的银行贷款是否也会遭到中国老年人被银行拒绝的同样命运。毕竟我是一个老年退休人员，更糟的是我还是一个癌症末期患者，银行会放心地把钱借给我这么一个随时会去见上帝、身患重病的老年人吗？

我随即给银行贷款部门打了一通电话。接电话的是一个女职员，我把买车的合同以及车行财务部那位年轻总管的联系信息转发给她，并告诉她，车行只给我一个星期的时间去获得银行贷款，希望她可以尽快批准我的贷款申请。女职员告诉我由于我的信用分数很高，我可以得到 2.7% 的最优惠利率，她只需要两天的时间便会为我把贷款手续办好。

挂上电话，我深深地松了一口气，看来美国银行业在评估债务人员的偿债能力与偿债意愿时是"重在表现"，只关注债务人员过去的信用记录，并没有把债务人的年龄，或者癌症末期患者生命期限等不利因素包括在他们的综合的评估里。我猜想也许这是基于西方文明社会所遵循的契约信守精神所致。由于我的信用分数极高，银行的贷款部门对我的诚实信用毫无怀疑，即使他们晓得我是一个老年人，一个随时都会结束生命的癌症晚期患者，他们也毫不犹豫地批准了我的贷款申请。

《圣经》说："要常常喜乐，不住地祷告，凡事谢恩；因为这是神在基督耶稣向你们所定的旨意。"（帖前 5: 16-18）这些天我与内子的心里充满了感恩。我们感谢天父给了我们这么一个不注重物质享受，怀有谦卑感恩之心的儿子！我们感谢天父让我们可以尽父母的微薄之力，把我们的旧车给儿子开，让他可以集中精力专注于治病救人神圣的医生的职责！我们感谢天父在我的癌症第六次复发之际心里仍然充满了喜乐，我们感谢天父让我们二老在年迈之际返老还童，开着跑车在高速公路上狂飙……

写于二〇一九年，八月二十二日

鱼池里的故事

我家后院有个鱼池，里面养了十几条锦鲤，每天清晨走到鱼池边喂鱼是我的一大乐趣。

鱼池位于起居室的窗下，二十多年前，一位日本园林高手为我们设计建造的。当时建造这个鱼池时，那位日本园林师搬来几十块不起眼的石头，把它们随意放置在鱼池坑的周围。多年之后我步入暮年，闲暇时经常在后院散步，才逐渐地发觉这个静静地坐落在后院角落的鱼池竟然是如此的安详、雅致、静谧。鱼池周围的每一块石头都好像是经过深思熟虑的设计而放置在那里的，看上去是那么浑然天成，仿佛是大自然用她那神工鬼斧之手创造出的天生产物。这些大小形状不同的石头与池水里沉潜自如、悠然自在的锦鲤以及内子在鱼池旁边种的多种植物构成了一幅动与静的美妙画面，映射出那位日本园林师创作构想的高雅意境。

鱼池吸引了许多天然的野生动物，在众多来访者之中我特别喜欢一对红蜻蜓。因为蜻蜓生性爱水，在常年干旱的后山坡上，鱼池为这对红蜻蜓提供了一个憩息的乐园。它们时而贴在水面上盘旋，时而伸展它们轻薄透明的翅膀，展示像直升飞机一样可以停在空中不动的绝技。最令我愉悦的是看到这对红蜻蜓一动也不动地站立在鱼池边植物叶子的顶尖上，在阳光下它们的翅膀折射出五颜六色的光彩，挺立的身躯显得格外轻盈、俏丽。

日本园林师在鱼池南边的角落修筑了两个阶梯，让从过滤器里循环出来的水自上而下，顺势流回到鱼池里。这两个流水阶梯成了许多野生鸟儿定期沐浴的"贵妃池"，让我偷窥到许多漂亮的小鸟"贵妃出浴"的场景，这其中有身披靓丽艳蓝色羽衣的蓝松鸦，有叽叽喳喳唱个不停的黄雀，还有曾经被毛泽东误列为"四害"之一，在中国遭受到灭顶之灾的麻雀。

在后院鱼池养鱼不是一帆风顺的，鱼池建造工程完成之后，我与内子迫不及待地跑去离家不远的一家鱼店，以十美元三条的便宜价格买了十几条小锦鲤鱼苗，把这些五颜六色、活蹦乱跳的小锦鲤鱼苗放进它们的新居。之后我们日复一日翘首以待小锦鲤快快地长大。

在我们的精心喂养呵护下，两年之后这十几条锦鲤鱼苗已经"长大成人"了。正当我们每天乐滋滋地观赏这些日趋活跃、艳丽的锦鲤时，一场不幸的灾难毫无预警地将临于鱼池。有一天，不知从哪儿飞来一只巨大的白鹤，她有着一双细长的腿与一个长长的嘴巴，趁我们不留意飞入鱼池里饱餐了一顿，待我发现时五条可怜的锦鲤已被她吞入肚内。

这是一只非常饥饿的鹤，五条锦鲤似乎并没有满足她的食欲，尽管她被我的吼声吓跑了，却并没有远离她的"犯罪现场"，她停留在对面山坡上邻家的房顶上，虎视眈眈地遥望着我的后院，伺机再次扫荡鱼池。

我与她隔着山谷遥遥对阵了两个小时后略感疲惫，便回屋休息了。不多时从鱼池那儿传来一阵嘈乱的扑通、扑通的搅水声，我跑出门外，看到大白鹤站立在鱼池里，细长的双腿仍有一部分露出有四英尺水深鱼池的水面，正在尽兴地低头攫取、吞噬着她的猎物。看到手无寸铁的我朝鱼池奔来，她不慌不忙地咬住一只红色锦鲤的头部，张开她那巨大的白色翅膀，慢悠悠地腾空而去。留下惊悚不堪的我站在鱼池旁，眼睁睁地仰头望着那条靓丽的红锦鲤扭动着身躯，被大白鹤的长嘴巴咬着，无力地在空中挣扎。

侥幸没有被大白鹤吃掉的几条锦鲤霎时失去了这么多朝夕相处的同伴，兔死狐悲，物伤其类，在空荡荡的鱼池里惊恐万状地四处躲藏。它们最终没有逃脱劫运。在四个月后的一个漆黑夜晚，一只负鼠possum悄悄潜入鱼池，尽情地美餐了一顿，把残留在鱼池里的锦鲤抄斩灭门，没有留下一个活口。

经历了两次"鱼池浩劫"之后，内子与我悟出了一个道理：在这野生动物出没无常的后院山坡上养鱼几乎是一件不可能的事情。大白鹤、负鼠、土狼、蛇、山鹰，这些山坡上的"原住民"或过路客会随时光顾我们小小的鱼池，猎取毫无招架之力的锦鲤鱼的性命。

正当我们守着空荡荡的鱼池束手无策之时，一位内子学生的妈妈带来一只白色的小狗。她说这是一只无家可归的狗，流浪到她的家门口乞讨食物，因为她家已经养了一只狗，无法收留这只流浪狗，所以把她带来我们家。

这是一只刚出生几个月的 Samoyed 小母狗，她的家族发源于俄罗斯西伯利亚，有着一双可爱的大眼睛和一只非常漂亮的长尾巴。她天生丽质，毛发雪白柔软，内子与我看到她就一见钟情，立即收留下她，为她取名 Snowy，中文译名"雪儿"。

自从家里增添了雪儿这个新成员之后，山坡野地里的"原住民"不再敢大摇大摆地入侵后院了。于是我们又重新买了十几条小锦鲤鱼苗，荒凉空旷的鱼池又恢复了生机。雪儿是一只非常机智的"保安"，十几年来，每当有"敌情"时，她会不停地叫喊，直到企图侵入后院的野生动物离开才罢休。在鱼池附近，她曾经捕捉到好几只负鼠，立下了辉煌战功。在雪儿的守护下，鱼池里的锦鲤平安无虑地生活了十多年，原本小小的鱼苗现在都长得很大了。

养好锦鲤鱼需要保持鱼池里水的清洁。日本园林师在设计建造鱼池时，在池的底部建造了一个排水管道。每个月我们用马达把鱼池的水从这个排水管道抽出一部分来，这些抽出的脏水并没有浪费掉，而是被引导到后院山坡用来灌溉山坡上的植物。

除了定期在鱼池抽水、换水之外，我们每年还要对鱼池做一次"大扫除"。把锦鲤从鱼池里捞出，暂时存放在一个临时搭起的水池里，然后把鱼池的水抽干，用高压水龙头把沉淀在鱼池底部的污泥清除干净。

前不久我们请李师傅来"大扫除"。李师傅来自沈阳，是位鱼池维修高手。他不仅仅把鱼池清理得干干净净，还为我们换了新的鱼池抽水马达，并且把鱼池的过滤器也打开清理。

李师傅清理鱼池后的第三天，吃完早餐，我拿着鱼食，像往常一样坐在鱼池边的一个石凳上喂鱼。过去充满了污泥浊水的"黑龙潭"现在变成了清澈见底的"青龙潭"，长期沉淀在鱼池里一层厚厚的黑污泥被李师傅的高压水枪清除之后，鱼池底的水泥本色裸露出来，十几条五颜六色的锦鲤在清清的水里翩翩地扭动着娉婷袅娜的身躯，摇摆着轻薄透明的尾巴，呈现出一幅令人赏心悦目的场景。

正当我沉醉在眼前这一美景时，突然注意到锦鲤的游速开始加快起来。一开始我还误以为这是鱼儿们因为池水变得清澈而欣喜雀跃的一种表现，但当它们游得越来越快，相互追逐，游到鱼池的两头快速转弯甚至跳出了水面时，我才意识到这是一个不寻常的举动，原本宁静的鱼池一时间变得骚动不安起来。

锦鲤鱼们一反常态的燥乱、骚动把平时与他们相处融洽的雪儿也吸引过来。当看到锦鲤跳出水面，雪儿本能地竖起她那机警的双耳，前爪踏进水池里的一个台阶，做出了即将捕捉猎物的准备动作。尽管我再三手忙脚乱地告诉雪儿，不要干涉锦鲤鱼的"自由"，但她无视我的劝说，全神贯注地注视着鱼池里的动态，随时准备着为了鱼池的"维稳"而采取果断行动。

鱼池里的骚动继续升温，鱼儿们跳出水面又跌落下去的水花到处飞溅。雪儿在鱼池周围像巡警似的来回走动，几次差点跳进水里抓捕这些"聚众滋事"不安分守己的锦鲤，而我在一旁生怕雪儿做出"仇者快，亲者恨"的举动，数次力阻雪儿，让她不要多管闲事、轻举妄动。

这紧张的局面僵持了两个多小时，直到内子从屋内向我喊话，提醒我去修车厂的时间到了，因为我们最近接到汽车制造商的通知，说我们汽车的油箱原设计有瑕疵，需要送回修车厂改造。

在去修车厂的路上，看着我仍然心系鱼池，心神不定的样子，内子开玩笑地说："我给你打个一百元的赌吧。我保证雪儿抓不到鱼。那些鱼游得那么快，雪儿怎么会抓到它们呢？"

两个小时之后，我们从修车厂回来，一进家门我便迫不及待地冲去后院。果然不出我所料，一条硕大的黄锦鲤躺在离鱼池三米远的地上，我一眼就认出这是一条我们养了二十多年，个头最大的一只锦鲤。不晓得她躺在这水泥地上多久了，两边的鱼鳃轻微地呼吸着，几乎没有了气息，她的尾部有一大块伤痕，地上有一摊血迹。看到我走过来，她无助地看着我，双眼似乎流下痛苦的泪水。我用颤抖的双手把她从地上轻轻托起，小心翼翼地把她放回到鱼池中。一进入水中，她深呼了几口气，缓慢地加入了其他锦鲤的行列中。

这时我紧绷的心才松弛下来，猜测这一定是雪儿闯的祸，便在后院四处寻找她，想狠狠地教训她一顿。

也许被刚才这条在地面上乱蹦乱跳、垂死挣扎的黄锦鲤吓坏了，也许雪儿的本能使她意识到她的"维稳"行为侵犯了她守护多年的锦鲤的权益，伤害了主人的宠物，她自知闯了大祸，悄悄地躲藏在院子里的一处枞树下低着头、蜷伏在地上，两只耳朵耷拉下来。看着她那一副天真无知的可怜相，我心中的怒火一下子息减了大半，原本一大串涌上心头责骂她的话，只发泄了一两句便都烟消云散了。

我走回到鱼池边，想再看一眼那只受伤的黄锦鲤是否仍旧活着，这时我才注意到，鱼池的水面上漂浮着一层白色泡沫，这些泡沫越来越多，越来越浓厚，把水中的锦鲤遮掩起来，让我无法清楚地看见那条受伤的黄色锦鲤。我恍然大悟，锦鲤下卵了！

原来鱼池里一反常态的骚动是锦鲤产卵之前的前奏。鱼儿们急速的游水动作，一蜂窝地相互追逐，腾空跃出水面都是他们春情发作的一种表现，这些浮现在水面上的白色泡沫代表了几十万个鱼卵。我把这难得的壮观景象用手机拍摄下来，把照片贴到我的《微信》朋友圈里，即刻引起亲朋好友的兴趣，一时间众说纷纭：

有人怀疑："从照片上看不像是鱼卵，这么多鱼卵，大鱼还不都给吃光了啊。"

有人分析："水干净了，环境舒适了，大鱼们高兴地放心繁殖后代了，看来鱼妈妈在等着水干净了才肯产卵呢！"

有人担心："这么多鱼卵得能生出多少小鱼啊，你们那鱼池该放不下了吧？"

有人建议："放一些水草，鱼卵可在水草上生长，还要定时喂食，照日光保持水温，大约两周小鱼就会出现了。"

还有人建议："把鱼卵捞到一个盆里，盆里放些水草或大片树叶，鱼卵会附在水草上。放到太阳下晒，过些天没准儿就会孵出来了。"

有人叮嘱："一定要把大鱼隔开，不然它们会吃光这些鱼卵，过三天如果鱼卵变成白色，说明鱼卵没有受精，生不了小鱼；如果鱼卵成透明色或半透明，就能生下小鱼。鱼卵生下来应该是沉在水底或附着在水草上。如果真是鱼卵，很快就会生出小鱼儿的，三天以后每天都会有变化，一周就能看到眼睛和尾巴了。"

有人期待："一定拍照下变成小鱼和小鱼长大的过程！"

有人提醒："有些鱼卵会让大鱼吃掉的，没被吃的自己就会长成小鱼了。"

有人庆贺："恭喜！生机勃勃，应该将大鱼捞出，免得吃掉鱼子，鱼儿们就平安成长了。"

有人评论："顺其自然吧，让鱼卵生出小鱼是上帝的事儿，你等着就行了。"

第二天清晨，我起了个大早，即刻跑去后院，想观察一下经过一昼夜的时间那些白色鱼卵是否会有变化。当我走近鱼池边不禁大吃一惊：昨日鱼池水面上那一层浓厚的白色泡沫已经消失得无影无踪。十几条五颜六色的锦鲤，若无其事地漫游在清澈透底的池水中，仿佛什么事也未曾发生过。

我看见内子手里拿着一个水管，正在往鱼池里灌输新鲜的水，原来她已经把鱼池里的白色泡沫与肉眼可瞧见的鱼卵全部清除掉了。我急忙问她为啥这么做，她淡淡地说："咱们这小小的鱼池哪能容得下那么多鱼苗，你别太贪心了。"

看到大势已去，我想起了她那句开玩笑的打赌，说："别忘记你还欠我一百元呢。"

她不服输地答道："也许那条黄锦鲤是自己跳出水面，落在水泥地上的，并不是雪儿抓到的。"

写于二〇一五年，六月一日

病中养鸡

"五星级酒店"

十一月初，我因急性阑尾炎被送进急诊室与手术室，做完手术出院时医生再三叮嘱：两个月之内我不可以手持超过五磅重的东西。因为我的特殊病情，手术后的恢复将会比一般病人困难些，时间也会久些。

这个医嘱给我制造了一个难题：每天我无法走下后院的山坡去喂鸡了。无奈之下，今天我与内子将我们养了多年的鸡忍痛全部都送给前来打理院子的园丁。为了与它们道别，我拿起照相机走进鸡圈，想为它们拍摄几张临别留念的照片。但它们似乎已经预感到一种不祥之兆，惊恐万分，一反常态地东藏西躲，不让我接近它们。

在蜗居家中养病的六年期间，养鸡成为我这癌症病人每天生活中的一大乐趣。最初我们把鸡圈建在后院的一个角落，但是因为夏季鸡粪的味道太大，担心臭味在酷热的南加州夏天会随风飘到隔壁的邻居家里，于是三年前我们把鸡圈搬迁到"前不着村，后不着店"的山坡下。

这个鸡圈新址可谓是个"五星级酒店"。它坐落在我们后院山坡的西南角下。在它的西边我们种植了一片细长挺拔的竹林。竹子枝叶繁茂，宛如一道绿色城墙，为住在"五星级酒店"的鸡群设下一道天然的屏障——冬天可抵御凛冽的风沙袭击，夏天可遮掩炎炎如火的西晒阳光。它的东南边是一片开阔的山谷地，上午温柔的阳光为鸡儿们提供了舒适的日光浴，微微的东南风从山谷那边轻拂而来，带给鸡群清新的空气。

每天上午吃过早餐后，我左手拿着一盘五谷杂粮的鸡食，右手提着一桶水，走下后院山坡的石阶，沿着一条用小石板与碎石铺设的小道，慢步走向鸡圈。远远地看到我朝鸡圈走来，鸡儿们骚动地拥挤在鸡圈的铁栏门边，饥驱叩门，迫不及待地等待着我的到来。

打开鸡圈的门，我弯腰钻了进去。当我把鸡食倒入鸡槽内，这些望眼欲穿、企足翘首的鸡儿们便蜂拥而上，一头栽进争抢鸡食的鸡群里飞速地啄起来。这时我会去鸡窝里捡鸡蛋，那可是货真价实的有机鸡蛋。

在"五星级酒店"里，我的主要职责是打扫地上的鸡粪。我蹲在地上，用一个小铁铲与簸箕把地上的鸡粪捡起，存放在一个小桶子里。得益于南加州一年四季温暖的阳光，加之鸡圈位置于山坡高处，从山谷下吹来的微风加快了鸡粪风化的过程。风化晒干后的鸡粪变成了轻软的粉末。

在所有家禽的粪便当中，鸡粪的养分最高。我经常把它们当宝贝似的埋在山坡下的野地里，用来增加野地土壤中的有机质含量，并在改良后的野地里种上"爬地虎"，开垦我的"南泥湾"。由于身体虚弱，我每年只能够开垦很小的一块儿山坡上的野地，因为南加州干旱缺雨，种下去的"爬地虎"苗子的成活率很低。但我发扬了昔日"上山下乡"的精神，每年逐渐地扩展"南泥湾"的面积。六年来，这些经我亲手栽种的"爬地虎"长得非常茂盛，春天时山花烂漫一片红，这是我这几年来"与癌共舞"的一大杰作。

"原住民"

因为"五星级酒店"地处偏僻的山坡，它吸引了山谷中许多"原住民"的注意。在山谷的深林中居住了几对加州的山鹰，这些山鹰是被州政府立法保护的稀有动物，它们成对地翱翔在山谷中，构成了我在病中特别喜爱观望的一幅美丽的动感十足的景象。山鹰以捕捉山坡上的野兔与地鼠为食，我们圈养的鸡群自然成了它们垂涎三尺的猎物。它们时常近距离地盘旋在鸡圈的上空，却因无法穿越"五星级酒店"的铁丝网而"望空兴叹"。

埋在山坡野地里的鸡粪也逃脱不了几只神秘出入山谷的土狼敏锐的嗅觉。它们似乎对偌大山谷的每一寸土地都非常熟悉，只要我把鸡粪埋在野地里不出一二天，它们就会嗅到味道，夜间跑来把鸡粪刨掘出来吃。因为鸡摄入的饲料并没有完全在体内被消化吸收，约有40%－70%的营养物被排出体外，所以我埋的鸡粪成为土狼的美餐。

能够成功地潜入"五星级酒店"的不速之客是善于"地道战"的松鼠。它们以其神出鬼没的地下勘测技术与掘洞能力精准无误地在鸡圈地底下修建地道，夜晚从地道的出口进入鸡圈内寻找食物。它们喜欢蔬菜，把鸡群白天吃剩下的胡萝卜、芹菜、白菜叶一扫而光。有好长一段日子，鸡群与这些入侵者和睦相处，我也乐得其所，自认与这些松鼠交上了朋友，成了它们的"运输队长"，每天为它们提供充足的食物。

然而好景不常在，这些来去自由频繁进出"五星级酒店"的松鼠对鸡群竟然萌生了觊觎不轨之心。有一天清晨当我走进鸡圈时，发现遍地撒满了鸡的羽毛，它们是不明入侵者从鸡的脖子上撕裂下来的。望着几只鸡光秃秃脖子的残状，我不禁纳闷，这是什么样的外来动物，竟干出如此缺德的坏事呢？

我仔细地审视鸡圈的每一个角落，看不出有任何明显的入侵痕迹，鸡圈被铁丝网天衣无缝地包裹着，鸡圈的栏门没有呈现任何的缝隙。在我百思不解的那些日子里，不明入侵者对鸡群的侵犯虐待日趋严重，到了无可复加的地步。两只长着花纹的老母鸡失去了昔日的光彩，原本自称老大，在鸡群中最霸道的棕色老母鸡，因失去了太多的羽毛显得疲萎憔悴，一只披着金、黄、黑色羽毛的美丽公鸡被折磨得变成了垂头铩羽的丑八怪。

为了寻找答案，我去了宠物店请教那儿的工作人员，同时也在网络上查询，得到的答案令我大吃一惊。原来把鸡群折腾得夜无安宁、摧兰折玉的嫌疑犯竟然是外表温顺的松鼠。夜晚它们在"五星级酒店"酒足饭饱之后，夜宿"酒店"。在黑暗中"拥抱"失去明目、惊悚胆怯的鸡儿们，用牙齿轻轻地亲吻、啃咬鸡脖子上的羽毛，与鸡玩要示好。这就是为什么尽管每只鸡脖子上的羽毛全部被松鼠拔掉，它们的脖子却没有被咬伤的原因。

查明真相后，我立即采取了防御措施。我仔细侦查了鸡圈的每一寸土地，发现在这面积不到十平方米的鸡圈内竟然出现了八个地道口。我用碎石块把这些地道口一一封闭，公开向松鼠宣布它们是不受欢迎的"客鼠"。

三只"R 小姐"的命运

在送别的这群鸡中最让我恋恋不舍的是一只名叫 Rebecca 的大白鸡。Rebecca 是鸡群里最年轻的一位"小姐"。她披戴着一身略带黑点的雪白羽毛，走起路来婀娜多姿。Rebecca 生于去年三月，我与内子把她从宠物店抱回家时，她刚刚来到这个世界仅两天。与 Rebecca 一起来到我家的还有两只小雏母鸡，内子给她们取名为 Rose 和 Roberta。

这三只小雏母鸡的到来给病中的我增添了许多乐趣。三月的南加州气候还有些凉意，夜晚我把这三只小雏鸡放在一个纸箱里，纸箱的上方开一盏灯，供她们夜间取暖。白天我把纸箱搬到阳光下，让她们享受日光浴。当她们开始长出翅膀时，对外面世界的好奇心驱使她们鼓起勇气飞出了纸箱，在室内地板上跑来跑去，并在地板上撒尿、拉屎作为"到此一游"之留念。而我的任务便是跪在地上擦洗她们拉的屎尿，在地板上追逐这些娇小灵巧的雏鸡，把她们捉回到纸箱内。

在我的精心照料呵护下，三只小雏鸡很快就变成亭亭玉立的小公主了。小小的纸箱已经容不下她们日趋增大的身体，我把她们迁移到室外一个空闲的狗窝里面。这个狗窝是几年前为我们领养的一只小黑狗买的，现在小黑狗已经长大，很少钻进这个狗窝去休息。

三位 R 小姐在这个临时居住地只待了几个星期，就向我表示对狭窄的居住条件不满。每当我喂食、换水时，她们就一个劲儿地向外冲挤，她们打翻了盛水的器皿、撞倒盛鸡食的小碗，把鸡食撒得满地都是，强烈地要求改善生活环境，给她们更多的空间。拗不过她们的任性、顽钝，我与内子决定把她们搬迁到山坡下的"五星级酒店"。

当我把三位 R 小姐小心翼翼地放进山坡下的"五星级酒店"时，四只老母鸡以好奇的眼光从远处打量着新来的陌生房客。而三位 R 小姐在这新环境中显得不知所措，惊悚地蜷缩在鸡圈的门栏边。在鸡圈外，我观察了一个多小时候才放心地离开，这期间老母鸡群与新的来客保持着一定的距离，双方互不来往。我猜测她们也许需要一段时间去熟悉对方，以便和睦相处地生活在一起。

第二天清晨，如同往常一样，在柔和的晨光下，我沿着山坡石铺小道，手里拎着鸡食与水桶，慢步朝着鸡圈走去。当我走近鸡圈时，不禁被眼前的景象所震慑。静谧的阳光下，在靠近鸡圈栏门的地上，赫然横躺着两只小白母鸡的尸体，尸体的周围散落着许多从她们身上撕裂下来的白色羽毛。我当即冲进鸡圈内，认出她们是 Rose 与 Roberta。这个昔日的"五星级酒店"变成了一个阴惨的世界，两个 R 小姐的头颅不见了，切断的脖子上流出的鲜血已经凝固，她们的尸体硬结冰冷，看起来这是好几个小时之前发生的一场屠杀。

没有看见 Rebecca。一丝恐怖的念头侵入了我的脑海里，难道她被入侵者活生生地吞下肚子里了？我目光急切地在鸡圈内四处搜寻。

夜晚鸡群睡觉的木制鸡窝内、鸡窝背后、鸡群平时下蛋的一小块隐秘的角落、鸡群白天憩息的一排矮灌木丛下…… 然而一番搜寻后还是令我大失所望，Rebecca杳无踪影。

大难不死

正当我灰心沮丧，萌生了放弃继续搜寻的念头时，我的目光偶然盯住了木制的鸡窝与西边铁丝网之间的一个缝隙。这个空隙只有大约两三寸宽，不可能容得下Rebecca的大块头体积。但我还是怀着一线悬念，弯下腰走过去，顺着空隙往下看去，出乎我的意料之外，我看到了一堆白色羽毛在蠕动，定睛细看，竟是屏声敛息的Rebecca，为了逃命不可思议地卡挤在这个狭窄的空隙中。

我花了九牛二虎之力，折损了Rebecca许多羽毛，自己的胳膊上也划下了几道血印子，才把她抢救了出来。我用手捧着奄奄一息的Rebecca，感觉到自己的肺腑间满溢着令人窒息的鲜血的味道。她的脖子几乎断掉，头被削掉了半截，浑身雪白的羽毛上沾满了血迹。

我不忍心放弃濒临死亡的Rebecca，心想：若是她熬不过明天，再把她的尸体埋了也不迟，于是就把她重新放进了空闲的狗窝里面。但在接连下去的几天里，这位缺少了一半头颅，脖子几乎被咬断了的Rebecca小姐大难不死，竟然奇迹般地活了下来。一个星期后，她可以站立起来，开始进食。一个月后，她行走自如，基本上恢复了健康。然而由于她的脖子与头上的伤疤面积太大，伤痕处无法再生出羽毛，变成了永久的伤痕。

当我重新把Rebecca放进山坡下的鸡圈时，她已经是一只羽翼丰满，体格硕壮的母鸡了。尽管她的个头比其他的老母鸡高大了许多，但我发现她还是受那些比她矮小了一大截的老母鸡们的欺负。她心地善良，从不与其他的老母鸡争抢食物。为了能够让她不挨饿，每天清晨喂鸡时，我得给她开小灶，让她独自吃一碗饭。为了能够让她吃好饭，我当了她的"警卫员"，每天要站在鸡圈内半个小时，赶开那些欲来争食的老母鸡。

日久生情，Rebecca 成了我的好朋友。每天当我走进鸡圈内，其它的母鸡持有对人类的天然警戒，见到我即纷纷东闪西躲，不让我靠近。而 Rebecca 总是独自走到我面前，让我轻轻地抚摸她美丽柔软的白色羽毛，嘴巴里还咕咕地讲些我听不懂的语言。我猜想，也许她是在向我倾诉其他母鸡对她的不公，也许她是在表白，因我救她一命，并充当她的"私人警卫员"的感激之情吧。

"嫌疑犯"

因为没有亲眼目睹，我至今没有确凿证据谁是造成这二死一伤的凶手 。外来的入侵者？不太可能，因为鸡圈的铁丝网没有被破坏，看不出有任何明显的缺口。松鼠的恶作剧？也不太可能，因为若真是松鼠干的，为什么长期以来在夜晚亲吻那些老母鸡时，它们仅仅拔掉母鸡脖子上的羽毛，而不咬死它们？何况我已经把松鼠的八个地道口全部用石块封闭了。

排除了这些异类动物之后，唯一可能的"嫌疑犯"便是遇难者的同类动物——那几只老母鸡了。我的怀疑是有些道理的。这些外表看上去悠闲自得的老母鸡，视新来的同类——年轻母鸡如仇敌像"严冬一样残酷无情。"（注释 1）记得当我把养好伤的 Rebecca 放回鸡圈时，曾经亲眼看到这些老母鸡袭击 Rebecca 的凶猛劲儿。它们当着我的面，用尖硬的鸡嘴做利器，快速地猛啄 Rebecca 的颈部，使她那本来就秃了羽毛伤疤累累的脖子血糊淋漓，惨不忍睹。可以想象当我不在现场时，这些平时看起来形貌昳丽、举止温柔的母鸡将会变成何等暴戾恣睢、恃强凌弱。

病中养鸡随想

送别了所有的鸡儿们，我不禁萌生了一股失落感。昔日的"五星级酒店"失去了往日的热闹气氛，松鼠也不再挖空心思地谋划它们的"地道战"，土狼不再前来挖掘它们的美食，山鹰不再在鸡圈上空盘旋，伺机寻找它们的猎物。而在与癌共舞的日子里，我乐此不疲地干的三件事情——饲养、开荒、拾粪也戛然终止。

先说说饲养，大凡饲养员对喂养的家禽的寿命都会有一个计划与掌控。比如养一头猪需要养一年多才出栏送去屠宰场；养一只小雏母鸡，一般长到五六个月开始下蛋，产蛋的最好时期是头两年，随后就被淘汰了。而我这个罹患末期肾癌的饲养员却面临着自己剩下的有限生命的时间比饲养的母鸡还短的可能性。去年买那三只小雏母鸡时，我甚至在想，六个月后我能否可以活着看到她们下的第一只蛋呢？在自己生死未卜的这些日子里，每天清晨，当我拎着鸡食与水桶，踏着小石板与碎石垫铺的山坡小路朝鸡圈走去时，耳边总会听到一句悄声耳语："你们哪一个能用思虑使寿数多加一刻呢？"（太6：27）喂鸡增加了我生活中的乐趣，让我淡忘死亡的威胁，不去计较究竟是我饲养的鸡寿数长久还是我的寿数长久。

再聊聊开荒，其实六年来，我在山坡开荒种植爬地虎的那半亩野地，若是换上一个健康的人，充其量只需花费半天的时间就可以完成了。但对于我这么个苟延残喘的病人，这可是宛如愚公移山的大工程。

南加州常年久旱缺雨水，我种下去的苗子成活率很低，有时候一小块地要反复种上好几次才成功。但正是这种了死，死了再种的过程，磨炼了我的意志，劳苦中体验出生命的甜美与盼望。莎士比亚悲剧《奥赛罗》里埃古的一句道白说出了我的心里话："我们的身体就像一座园圃，我们的意志是这园圃里的园丁。不论我们插荨麻、种莴苣、栽下牛膝草、拔起百里香，或者单独培植一种草木，或者把全园种得万卉纷披。让它荒废不治也好，把它辛勤耕垦也好，那权力都在于我们的意志。"（注释 2）

最后提起拾粪，总让我想起一段难忘的记忆。在养鸡的日子里，除了手里捧着热乎乎刚下的新鲜鸡蛋之外，最令我愉悦的就是蹲在地上拾鸡粪了。我与拾粪的不解之缘可以追溯到半个世纪前，我于山东潍县二十里堡的一个贫困村子里插队。那是一九六八年的寒冬，十六岁的我跟随村里的几个孩子去潍坊市白浪河畔买卖牲畜的集市拾粪。我永远也忘记不了在寒冷的空气中，体弱瘦小的我伫立在那些高头大马的屁股下，用颤抖的手伸举着铁锹，接下那散发着白色的热气、黄灿灿的骡马的粪便，心花怒放得仿佛接到了黄金馍馍一般。半个世纪之后，在我垂暮之年、重病缠身的日子里，我重操拾粪旧业，每天蹲在鸡圈的地上喜悦地一点一点地把散落在地上的鸡粪当成宝贝似的捡起来放进小桶里，其乐无穷。

你们可以放心，我已经胜了世界

回顾我的一生，少年时种田、拾粪让我饱尝人间的贫穷、饥饿、低贱、卑微。《圣经》里有这样一节经文："他从灰尘里抬举贫寒人，从粪堆中提拔穷乏人。"（诗 113：7）这句经文充分地应验在我这个从小在黄泥尘土里打滚、拾粪插队的"穷乏人"身上。依靠上帝的提拔，我这个"穷乏人"成了中国八十年代改革开放后的第一批大学生，并且漂洋过海，在太平洋彼岸读大学、工作、成家立业。

晚年时养鸡、拾粪，上帝把我这个尘埃在末期癌症灰尘里的"贫寒人"抬举起来，赐予我一颗顺服平安的心，使我可以神融气泰地与山谷中的"原住民"们——天空中翱翔的山鹰、黑夜中神出鬼没的土狼、精通地道战术的松鼠和平共处。我乐以忘忧，每日沉浸在养鸡的乐趣中。拎着水桶与鸡食，踏着后院山坡的石铺小道走向鸡圈，为 Rebecca 开小灶，捡起刚下的热乎乎的鸡蛋，拾粪积肥，开垦"南泥湾"。

借着养鸡上帝让身患重病的我笃定心思。祂对我说："我将这些事告诉你们，是要叫你们在我里面有平安。在世上你们有苦难；但你们可以放心，我已经胜了世界。"（约 16：33）

注释
摘引自雷锋日记："对待同志要像春天般的温暖，对待工作要像夏天一样火热，对待个人主义要像秋风扫落叶一样，对待敌人要像严冬一样残酷无情。"

引自莎士比亚悲剧《奥赛罗》第一幕，第三场景，埃古的道白。From Othello, the Moore of Venice, Act 1, Scene 3 by William Shakespeare

写于二〇一四年，十二月二日

话说残疾人

自古以来，残疾人在社会上是个弱势群体，人们基本上把残疾人当成废物对待。也就是说，一个残疾人若是有口饭吃，生活能够自理，自生自灭就是一个很幸运的状态与结局了，世上很少人会去考虑残疾人的权力与尊严。

前不久住在美国第二大城市洛杉矶的残疾人却赢得了一场争得他们的权力与尊严的官司。这场官司的原委是这样的：一年前，一群住在洛杉矶的残疾人把洛杉矶市政府告上了法庭。他们在起诉书上说，洛杉矶街道上那些年久失修、水泥地破裂的人行道，为坐在轮椅上或是行走困难的残疾人造成了行动不便，使他们无法安全地在公共场地行走，因此市政府违犯了联邦政府的一个法令：《美国残疾人法案》（注释1）

这场官司打了整整一年，一年后终于尘埃落定。今年四月一号，洛杉矶市政府与代表残疾人的律师团队达成庭外和解。市政府同意将花费十三亿美元整修年久失修的人行道，从明年开始，市政府每年必须花费三千一百万美元整修人行道与其他公共设施。这个年花费将逐步增加到六千三百万美元，以便应付将来的通货膨胀。这个庭外和解的消息一经传出，立即轰动全美国，主流媒体纷纷报道。（注释2）

其实生活在美国的残疾人也许是世界上最幸运的"弱势群体"。

二年前因癌症第三次复发，我不得不辞去了工作，很不情愿地成为这个弱势群体中的一员。今天我从一个普通残疾人的角度分享一下自己的亲身感受。

解决燃眉之急：《州政府残疾人保险》

七年前，我被诊断出罹患末期肾癌，五个月内做了两次大手术，我本可以即刻离职退休，申请办理残疾人的福利。但那时我的三个孩子正在读大学，考虑到我若是停止工作，家里的经济情况会受到影响，无法支付孩子的学费，我决定带病坚持工作。好在公司老板对我的特殊情况表示同情理解，特别允许让我在家里上班，免去我每天在拥挤的高速公路上的开车之苦。我在家带病工作，一干就是五年，直到两年前，我的肾癌第三次复发才不得已停止了工作，很不情愿地加入残疾人员的群体之中。

从一个健康的工作人员变成了残疾人，失去了工作，失去了经济收入，这是任何加入这个弱势群体里的新成员面临的首要困境。好在加州政府（相当于中国的省政府）有一个州政府残疾人保险State Disability Insurance， 简称 SDI。这个 SDI 专门为职场上的加州人因不幸残疾、失去工作而提供紧急短期福利，解决他们的燃眉之急。

这是一个由加州政府与在加州营业的所有大小企业联合资助的保险。根据 SDI 的政策，任何在加州工作的人，不管你是在城市工作，还是从事农业劳作都可以申请 SDI 提供的短期福利。短期福利的期限最久可长达五十二个星期。发给残疾人的福利补助数额是申请人原工资的百分之五十五。一个残疾人每月最少可领到二百美元，每月最多限额是四千四百美元。

在二〇一三年三月一号，我停止了工作，并开始领取 SDI 残疾人的福利补助。没有申请 SDI 之前心里有些担心，因为听不少人讲，政府部门是最没有效益、最难打交道的现代衙门。但我的实际申请过程非常简单顺利：我的主治医生为我的肾癌病情写了一个证明，我自己也添写了一个申请表格，不出一个月的时间，我的银行账户里就收到 SDI 拨出的第一次福利补助。整个申请与批准程序全部通过电脑，在网上操作，不需要我亲自跑去 SDI 办公室寻求帮助。从二〇一三年三月至二〇一四年二月底，我从 SDI 领取了一年的残疾人福利补助，每月四千四百美元，是 SDI 的最高限额。

提供长期福利：联邦政府的《社会安全残疾保险》

为了确保每位从职场上下来的残疾人可以有长久持续的经济来源，美国联邦政府（相当于中国的中央政府）为这个弱势群体的每一个人提供《社会安全残疾保险》Social Security Disability Insurance 简称 SSDI。不同于州政府的短期残疾人福利 SDI，这个联邦政府的 SSDI 没有设下期限，只要残疾人符合规定的条件，便可以领取 SSDI，直到其死亡为止。

申请这个联邦政府的《社会安全残疾保险》必须符合一些条件：申请人的身体必须受到严重损伤，身体损伤的程度达到联邦政府设定的残疾人标准。近年来申请人必须一直在工作，并达到一定年数的工龄。我因为患有末期肾癌，近年来一直在工作，工龄近三十年，所以我达标，符合联邦政府设定的残疾人标准。

申请 SSDI 的时间旷日持久，我是在二〇一三年七月份递交的申请，直到十二月才获得批准。这个社会安全残疾保险金额 SSDI 是按照申请人的工龄以及薪酬的多少来计算的。我每月领取到的 SSDI 金额是二千一百美元，在众多领取 SSDI 残疾人中算是一个比较高的数字，可以维持我的基本生活。

锦上添花：企业为员工买《长期残疾人保险》

除了州政府与联邦政府提供的残疾人福利，我服务的公司还锦上添花，为员工特别买了《长期残疾保险》Long term disability insurance，简称 LTD。这是一项非常优厚的保险，它为符合残疾条件的员工设定了一个最高保险额，即职工原工资的百分之六十。举例来说：一个变成残疾的职工年薪曾经是十万美元，假设这位残疾人每年已经从联邦政府提供的 SSDI 拿到二万美元，那么公司的《长期残疾保险》将提供额外四万美元，使这位残疾人得到的福利总金额相当于他的原年薪百分之六十，即六万美元。

因为法律没有强求每一个公司都为员工买这种昂贵的长期残疾人保险，所以不是每一个残疾人都可以享受到这个优惠的待遇，我算是一个幸运者。

停车场上的贵宾 VIP

我成了残疾人之后，加州汽车管理局 Department of Motor Vehicles 简称 DMV 寄给我一个蓝色的残疾人停车位卡。有了这个停车位卡，我便成了停车场上的贵宾，可以在车马如龙的公共停车场上，把车子停到专为残疾人保留的车位。警方对任何侵犯这个残疾人停车位的行为深恶痛绝，倘若有人胆敢试法，把车随意停在为残疾人保留的车位，将面临高达四千二百美元的罚单。

残疾人自己也要遵守法令，不得把停车卡转借他人，否则违规者的停车位卡将会被没收。所以近两年来内子去市场买菜时，总喜欢把我也拉进车内，因为有我这个残疾贵宾 VIP 在车内，她就可以名正言顺地把车子停在为残疾人保留的特别车位上。

这个车管局 DMV 停车位卡有一个我意想不到的特权，我可以吃"霸王餐"！记得去年我与内子去一个海边小城游玩，我们开车在沿海的一条马路上转悠了许久也找不到停车位。好容易看到一个空位，我们便赶紧把车停在那儿。这是一个设置了收停车费表的车位，需要投入铜币，而我们身上没有。正在发窘时，我猛然想起车管局寄来残疾人停车卡时附加了一张写着注意事项的纸条，其中有这么一条：说持此卡人可以免费把车停在收停车费表的停车位上。我与内子半信半疑，生怕当地的警察不吃这一套给我们开罚单。两个小时之后我们从海滩走回停车位，欣喜地看到小城里的巡警真的没有给我们开罚单。这是我第一次吃不付停车费的"霸王餐"。

加州车管局 DMV 停车位卡有一个特权条例，它要求凡雇用了两个工作人员以上的汽车加油站，有义务为残疾人提供加油服务。我个人觉得这个条例有些强人所难，至今还未曾尝试这个特权。每次我们开车去加油站都是内子下车，自己动手加油。

我正式加入残疾人这个弱势群体已经两年了。在这两年期间，当我一次又一次地受惠于不同的残疾人福利时，我心里被美国政府为残疾人制定的一系列法令而感动。这些法令体现出生活在这个国土上的人们对弱势群体的善待与爱心。这些法令为残疾人可以尊严地活着提供了基本保障。

没有国会议员们制定通过的《1990 年美国残疾人法令》作为法律

依据，一小群坐在轮椅上的洛杉矶残疾人不可能打赢官司，迫使洛杉矶市政府许诺花费十三亿美元去修补年久失修的水泥人行道；没有加州议院的法令，加州人不可能在失去工作，变成残疾人的困境中，还能领取到一整年的短期残疾人福利，解救他们的燃眉之急；没有联邦议院的法令，全美国的劳动阶级，不分城乡、种族、性别、年龄，不可能有条件终生享受社会安全残疾人福利；没有我服务多年的私营企业董事会实施的善待员工的理念，我不可能因病离职后仍然可以拿到相当于原薪酬百分之六十的福利待遇。

两年来，每当我在车马熙攘的停车场找到专为残疾人特设的 VIP 停车位，每当我把车停在设置停车费表的停车位上吃"霸王餐"，我的心里充满了感恩。我感谢上帝把爱植入到那些制定这些法令的民选议员们的心里，正是他们心里有了爱与怜悯，类似我这样的残疾人才可以感受到人世间的温暖，活得有尊严。

注释

1）《1990 年美国残疾人法案》（The Americans with Disabilities Act of 1990），简称 ADA，是美国国会在 1990 年通过的一个法令。这是一个概意广泛的、禁止歧视残疾人的法令。这个法令为美国残疾人提供了类似著名的《1964 民权法》（Civil Right Act of 1964）的保障，把基于种族、宗教、性别、国籍以及其他的歧视视为违反法律的举动。这个法令特别规求雇主为残疾员工提供合理的工作环境与良好的公共设施。

2）Emily Alpert Reyes："L.A. agrees to spend $1.3 billion to fix sidewalks in ADA case"，Los Angeles Times, April 1, 2015.

写于二〇一五年，五月七日

在癌症与地震之间

生活在加利福尼亚州的人们好像对地震已经习以为常了，因为在这"黄金之州"的广袤大地上地震是个经常发生的事儿。可前不久的那次地震却让我一反常态、心生惊悸。

三月二十八号夜间，我正在楼上卧室用针扎手指尖测量我的血糖指数，突然感觉房子剧烈地摇曳起来，木质结构的房架发出叽叽喳喳的尖叫声，随即便听到令人毛骨悚然的一声隆隆巨响，房子的电源瞬时被切断，室内霎时死一般的寂静。

黑暗中，我踉跄地走到楼梯口，因为看不清楚脚下的楼梯是否被震断，不敢贸然摸黑下楼。当时脑子里唯一挂念的就是在楼下另一端琴室工作的妻子与她的一个学生。惊骇之下，我站立在楼梯口朝着楼下漆黑的琴室方向大声呼喊："你们没事吧？"

远远地从乌灯黑火的琴室方向传来了妻子平静的声音："我们没事，你呢？"她话音还没落地眼前突然一片雪亮，电力公司神奇地恢复了供电！我定睛四处张望，还好，房子没有倒塌，但室内一片狼藉。墙上挂着的镜框、画框几乎全被震落，地上洒满了破碎的玻璃碎渣。几组放满了藏书的书架翻滚扑地，架上的书横七竖八地散落一地。

厨房是重灾区。强烈的摇曳把墙柜里装满了油、盐、酱、醋的瓶子、玻璃杯、大小碗碟全部抛掷出来。厨房的瓷砖地上撒满了破碎的瓶瓶罐罐。从这些摔碎的瓶罐里倾洒出黑色的酱油、棕色的醋、黄色的橄榄油、白色的芝麻、红色的辣椒粉混杂在一起，宛如一幅用五颜六色的油彩、水彩，外加实物创作出来的现代派怪诞作品。

清洗这幅"画"可不是一件容易的事情。滑润的橄榄油粘在瓷砖地上赖着不走，尖锐的玻璃碎片随时都会冷不防地刺破我的双手。

5.1级地震虽然没有把我家的木质结构房子震塌，但还是在房子内、外留下了"到此一游"的痕迹。房内客厅的墙壁上裂开许多细长的裂缝，房外后院山坡上有一处我们自垒的简易"大寨梯田"塌方了。放在后院小石桌子上的鸟笼子被震翻在地，笼子上的小门被摔开，笼子内我们养了多年的一对可爱的鹦鹉趁机不辞而别，飞回大自然，投奔自由去了。

这次地震持续摇曳了总共十秒钟。假如再多摇晃几秒钟，后果就不堪设想了。房子可能会倒塌，后院的山坡可能会爆发泥石流，我可能在倏忽之间丧失生命，或者缺胳膊少腿、苟延残喘地活在断瓦残垣之中。

不寒而栗之余，我才重新审视我所居住的地区，真切意识到自己脚下这看似坚实稳固的大地原是如此危机四伏。

加州地理位置正好位于一个叫圣安德列斯 San Andreas Fault 断层上。这个巨大的断层像是地壳上一个张开大口的裂缝，横跨南北加州长达一千五百公里，在太平洋与北美板块之间形成了一个结构性的边界。圣安德列斯断层平均间隔二、三十年就会制造出一个大约六、七级的地震。另外，加州有一百多个大大小小的活动断层，每年这些活跃的断层引起上千次小地震，因为其中大多数是微震，所以人们大都感觉不到。

历史上加州最大地震发生在一七零零年，是北加州 Cascadia 的九级大地震。但最具破坏性的地震是一九零六年的旧金山地震，这个 7.8 级的大地震夺走了三千多人的生命，地震与震后的火灾毁灭了城市中 80% 的房子，近四十万人流离失所、无家可归。

科学家说类似一七零零年发生在北加州 Cascadia 毁灭性的九级大地震，每隔大约二百五十年就要在加州发生一次。然而三百多年过去了，这个 Big One 大地震至今仍在沉睡。科学家们预计毁灭性的 Big One 将会重创加州，造成大量人员死亡以及两千五百亿美元的巨大经济损失。与之相比，一九零六年旧金山 7.8 级地震只不过是小菜一碟。

最先感受到威胁的便是加州的保险公司，一九九四年 6.7 级北岭 Northridge 地震后的重建中，加州的保险公司赔偿了破纪录的二百多亿美元。意识到在这个地震活跃地区卖地震保险是个赔本的生意，一九九五年各大保险公司纷纷退出了加州地震险市场，一时间想买地震险的加州人无门可叩。

于是于一九九六年，加州政府成立了一个官方与民间保险公司合营的地震保险公司——California Earthquake Authority，简称 CEA。加州政府特别为 CEA 立了一条法案，强行要求所有在加州营业的私立保险公司，按照他们在加州生意收入的比例投入相应的资金到这个"公私合营"的公司。目前 CEA 资源雄厚，有能力提供一百亿美元的地震赔偿。

由于 Big One 的大限期已到，毁灭性的大地震随时都会来临，许多加州的大公司悄然做出了战略性的决策，把公司的命脉——电脑中心搬迁到地震风险较小的外州去，我工作多年的公司就是其中之一。

我们公司的总部办公楼坐落在繁华的洛杉矶市区威尔逊大街上。在我上班的办公楼里有一个门禁森严的二层楼。这里存放着我们公司的心脏——电脑中心。这里是闲人免进的重地，IBM巨型服务器储存着公司所有投保人的重要资料。一进入二楼大门，首先映入眼帘的是一间类似电影《星际大战》里的电脑控制室。里面布满了监控屏幕，屏幕上不停地显示着各式复杂的图表与数据。穿过这间控制中心的走廊，便是储存电脑服务器的机要重地了。在这儿大小、高低不同型号的电脑服务器拥挤地竖立在铺设了密密麻麻电缆的特制地板上。我们这个有百年历史的美国保险公司，在这儿储存着它最重要的商业资产——百万投保人的保单与资料。

为了防止电脑中心毁于Big One大地震，一九九四北岭地震后，我们公司毅然做出战略性的决策，把整个中心搬迁到外州。搬迁这么一个花费了几十年的时间建立起来的庞大电脑中心可不是一件易事，需要制定出一个周密的计划，投入巨大的人力、财力与时间。

经过五年多的努力，花费了上百万美元，两年前搬迁工作终于大功告成。昔日二层楼里的那个门禁森严的电脑中心，现在已经是物去、人散、楼空。

几年来我身患末期肾癌，总以为自己最终会死于癌症。但这次间接不息的地震使我意识到，地震的死神也许会捷足先登，在毫无预警的前兆之下，张开它那饥饿的断层大口，把我们这些住在"朋地丘断层" La Puente Hill Fault 上的人吞噬进去。

上帝在《圣经》里预言："过不多时，我必再一次震动天地、沧海与旱地。"（哈2：6）究竟这个"过不多时"是何时呢？

虽然人类有限的智慧无法臆测上帝的时间表，但近几年来全世界频繁发生大地震，似乎正在应验上帝的这句警言。四川盆地汶川7.8级地震、甘肃岷县6.6级地震、日本宫城县太平洋海区9.0级地震、以及近来智利西北部海域8.0级地震都是一些"震动天地、沧海与旱地"的大灾难。

最近，许多科学家把"过不多时"的预言锁定在我居住的南加州。他们断言在"过不多时"的未来几年，也许几个月，也许几天，南加州发生6.7级至8.0级超强地震概率高达99.7%。这是因为在纵横南北加州一千五百公里的圣安德列斯断层上，北段已经在一九零五年发生过7.9级旧金山大地震，而中部的 Tajon Pass 断层与南加州所在的南段，在过去二百五十多年来，都未发生过超过八级以上的大规模地震，现在该轮到南加州了。

然而不少人仍然漠视科学家的预言，认为这"过不多时"只是一个遥远的未来。他们从世界各地携儿带女接踵而来，移居到南加州这个著名的阳光之地。据洛杉矶时报四月十六日的一篇报道，在这次三月份发生的拉哈布拉市 La Habra 5.1级地震期间，南加州中间房价创六年来新高，突然冲至四十万美元，比去年同时期增长了15.8%。特别是在科学家最担心的"朋地丘断层"上的几个华人聚居区里，高价位八十万美元的房子竟然大批成交，许多从大陆来的富人一掷千金，一口气地用现金买下价值百万美元的豪宅。这些蜂拥而入的新居民似乎只醉心于南加州地面上歌舞升平、锦衣玉食的生活，却漠视了地面下蠢蠢欲动的断层深渊。

《圣经》里，耶稣在橄榄山上对祂的门徒讲述了"十个童女"的比喻（太25：1-13），这是一个我从小就喜爱听的一个圣经故事。

在这个比喻中，天国好比十个童女拿着灯出去、迎接新郎。其中有五个是愚蠢的，五个是聪明的。愚拙的童女拿着灯却不预备油。

聪明的童女拿着灯又预备油在器皿里。新郎迟延的时候，他们都打盹、睡着了。半夜里新郎来了，五个聪明的童女手持油灯跟随新郎入室。而五个愚蠢的童女临阵磨枪，慌然跑出去买油，等她们回来时，大门已关，她们被抛弃在黑暗的门外、不得入内。耶稣借着这个比喻告诫世人："所以，你们要警醒；因为那日子，那时辰，你们不知道。"（太 25：13）

在这一个月来的余震中我重读这段经文，从中得到新的启示。尽管十个童女因新郎的迟延到来都睡着了，但她们所持的心态截然不同。在黑夜里等待着的五个聪明的童女睡得安心、香甜，因为她们事先预备了充分的灯油。她们的片刻打盹使她们可以精力充沛地迎接新郎的到来。黑暗中五个愚蠢的童女睡得死沉、糊涂，因为她们没有一颗警醒的心。她们打盹儿的代价太高了。她们手里拿着的无油的灯，如同在战场上，战士手持没子弹的武器。她们错失大好良机，悔之晚矣。

尽管这个比喻在世界上已经流传了两千多年，但人们似乎没有把它的寓意真当一回事儿。在现实生活中我们之中有多少人正在步五个愚蠢童女的后尘呢？

面临着毁灭性的 Big One 大地震，什么是我们救难解危的锦囊妙计？自三月底 5.1 级地震以来，这个问题一直萦绕在我脑子里挥之不去。

逃离？不现实。因为我们这些平民百姓们根本没有本钱去效仿财大气粗、腰缠万贯的大企业，一掷千金把电脑中心连根拔起、逃离加州。我们无法轻易地辞去工作了多年的职场，变卖家产，举家搬迁到另一个陌生的地区。

防震？没把握。即使我们平时准备了防震的手电筒、储水桶、地震包、卫星电话、呼叫器，但这些救命武器只不过是雕虫小技，无法保证在超级大地震中挽救我们的性命。

买地震保险？假如人与房皆毁灭于 Big One 之中，一纸地震保险单对于已经死去的人来说就变成毫无意义的废纸了。

在惊悸的余震中，冥思苦索了数日后，最终计穷智短的我还是从五个聪明童女身上悟出一个简单、实用、救难解危的办法——预备心中的灯油。

无论是死于癌症，还是死于地震，像五个聪明的童女一样预备心中的灯油，我们才不会惧怕大地的震动和病魔伺伏的威胁，在等待的黑夜里睡得安心，睡得香甜；预备心中的灯油，我们才不致利令智昏，迷失于地面上的滚滚红尘之中；预备心中的灯油，上帝才是我们真正的避难所，安抚我们的忧伤、恐惧，给我们喜乐与平安；预备心中的灯油，我们会活得警醒，活得有盼望。

写于二〇一四年，五月五日

今天我投票了！

我的后半生居住在美国加利福尼亚州南部的一座小城。三十多年来我忙于上下班工作，成家立业，生儿育女，是个不太热衷政治的人。就如我在大陆生活的前半生一样，我在后半生里没有参加过任何党派，所以我既不是共和党员，也不是民主党员。但三十多年来，每逢十一月五日这天，我这无党派人士总是风雨无阻，抽空在上下班之余跑去投票站行使我作为美国公民的权力——投下我渺小，但神圣的一票。

每年的十一月五日是美国的选举日。在这一天全国的选民们纷纷到在自己居住的城市里设立的投票站去投票。为了照顾到上下班的选民，投票站从清早七点起就开始接待人们来投票，直到晚上八点才结束。

今年我所居住的小区投票处设在离我家仅一英里远的消防队的车库里，只需步行十几分钟就可以走到。今天下午临出门前，身患末期肾癌的我带上了我的照相机，想拍摄一下投票的场面，也许这次是我这一生中最后一次投票了。

今年不是大选年，主流媒体没有往年总统竞选期间的那种轰轰烈烈、群情激扬的新闻报道，地方的电视台与报纸也没有出现那些伶牙俐齿的州长、参议员、众议员候选人之间耸人听闻的各抒己见、高谈阔论、相互争斗的火爆场面。这使得今年我居住的小城的选举较为冷清。

当我缓步走近消防站附近时，远远望见消防站路边一棵树上挂着一面国旗，在秋风中微微飘扬，提示过往车辆上的驾驶人，不要忘记下车来投票。有四位选举义工坐在消防站车库内右边的一排临时搭起的长桌边服务。投票站没有往年投票时人们排队等待时的拥挤，我走入投票站，只看到一位选民正在消防站车库左边的一排打卡机前静静地投票。

看到我拿着照相机，四位义工好奇地问我为什么要拍照。听完我的解释之后，他们深表同情和理解。有位义工还热情地介绍了他父亲患癌症时服用的柠檬水偏方。

我向一位义工出示了我的加州驾驶执照，她迅速地在摆在长桌子上的选民名册上找到我的名字。我在这选民名册上面签了字之后，即领取到我的投票卡，走到消防车库左边的那排打卡机前，在自己称心的候选人名号上打个纸洞。然后在一位监票义工的监督下把打了洞的投票卡，放进一个密封的黑色电子投票机内。

我居住的"钻石吧"市 City of Diamond Bar 是位于南加州的一个仅有六万居民的小城。我们这小城距洛杉矶东部三十英里，是一九八九才成立的新城市。很久之前这儿是养牛、马的牧场。小城的居民来自不同种族，各民族人民和谐相处，其中52%是亚裔，23%是白种人，19%是西裔，其余的是非裔、原住印第安人及其他少数民族。小城的居民较为富有，每家居民的平均年收入为八万三千美元，远远高于加州的家庭平均收入——五万七千美元，更高于全美的家庭平均收入——五万一千美元。

小城的市政府精兵简政，只有五位议员分管不同的行政工作。五位议员中的一位是市长，任期只有一年。他们在市政府每月的薪水只有七百三十六美元，另外附加四十三美元的手机补贴以及三百美元汽油补贴福利。因为议员的薪水很少，这五位议员都是兼职工作。

在选举日前的一个月，小城的居民会收到一个选举小册子。这小册子里边介绍了每一位候选人的简历以及他们参选的动机和施政主张。这期间小城的市民们也会收到候选人从邮局寄到每户人家的宣传单。同时小城大街小巷的街口也会出现候选人插在路边、醒人眼目的、标有他们名字的竞选小木牌子。

今年的选举内容只有两个项目。第一项目是选举五位市议员中的三位，另外一项是选举三位校区委员。虽然我从未见过，也不熟悉这些候选人，但是只要略读一下选举小册子，就不难决定如何投下自己的一票了。

今年一共有六位候选人竞争三个市议员的职缺。其中有三位是现任市议员，另外三位是新手。他们都是工作在各行各业上的优秀人才。他们都受过高等教育，获有大学或硕士文凭。他们其中有教师，有企业家，有年仅二十三岁，刚从大学毕业、血气方刚、朝气蓬勃的年轻人，有正当壮年三，四十岁的中年人，也有阅历丰富、老当益壮六十多岁的老年人。他们的年龄分别代表了老、中、青。

在消防站的车库里，我把自己的选票投给了以 Ling Ling Chang 为代表的三位现任议员。因为从他们三个人的简历与他们过去施政的业绩来看，我实在找不出任何理由把他们拉下马来。在过去几年中，他们使小城的财务预算收支平衡，他们按照选民的意愿新建了一个非常漂亮的现代化图书馆以及两个小公园。为此他们不但没有增加小城市民的税务，反而节省、保留了一千七百万美元的贮备金以备将来紧急需要。他们措置有方，采取了一系列公共安全改革政策，使小城的犯罪率减低了百分之四十三。选举他们连任市议员可以使得卓有成效的小城市政府继续高效率地为市民服务。

在另外一项选举校区委员的项目中我也很轻松、果断地做了自己的选择，把我的选票投给四位竞选人中的三位。他们其中一位是现任教区委员，另外两位是新面孔，一位是智识渊博的大学教授，另一位是资深的 IT 经理。我相信这三位候选人都会尽心尽意地称职于校区教委的工作。

投票过程简单明了，出示加州的驾驶执照，领取投票卡；到打卡票机前把在自己称心的候选人名号上打卡洞，然后把打了洞的票投进一个投票机。整个投票过程只花费了四，五分钟即完成。在与义工们道别言欢之际，一位义工热情地用我的相机帮助拍摄了一张我与其他三位义工们的合影。临走之前，义工们还按往年的习俗给了我一个小纸贴，上面印有"我投票了"的字样。

走在回家的路上我扪心自问：在这次也许是我生命最后的一次选民投票中，我做了正确的选择吗？有朝一日，类似大陆式的"表叔"、"房叔"——肆无忌惮的老虎贪官是否也会出现在我们小城的政府中呢？

走进家门，向正给学生上课的内子打了一声招呼，告诉她我投完票、回家了。正在上课的是一位十二岁的中学生，听到我去投票了，这位天真烂漫的孩子冷不丁地脱口问了我一句："你把票投给了哪个党？"

"他们属于哪一个党派？我还真不晓得呢。" 我老实地回答这位中学生。

仔细回想一下今年的选举过程：从一个月前收到的选举小册子，到邮箱里塞满了接踵而来的、印刷精美的各位候选人的竞选传单，最终到插立在小城里的大街小巷、写有醒目候选人名字的小木牌广告，没有任何一个竞选宣传品带有党派色彩。因为不同于往年，今年小城的选举只是选举三位市议员与三位学区委员，选民们关注的是候选人是否有能力胜任市议员和学区委员的工作，他们隶属于哪个党派与这次的小城地方选举毫无关系。

这位中学生的问话帮助我解答了在回家路上心中的疑惑。

实际上类似"表叔"和"房叔"一类的贪官污吏很难出现在我们小城的政府内，因为在很大程度上，小城的选举制度把任何怀有贪欲心的人排除在外。首先参加竞选的候选人必须持有甘愿牺牲自己的个人利益，热心奉献社区的心，因为小城议员的职位薪水微薄，七百三十六美元的月薪只是个象征性的酬劳，每一位议员必须要兼职工作，没有奉献之心是很难承担这份繁重的兼职工作的。其二：市长的任期只有一年，议员的任期是四年，在这么短期的任期内是很难孕育出一个独断专横、一手遮天、枉法徇私的贪官。其三：这些市长、议员都是由小城的老百姓们一票一票、不分党派地选出来的。他们在任期的一举一动都会暴露在众目睽睽之下。在任期内他们如果做了什么让选民们不高兴的事，不须烦劳类似大陆纪律检查委员会的严峻审查，也不须民众到上一级的政府机关哭诉、跪拜上访。小城的选民可以在来年的同一竞选日——十一月五日，用他们无声、但有力的选票把他们不信任的官员们轻易地拉下马。

写到这儿已经是夜静更阑了。遥望星空，我的思绪飞回到我前半生生活过的故土——太平洋彼岸的中国大陆。一股思乡情感油然而生。我愿读到这篇小品文的同胞们也能看到：民主并不是高不可攀、遥不可及、不适宜中国公民的幻想。虽然我对政治不感兴趣，但我仍然衷心遥祝生活在故土的人们，在这人类文明高速发展的伟大时代，探索民主，解放思想，寻找出一条可行的民主之道，有一天，让每一位共和国的公民都能到自己居住的社区投入那神圣的一票。

二〇一三年，十一月五日

加州的母鸡

前些日子在《博客》上我发表了三篇回忆录《青岛是个海》，收到不少在大陆旧友的来信，其中有一封是三十多年前在山东省某县城与我共事多年老友的来信引起了我特别的注意。

这位老友在信中畅所欲言，直言对我在文章中所表达的观点持不同意见。尽管他从未在美国生活过，也从未来美国短期考察过，但他在来信中振振有词地批评了美国的选举制度。他认为我对民主竞选太过天真，把民主作为万能之钥匙。在他的脑子里，所谓民主都是为了某种政治需要的过度宣传。不论是美国还是台湾，参加竞选的两大党，人为地把人群分成了两大派，各执一词，没完没了地互相攻击，犹如"文化大革命"的再版，各派互不相让，本派错也对，别派对也错。

虽然我对政治不感兴趣，在美国生活了三十多年，从未参加过任何党派，我还是竭力地告诉这位昔日老友，他的认知与事实有误差。经过几个回合的邮信来往，我发现我的解释徒劳无功，我们各执己见，谁也没有成功地说服对方。虽然现代科技的飞跃发展、四通八达的高速网络为生活在地球上的人们提供了革命性的交流工具，但生活在不同社会制度的人们仍然无法站在同一个角度去探索人类的价值观。

在太平洋彼岸生活了三十多年，每逢十一月的选举日我都习以为常地前去在我居住的小区设置的投票站投进我那渺小、但神圣的一票。选举中面对竞选人之间各抒己见的争论，我都会尽量从中立的角度出发，不受党派的影响，按照自己的主见去投票。

而我的这位大陆老友看来好像已经习惯于生活在一个和谐的社会环境中。对他来讲，民主选举是一个太遥远的西方神话，不适应于东方的中国国情。他把民主国家的竞选与动乱中的"文革"相提并论，把正常的竞选人之间的论战视为洪水猛兽，把当选的总统，州长，市长及议员们视为"阿斗"——竞选中那些出钱、出力的少数老板大亨集团的代言人。

在与这位远隔万里重洋的老友畅谈中，有趣的是我俩倒是都认同了一件事情——双方都同意对方被各自生活所处的政府与媒体洗了脑。我的这位昔日老友无法想象平民老百姓在民主选举中的力量与作用，我也不能苟同他对东、西方民主之分的偏执。在信中他好心地劝我写文章时不要庸人自扰，少谈那些摸不着边际的政治，安心在家养病为好。而我也智枯技穷，想不出什么好法子来给他讲明白，因为"煮酒论天下大事"不是我的专长。

在来信中老友为他自己虽未亲身来美国考察，但仍然可以论断美国的民主选举制度辩护时开了一句玩笑："没吃过猪肉，还没见过猪跑吗？"老实说：即使我这个在加州住了三十多年的老居民，每年十一月收到选举小册子，看到在小册子那些乱跑的"猪"——由选民们自发提出的五花八门的选举提案，有时还会目瞪口呆，大惑不解。

两年前的一个选举提案至今让我记忆犹新——让加州的选民们决定色情电影里的男演员们是否应该戴避孕套。赞成的一方认为：此举可以防止艾滋病的传染，是必须的，可以保护女演员的健康；

反对的一方称：此举会把色情电影赶尽杀绝，让他们转移到邻近的州去，从而减少了加州的商机。一霎间两派人马在媒体上争论不休，好不热闹。

投票揭晓的那天夜晚，我好奇地想知道加州三千八百万选民们对这个离奇的选举提案的裁决。打开电视，夜间的新闻播报员宣称：这个选举提案以微弱的多数通过。加州的老百姓们用自己的投票发声，把大部分色情电影制片厂商以及从业人员赶出了加州。

六年前加州的选民们还通过了一项有争议的提案。这个法案规定：养鸡场的农场主们必须为下蛋的母鸡提供优厚、舒适的居住条件。当时加州农场主们抱怨这个法案使他们失去了市场竞争力，于是加州增添了另一条法规：规定那些从外州进口到加州的母鸡也必须在与加州母鸡相等的环境中生产。这些法律条令以及在密歇根州、俄勒冈州、华盛顿州等其他州立法的类似法规在全美点燃了一个为下蛋的母鸡诉求宽敞的居住空间的热潮，尽管在最近通过的农业法案上美国国会再没有把它包括进去。

纽约时报在三月三号的一篇标题为《它们都希望成为加州母鸡》的文章中有这样的描述："在加利福尼亚州养鸡场里生活的母鸡日子过得可棒啦。她们现在可以在宽敞的鸡笼子里下蛋，有足够的空间站着、躺着、展开的翅膀甚至碰不到邻近的鸡儿。然而生活在美国其他州的母鸡可就没有这么幸运了，可怜的她们好像一生都要蜷缩在飞机的经济舱里。"

加州生产鸡蛋的农场主们已经花费了数百万美元去建立一种新款式的鸡笼子——"殖民笼" colony cages。这种"殖民笼"有相当于一辆福特卡车 F-150 的车床那么大的面积，里边可以容纳六十只母鸡，每只母鸡的平均居住面积有一百一十六平方英寸。而在传统式样的、拥挤不堪的鸡笼里，每只母鸡的平均居住面积只有六十七平方英寸。

现在由于加州政府的议员们要求，那些想把鸡蛋卖到加州的其他州也必须如法炮制同样的法令，一场洲际的商业大战一触即发。密苏里州的司法部部长对加州政府的鸡蛋法规提出了诉讼，他指责加州在强行推动市场动向。全美最大的鸡蛋生产州——艾奥瓦州以及另外两个畜牧业高产的内布拉斯加州与阿肯色州也正在考虑加入对加州的诉讼。

鸡蛋生产商们预警：去年吃下九十亿枚鸡蛋的加州人将要因为自己实施的这个"鸡道主义"而面临不可避免的价格上涨。市场将短缺鸡蛋供应。因为许多小型的生产鸡蛋的农场主由于没钱修建新鸡窝设备而关门大吉。甚至于较大型的鸡蛋农场主们也在计划减少产量。例如：一家名字叫 JS West 的农场，计划把养殖场的母鸡从一百八十万只减少到一百四十万只，这将导致鸡蛋的年产量从一千九百万枚减少至一千二百万枚。

看来加州选民好像愚蠢地自己打了自己一枪。这个具有"鸡道主义"的鸡蛋法案不仅让他们多掏腰包去买他们喜欢吃的鸡蛋，还被其他州告上了法院，吃上了官司。然而生活在加州的母鸡们却因此改善了生活质量。纽约时报的文章中有这样一句趣话："所以，如果你是一只母鸡，你会想生活在加州。直说吧，你想住进加州式的鸡窝。"

如果是一个人，直说吧，你的选择呢？

写于二〇一四年，三月九日

病中札记——加州中期选举

每年十一月的第一个星期二是美国老百姓的投票日。与往年一样，今年投票前的一个月，我收到了一个选举小册子。一个月来我仔细地读了二、三遍这个小册子里的内容，让自己先熟悉一下今年参选人的姓名、职业、党派、竞选的职位。另外我还学习了小册子提供的有关这次公投的提案，包括赞成与反对提案的不同意见，以便自己可以在今天投票时做出正确的判断。

然而天有不测风云，三天前我的右下腹部突然剧痛，被送进了急诊室。经医生诊断为急性阑尾炎后当即被推进了手术室，做了阑尾切除手术。今天是出院后的第二天，我的体力还很虚弱，每走一步都要耗费很大的气力，根本不可能出门去投票了。

我躺在病床上，因为今天无法去参加投票心里有些怅然若失，毕竟这是我自三十多年前享有投票权之后第一次没有行使这个公民权。

在过去三十年我坚持投票的原因并不是我热衷于政治。中文繁体字的"黨"字，上部有个尚，下部有个黑，意思是尚黑、晦暗、不鲜明，恰切地映射出我对参与政治的态度。也许是与我前半生在中国的坎坷经历有关，我在美国的后半生，仍然对"入黨"心有余悸，所以我既没有入共和党，也没有入民主党。

我以"党外人士"的身份投票的主要原因是想体验我在前半生从

未享受过的公民投票权。在每年一次的投票中，当我把选票静静地投进选票机的那一瞬间都会怦然心动、百感交集。我感到自己很渺小，在几亿选民中我投的这一票仿佛是汪洋大海中的一滴水，云海涛声中的一丝微弱喘息；我感到自豪，一个曾经沦落在社会底层的"贱民子女"可以按照自己的意愿选择我认为合适的国家、州、市政府的官员，以及有关民生的大小提案，投出卑微却又神圣的一票。尽管这一票是那么的微不足道，对于选举的结果无足轻重；我感到沉重，让我想到在这世界上还有着许多从来就没有尝到过民主选举滋味的人们。

虽然今年不是美国总统的选举年，但是这次中期选举将对美国政府产生极大的影响。因为在这次选举中美国众议院全部的四百三十五个席位，参议院一百个席位中的三分之一席位都要经过大众的检验、评估、投票而重新产生。也许这就是人们常常戏语美国的政府官员怕百姓的原因之一吧。

我居住的加利福尼亚州是美国人口最多的一个大州。今年加州选举的亮点是四年一度的州长选举，竞选这个傲居世界第八大经济体系的州长宝座是历来美国政坛上的大事。参加竞选州长的候选人为了赢得选民的心不惜砸下重金，启动主要媒体的各种渠道。一方面阐述自己"为人民服务"的理念，另一方面猛批对手的政见，有时候甚至到了给对手抹黑的地步。

然而今年的加州州长竞选却出奇的平静。昔日硝烟弹雨的战场烟消云散，寂静得令人感到枯燥乏味，无聊之极。现任州长布朗Jerry Brown 在他的连任竞选中老道神在，按兵不动，竟然破天荒地不花一文钱去攻击他的共和党敌手。他仅动用了一次募捐来的二千万美元竞选基金中的一部分，但那不是花在为自己连任竞选上，而是用来向选民们介绍他认为符合加州人民长远利益的两个重要

提案。（注释 1）

也许听起来有些荒诞，从这位当今美国政坛上奇葩的布朗州长身上，我发现了一些我熟悉的大陆官场上相同的特征。

布朗州长是一个"红二代"，他出生于一个"老革命"家庭。他的父亲老布朗 Pat Brown 曾连任两届加州州长 (1959 年至 1967 年）。一九六二年，在他的第二次州长竞选中老布朗战胜了后来当选为美国总统的尼克森先生。人们称老布朗州长是"现代加州的教父"，Godfather of Modern California。 老布朗州长非常注重教育，在他八年的州长任期内，加州的高、初中入学率翻了一番，加州公立大学的预算增加了二、三倍之多并新建了四所公立大学。

虽然是位"红二代"，少年时期的布朗并没有打算继承父亲的"革命事业"，他梦想成为天主教的神父。于是在一九五八年，也就是老布朗在州长竞选中大获全胜、登上州长宝座的第二年，他进入了一个耶稣会神学院学习神学。但在一九六〇年他改变了主意，想从事律师行业，因为他从小就具备演讲、辩论的天资。最终他考进了耶鲁大学的法学院，一九六四年毕业后成为一名律师。

在小布朗当律师的六十年代后期，他见证了自己的父亲老布朗寻求第三任州长宝座失利、输给了后来当选为总统的里根 Ronald Reagan 的过程。 薪尽火传，从此父亲"为人民服务"的燧火在小布朗心中点燃。他于一九七〇年首次参加公职竞选，马到成功，成为加州的州务卿 Secretary of the State，从此开始了他辉煌的公职服务生涯。

如同邓小平在中国官场上三次被打倒、三次复出的大起大落，布朗州长的政治生涯也坎坷不平，几经周折。从一九七五年至一九八三年，在他的两任州长任期前后，他曾经三次竞选美国总统、一次竞选美国参议员，但都出师不利，无功而返。一九八三年卸下公职后，他去海外自我流放了六年。期间他先去了日本静心养性，学习东方佛教文化。后来又去了印度的穷人区，在特蕾莎修女 Mother Terrisa 的手下做义工。

回国后布朗放下身段，竞选一个仅有四十万人口小城的市长 Mayor of Oakland。从一九九九年至二〇〇七年他在奥克兰小城当了八年市长。在担任这座小城市长的最后一年，他成功地竞选到了加州司法部部长的公职 Attorney General of California（2007 年—2011年），重新回到金色的加州政治舞台。

二〇一〇年，七十二岁高龄的布朗踏上第三次问鼎加州州长的征途。他的竞选对手是美国无人不晓的商界女强人、身缠万贯的亿万富婆 eBay 的执行长 Meg Whitman。在选举基金少于对手几倍的劣势下他奇迹地战胜了对手，第三次坐上了加州州长的宝座（2011 年—2014 年）。

今年布朗七十六岁了，他老当益壮、继续"革命"，破纪录地第四次问鼎加州州长宝座。这次竞选带有我所熟悉的、浓厚的、中国式的选举特色。

小时候曾经在《人民日报》上见过一张照片——毛泽东站在一个选票箱前，投下一张他的选票。我对这张照片印象深刻，特别是照片里的那个选票箱，距我是那么遥远、神秘、触不可及。而共和国的官员们似乎不太在意这个选票箱的存在。他们未战先赢，在没有开选票箱之前稳操胜券、笃定获选。

与中国的特色选举一样，布朗先生未战先赢。他的对手共和党州长候选人 Neel Kashkari 仿佛扮演了一个陪衬的小丑角色，对布朗不具任何威胁。

与中国的特色选举一样，主要媒体一边倒，对布朗过去四年的政绩歌功颂德， 鲜有负面对他不利的新闻报道。人们经常津津乐道的是布朗妙手回春、扭转乾坤的领导能力：把一个四年前濒临破产的加州从财务预算赤字二百五十亿美元变成盈余超过四十亿美元。在他的任期内加州创造了一百万个新的就业机会，失业率下降了四个百分点。

布朗州长的施政策略有点像中国共产党早期打天下时"打土豪、分田地"的政策。(注释 2）为了扭转加州巨大的财务赤字，布朗向占人口百分之五的富人伸手要钱，他提出一个《Proposition 30 法案》：年收入超过二十五万美元的富裕家庭需要交额外的税，为期七年。这个 "打土豪" 的提案大获草民的支持，在二〇一二年的中期选举中高票通过，成为加州政府转负为盈的财务来源之一。

除了"打土豪"，布朗也同时要求占人口 95% 的大众们同舟共济、共度难关。在美国一个政客若想提出一个广泛加税提案无疑是自掘坟墓、自毁前程、肯定会被选民所抛弃。但精明老道的布朗把他的加税提案放在提高 0.25% 的销售税上。在他苦口婆心的呼吁下，选民们同意了这个有四年限期的临时加税法案，为加州政府增加了六十亿美元的收入。

美国的许多主流媒体公认：这个秃顶、拥有洞若观火的眼光、曾经担任一个四十万人口小城市长八年、如今七十六岁的老人可能是美国历史上最有效的公共部门的领导者。他曾是年龄最小，如今也是年龄最大的带领自己家乡的 "父母官" 州长。在美国人反感现任政府官员的传统民意测验中他未战先赢，破纪录地成为担

任州长公职最长久的"政治不倒翁"。四年后待他卸下第四任加州州长的官职时，他将是一位八十岁的老人了。(注释3)

最近布朗州长在政坛上创造的奇迹吸引了许多媒体与学术界的关注，探讨他不可思议的成功秘诀的文章频频出现在主流媒体、报纸杂志与网络上。

有人说：布朗州长的从政经历仿佛是一本打破传统的依赖民意测试、专家顾问团队获得成功的新教科书。他以他那古怪、但却聪明、真实、彪炳的人格魅力征服了选民以及民主党与共和党议员们的心。这可能会为在华盛顿参、众两院争吵、僵持不下的两党议员们树立了很好的榜样。

有人说：布朗州长的成功在于他丰富的经验。他的经验不仅仅来自他第一次担任州长的八年，更重要的是来自于他担任小城 Oakland 市长的八年。在这个人口比任何一个中国乡镇都小的小镇上，他接地气地改变了他的施政风格，了解民间疾苦，与升斗百姓们同呼吸、共患难，带领穷困潦倒的社区走向繁荣。

有人说：布朗州长的成功是由于他娶了一个能干的老婆 Anne Gust Brown。安妮比布朗年轻二十岁，是 The Gap 的一位前高级主管。她多才多艺，理智、具有探索精神。她是一位律师、演讲撰写人、战略家。布朗自二〇〇五年与这位交往多年的女友结婚后对老婆言听计从，因为安妮了解社会的动态，对民意无所不知。(注释4)

坦白地说，在四年前的那次州长竞选中，我把选票投给了布朗的竞选敌手——共和党的州长候选人 Meg Whitman。当时我没有投票给布朗的主要原因是考虑到他的年龄因素。

这是因为在中国现代史上我看到曾经有太多的高龄执政者对社会产生的负能量，从晚清的慈禧太后，到共和国的领袖们，他们垂帘听政，退而不休，至死都紧紧地抓住手中的权力不放，成为历史车轮前进的阻力。对我来讲七十二岁的布朗已经是一位过气的老年政客，加州人民需要从新一代人中寻找他们的领袖。

但后来的事实证明四年前我对布朗先生的判断是错误的。他老而不衰，令人惊叹的超人精力、精明敏锐的头脑让我折服。本想在今天的选举日投他一票，却因急性阑尾炎手术四年来第二次错失把我的选票投给他的机会。

最近在接受美联社电话访问时这位七十六岁的老人说：他连任后的施政蓝图之一将是设定更严格的减碳目标，让原本拥有全美最严格的排碳标准的加州享有更清洁的空气。他说：他会邀集环保人士、石油或运输公司共同完成这一挑战。

看到这则新闻报道，我不禁对这位毕生献身于加州公共事业的老人充满了敬意。倘若没有像布朗州长这些"全心全意为人民服务"的民选政府官员的远见、才华、执着和努力，今天加州的百姓们也许不可能呼吸着没有雾霾污染的空气，生活在头顶蓝天白云的土地上。(注释 5)

注释

1) 加州选民在十一月的中期选举中通过了布朗州长赞助的这两项提案：一号提案：发行七十五亿四千五百万美元水利公债，用于修建加州供水基础设施，以解决加州面临的长期缺水干旱生态。二号提案：要求加州每年的总税收的 1.5% 转移至一个特别的《预算稳定账户》，用来抵御突发金融危机或财政赤字。

2）"打土豪、分田地" 这个口号是中国共产党领导的中国工农红军在土地革命战争时期提出的主要宣传口号之一。它最先出现在一九二七年的文家市，至今全国重点文物保护单位秋收起义文家市会师旧址还保存当年所写的这条标语。

3）布朗以 92.5% 压倒多数，赢得了他的第四次州长选战。这是一个空前绝后的胜利，因为加州法律把一个人生平担任州长任期的最长期限限制在两任八年内。由于这个法律是从一九九〇年开始生效，所以布朗在一九七五年至一九八三年期间担任的那两届州长不包括在这个新法律的计算之内。

4）Todd S. Purdum 《Jerry Brown›s 4th Act》, Lessons from Leaders, Politico, 10/28/2014

5）摘自毛泽东在一九四五年四月中国共产党七大的开幕词《两个中国之命运》："我们应该谦虚、谨慎、戒骄、戒躁，全心全意地为中国人民服务"。

写于二〇一四年，十一月四日

请投女演员丁洋一票

我在美国生活了三十多年，虽然在每年十一月初选举的日子，我去设在小区内的投票站投票，却从来没有参与过政客们的竞选拉票活动。但今年是个例外，在我的有生之年，我第一次为一位竞选人拉票。

我为之拉票的这位竞选人，不是在南加州我居住的小城里的候选人，这位竞选人住在太平洋彼岸的北京，是我的一位网友，一位演艺界的女演员。两天前，在《微博》上我看到她发了一则消息：

"我是丁洋，我的编号是683，我正在参加《星美演员海选》活动，票数进入前一百名就有机会参演电影《阴阳眼》和《成长游戏》哦，请大家快来给我投票。"

出于好奇心，我点了这条《微博》短讯的链接网，把我带进了《星美演员海选》的网页，在这个网页上我看到了丁洋的简历与照片。虽然我从来没有见过这位网友，但从照片上看，显然丁洋是个大美人。她的美不仅仅表现在她的漂亮的脸孔上。她有一双明亮、会说话的眼睛，她微笑的神色流露出一股娴雅、纯洁的气质。

在《微博》上我投了丁洋一票，并在《微博》与微信上为她拉票，希望我的网友们也助丁洋一臂之力。

正当在《微博》与微信上我为丁洋拉票之时，猛然想起几个星期前我收到一本美国中期选举内容的小册子，到现在还没有打开这小册子阅读呢。之所以没有立即阅读是因为根据以往的经验，小册子里面的内容简洁明了，我一般只需要花上个十几分钟，便会统统了解候选人的简历、选举提案的要点，轻松地做出自己的投票决定。

临时抱佛脚，在投票日的前一天我匆匆打开小册子开始阅读起来。因为今年既不是美国总统竞选年，也不是加州的州长竞选年，因此竞选显得格外冷清。竞选小册子里只有四个公共职位的空缺由选民们投票决定。其中两个公职是我所居住小城的市议员空缺，以及社区教育委员会的两个空缺。我仅用了几分钟的时间便了解了几位候选人的背景，挑选出我心目中理想的四位候选人。

除了选举这四个公共职位空缺之外，选举小册子上还有一个提案——Measure O，需要选民们投票表决。小册子里还刊载了这个提案的详细全文、赞成提案人的论述、反对提案人的论点以及赞成提案人反驳反对提案人的论述。

出乎我的意料之外，自恃可以在短时间内轻松读懂提案的我，在阅读这个《Measure O 提案》时，竟然被提案里面的内容搅扰得昏了头，搞不清自己应该对这个提案投支持票，还是反对票。

这是一个涉及社区公立中、小学教育的提案。这个提案让选民们来决定核桃区教委会是否可以发行二亿、八百万美元债券。这笔庞大的资金将用于核桃校区校舍建筑物的维修、更新学校的电脑系统、更新校舍的安全警戒系统。提案上说：债券回购期限不超过四十年，包括持债券人的利润回报，这个债券的总预算将高达四亿八千万美元。提案需要 55% 的赞成票数才可以通过。一旦提案通过，一个"独立监督委员会"将成立，以此监督、审查这个债券基金会的运作与资金应用。

赞成这个提案的人之中有我居住的这个小城市的市长与议员们。这些官员们声称：这是一个关乎社区公立中、小学教育质量的百年大计。市长与议员们在赞成提案的论述中激昂地呼吁：为了社区下一代孩子们享有高水准的教育，为了他们可以考上最好的大学，为了他们可以接受专业技能训练而找到工作，大家齐心合力来投赞成票。市长与议员们还试图消除选民们的顾虑：发行这个二亿、八百万美元债券不需要纳税人多交额外的税，因为多年前发行的债券将会在二〇一九年到期完结。

我半信半疑地读完了这个《Measure O 提案》全文，以及由市长与议员们签署的赞成提案的论述。以往的投票经验告诉我，凡是这类以发行债券的方式筹集资金的公投提案最终将会增加纳税人的负担。

在小册子里反对提案人的论述中我的怀疑得到印证。有趣的是不同于由市长大人与议员们签署的赞成提案论述，这个反对提案的签署人都是些普通市民与退休人员。他们以讽刺、辛辣的文字对提案中的内容以及支持提案的政府官员们大加鞭挞。读了这篇草民们"妄议"政见的论述，我不禁拍案叫绝。我把这个反对提案论述译成中文供国人阅读、欣赏：

你如何分辨出政客们是否在撒谎？——从他们不能自圆其说的竞选口号："不加税！"就可明了。相信他们嘴巴里讲的这话吗？你若逐字地阅读市议员的会议要点记录就会真相大白了。

请想象一下，四十年后咱们校区的学校将会是个啥样子？它们还会像今天的模样吗？也许它们将被人视为如同古埃及法老遗物似的古迹？

债券相当于一张有着巨大消费限额的信用卡。当你在信用卡上刷掉你生活上的花费，你打算不去付清你卡上每个月的欠债吗？当然不会！因为你晓得，假如你每月采用最低付款额段，你会付出极大的代价：今天为了灌满你的汽车油箱，你将年复一年地偿还信用卡上连本加利的债务。

在《Measure O 提案》中科学技术被提及了八次。根据摩尔定律的预言，科学技术的效能每隔两年就会增加一倍，而相应的价格反而急剧下跌。一台苹果电脑在一九七七年（三十八年前）售价二千六百三十八美元，四十年后你愿意用同样的价格买已经过时的科技成品吗？

四十年后当你和你的孙子、孙女们还清这债券的时候，我们现在的校舍设备可能已经变成了博物馆里的珍藏品。先进的教育来自世界上最好的老师以及孩子们可以拥有先进的设备去连接互联网，这一切现在已经都在发生了。

为什么一开始没有人阻止这个《Measure O 提案》出现在我们这次中期竞选的议题里？这是因为官僚体系衍生出的旧思维！另外如果区校委董事会可以被人们信赖，它就不需要再设立一个监督委员会。

聪明的选民会对这个四亿美元的《Measure O 提案》投票说：不要！

去年十一月，我也曾经写过一篇我参加美国中期选举体会的文章。记得有位生活在大陆的网友写下这样的读后感："国情不同，于我们很遥远"。

对于那些从来没有经历过投票的读者们，我倒是有点庆幸你们不需要遭受我一时读不懂《Measure O 提案》的烦恼。但我建议大家不妨亲身体会一下投票的感受，为女演员丁洋投上一票！

通过你的投票，你会感受到你为一位才貌双全的女演员创造了她事业发展的机会。通过你的投票，你会意识到虽然你手持的一票很渺小，也无法确定你这一票可以保证丁洋在即将开拍的电影里获得一个角色，但是你会尝到投票的乐趣。因为通过投票，你表达了自己的意愿。当更多的人参与了类似的民间投票活动，也许以投票的方式选举地方公职人员那一天的到来离你并不是那么遥远。

我为丁洋拉票的原因不只是因为她是我的网友。从她在投票网上写的简历，我可以感受到她不是一位只有漂亮脸蛋的花瓶女演员：

"丁洋，女，身高 170cm，体重 50kg，1979 年 12 月 6 日出生于北京海淀，生活中，她喜欢潜水、击剑、阿根廷探戈，北京人，毕业于首都师范大学艺术学院音乐系，2006 年从艺，基督徒。"

没有炫耀自己曾经演过什么电影或电视剧，寥寥数字，一位身材苗条、多才多艺、有内涵、有修养、有信仰的美女跃然纸上。

丁洋在《星美演员海选》的编号是【683】，丁洋的《微博》网名是：演员丁洋，进入她的《微博》网或者星美集团的网页，你便可以找到为她投票的链接网线。

她是位全才的美女，大家都来投她一票吧！谢谢。

写于二〇一五年，十一月三日

漫谈美国加州六月初选

自从三十多年前我在美国享有了公民投票权以后，每年我都在十一月份的选举中投票。但每年我很少去六月的初选投票，这是因为我一直误以为初选都是各个党派在选自己的候选人，而我是个无党派人士，党派内部的初选与我不沾边。当每年六月份收到竞选委员会寄来的介绍初选内容的小册子时，我都不屑一顾地随手把它丢进了垃圾桶。

今年我一反常态，第一次参加了加州六月初选。这次促使我在六月天去投票的原因并不是我对哪一个候选人情有独钟，而是因为不久前我参加了一个《微信》群，虽然我与这个群里的人素未谋面，但是他们无意的闲聊提高了我的公民意识。这些群友大部分居住在太平洋彼岸的中国大陆，我可以强烈地感受到他们对于享有公民投票权的好奇心。与他们相比我感觉自己竟然身在福中不知福，不珍惜手中的投票权，不禁暗自汗颜。

今年我居住地区的投票处设在我家附近的一个教堂。投票日的那天下午我走进教堂的大厅，看见大厅的中央摆设了三个长条桌子，上面摆了几本选民登记册，有三位竞选义工坐在桌边服务。我向一位非裔女义工出示了驾照，她很快在选民登记册上找到我的名字，让我在上面签名登记。

签名登记时，女义工微笑地对我说："你想入党吗？我可在这儿帮助你办理入党手续，你可以任选加入民主党、共和党、或其他的独立党。入党的手续很简单，只需你签个名就可以了。这样一来今天你就可以参加总统初选投票了。"

对于女义工的这个突如其来的入党邀请，我有点措手不及。我一生中从没有加入过任何党派，在我的印象中入党可不是一件简单的事情。我的前半生是在中国大陆度过的，那时候的积极分子申请入党，要经过党组织的严格政治审查，申请人要写入党申请书，入党时要有一个隆重的宣誓仪式，入党后要交党费。在那个年代，像我这样的"黑五类"子女申请入党或者共青团好比是天方夜谭。

看到我沉思不语，女义工又热心地向我介绍，她让我读了一段加入共和党须知的文字，然后说道："你只要符合这上面写的四个条件，我现在就可以为你办理入党手续了。"

我读着这张纸上列出的入党条件，不禁哑然失笑，几乎不敢相信在美国入党竟然是这么简单的一件事儿。共和党是美国两大党之一，早年这个党是以反对当时美国黑暗的奴隶制度为宗旨而创建的。在历史中这个党产生了许多著名的美国总统：林肯、埃森豪威尔、尼克松、里根……加入这个具有"光荣革命传统"的党，加州申请人只需要符合以下四个简单的条件即可：

1）申请人是十八岁以上的美国公民。
2）申请人是加州居民。
3）申请人现在不在监狱服刑，或者是缓刑犯。
4）申请人没有被法院裁定为不能做自我判断的精神病人

我还了解到：这个党的党员无需交党费。（但鼓励党员自愿捐款）另外党员可以与"党中央"的一些政策持不同政见。比如：共和党是反对堕胎的，但它允许党员对此持不同见解。

不需要严格的政审、不需要书写入党申请书、不需要庄严地宣誓、不需要交党费、允许党员持不同政见、允许党员随时退党加入其他党派。我恍惚觉得这不是一个严肃的政党在招募心怀远大政治理想的新党员，而是一个免费俱乐部在招揽社会上的三教九流、各色人等。

一个疑问在我心中油然而生：这么一个组织松散，可以接纳除了监狱里的犯人或是精神病人之外所有人的党，怎么可能在历史上产生出众多杰出的、传奇的领袖人物，诸如美国南北战争时期的林肯总统，二战期间指挥盟军战胜纳粹德国的艾森豪威尔将军，打破冷战思维改变世界的尼克松总统，在盖洛甫民意测验中，被视为美国人民最喜欢的总统里根？

"你决定参加哪一个党了吗？" 女义工的问话打断了我的思绪。她表现出的热情与坚持不懈让我感觉到她是在激励我"火线入党"。（注释 1）

"我还是继续当一个无党派人士吧。" 我婉言拒绝了她 "火线入党" 的邀请，因为我对今年美国两大党的几个总统候选人不太感兴趣。民主党候选人希拉里·克林顿女士 Hillary Clinton 在政坛上混得太久了，对我来说失去了新鲜感。她的同党竞选对手——参议员伯尼·桑德斯 Bernie Sanders 是个社会主义理想家，这位老先生在竞选中开出了诱人的一长串免费福利单，但他没有提出如何去"杀富济贫"，重新分配经济资源的具体方案。共和党候选人唐纳德·特朗普 Donald Trump 是个靠多次破产而致富的巨商，他在竞选中口无遮掩，引发了不少争议。

虽然我谢绝了那位义工"火线入党"的邀请，没有资格去为党内总统候选人投票，但我仍然可以在这次初选中以无党派的身份为竞选其他公职的候选人投票。在这些众多公职竞选中最引人注目的是竞选美国参议院的一个加州名额，由于今年代表加州的现任美国联邦参议员芭芭拉·鲍克塞 Barbara Boxer 宣布退休了，所以出现了这个空缺名额。

承袭古罗马元老院之名，美国参议院是美国重要的立法院之一。（另一院为众议院）美国每个州在联邦参议院中均有两位代表席位，这与各州人口的多少无关联。因为美国有五十个州，所以参议院的总名额为一百名议员，这些参议员在美国政治上起着举足轻重的作用。比如在批准条约与任命政府高级官员时，总统必须采纳参议院的建议并得其认可。换句话说，没有他们的认可，美国总统很难有什么大作为。这一百个参议员大部分是律师出身，他们精通法律，口齿伶俐，如果美国总统干了任何不合民意或者违反法律的事情，他们会群起而攻之，甚至可以弹劾总统。

美国联邦参议员享有一个比总统更优越的待遇：选举连任的次数没有限期（美国总统连任不得多于二次）。换句话说，一个联邦参议员可以在一生中连任多次，成为美国政界的不倒翁。这次宣布退休的鲍克塞参议员就是这么一棵美国政界的常青树，她连续四次竞选成功，在参议院干了二十四个春秋。（参议员每一任期为六年）

可以想见这是一个最令政客们垂涎的高级官职了，无怪乎在这次的六月初选中有多达三十四名候选人角逐鲍克塞参议员留下的空缺名额。从这三十四个候选人的职业背景看可谓是三教九流、百家争鸣了。以下是部分候选人的身份：

Von Hougo	教师：估计是中、小学老师
Don Krampe	退休人员：像我一样的退休老人
Mark M. Herd	社区活动组织者：可能是在家闲着没事干，在居住的小区活动的积极分子。
Ling Ling Shi	作家：美籍华人史玲玲
Gail K. Lightfoot	退休人：退休护士
Mike Beitiks	全职爸爸：蜗居家中照料孩子的父亲
John T. Parker	社区居委会成员：类似中国的大爷大妈街道干部
Steve Stokes	小业主：做小生意的
Paul Merritt	个体户：单干户
Massive Munroe	工程师：环境保护
Eleanor Garcia	工人：航天工程
Clive Grey	木工：兼职做小生意
Emory Rodgers	经理：房地产
Greg Conlon	会计师：兼职律师
Jason Hanania	律师：兼职工程师
Kampala D. Harris	加州司法部部长
Loretta L. Sanchez	美国联邦众议员：加州代表

读着这一长串陌生人的名字觉得眼花缭乱。当我想着把手中的一票投给这三十四个候选人之中的一位时，情不自禁地对他们每一位油然而生起敬意：不分贵贱、不分种族、不分年龄、不分职业，这些"小小老百姓"（注释2）在追求同一个梦想，勇于挑战这样一个只在一人（总统）之下的美国至高层的领导岗位。这需要有

多大的勇气与"为人民服务"的热望呵。

今年的加州初选，有许多地方高级法院的法官需要通过选民投票表决。美国法官在民众心中享有崇高的威望，一个新法官一旦被选民们推举上台，基本上他就有了铁饭碗。这个民意可从今年加州的初选中验证。今年全加州一共有三百五十一个地方法官席位需要重新竞选，但其中只有二十二个竞选席位有超过一位候选人的现象。这说明加州各地区的现任法官都将在几乎无人挑战的选举中稳坐钓鱼台，笃定获选连任。

从选民的角度来看，投票给争取连任的地方法官是件不费脑子的轻松举动。选民们只要看到选举名单上的候选人是现任法官，便会自动把选票投给他。然而如果竞选法官名单上全是新面孔，选民们往往会无所适从，不知道应该把票投给哪个候选人。

出现这种状况的原因往往是大众对角逐法官候选人的背景不甚了解。不同于参与政界的候选人，法官候选人大都是一些从事律师或者在检察机关工作的法律专家，他们很少像政客一样在媒体大众前曝光。

今年在我们大洛杉矶区的六月初选中，有七个地方高级法院的法官任命需要由选民投票表决。在这七个法官职位的选举中，有四个职位是在新面孔的候选人中选举产生。当我看到这些陌生的名字时，发现自己陷入了一个窘境：如果我在对候选人的教育背景、政治主张、人品道德毫不知情的情况下投票，这不就等于是在候选人的名单上乱抓阄了？如果大家都像我这么摸着黑投票，这样的民主选举又有什么意义呢？

那天当我把票卡投进投票箱后，我怀着内疚的心情，对那位邀请我入党的女义工坦承："真抱歉，我在乱投票，因为我一点也不了解这些竞选法官候选人的背景。"

她细声地安慰我说："不管你投票给哪个人，这些候选人对你前来投票都会心存感激。"

注释

1）火线入党，是指在特殊情况下简化入党程序，不按常规入党的情况。

2）"小小老百姓"语出中国共产党著名理论家陈伯达，在担任"文革"组长演讲时逊称自己的常用语。

写于二〇一六年，七月一日

春游圣地亚哥——西班牙艺术中心

四月初，内子的学生们放春假，我们老两口得空去圣地亚哥 San Diego 尽情享受了四天假期。

凡去过圣地亚哥的人都知道在老城中心有一个著名的巴尔博亚公园 Balboa Park。在这个占地一千二百英亩的公园里，有许多花园、博物馆、剧场、动物园。这些游览活动点由十六个艺术、科学和文化机构负责管理。过去每次我与内子来圣地亚哥时总会抽时间来到这儿，流连忘返于其中的几个艺术博物馆，神怡心醉于馆内展出的世界名画中。

但在这次春假期间造访巴尔博亚公园时，我们意外地发现了一个有趣的园地——西班牙乡村艺术中心 Spanish Village Art Center。由于地处公园内一个偏僻的角落，它不太容易吸引外来游客的注意，当我们走进这个村时只看到有几位零星的游客在园区内走动。

与巴尔博亚公园内那些高大宏伟的西班牙殖民复兴式华丽建筑相比，这个西班牙艺术村里的建筑物凸显简陋。村里的房子几乎都是些低矮的平房，这些平房与庭院建于一九三五年，是为了第二届加州太平洋博览会而建。设计这个村落的设计师的设计宗旨是想通过这个设计展现一个具有西班牙风情、充满怀旧气氛的村庄。一九三七年，一群敬业的艺术家们在这个村里住了下来，从此这个村庄向大众开放，在这里艺术家们展示他们的艺术作品。在第二次世界大战期间，这个村落曾经被美国军队征用为临时兵营房，直到一九四七年才被艺术家们收回。

走进西班牙村，首先映入眼帘的是艺术村内五颜六色的鹅卵石砖地。这些仿佛出自幼稚园小朋友之手的涂鸦作品，采用了中南美洲传统简洁的色彩，为整个艺术村打上了一层纯朴稚拙的底色。

在铺设彩色的鹅卵石砖，宽阔庭院的中央竖立着一个白色的木亭子，从亭子里的扩音器里传出一首首节奏欢快的墨西哥歌曲，一位中年吉他手坐在亭子里边弹、边唱着。

虽然村里的房屋老旧低矮，但每一所老房子都设计得典雅朴素。庭院里，在五彩缤纷的花丛树木的衬托下，这些老房子显出独特的西班牙乡村魅力。这儿的每一扇门窗、每一棵树、庭院里的每一个角落仿佛都隐藏着令人神往的秘密，等待着游人前来揭示、体会、欣赏。

虽然西班牙村只有不到百年的历史，村子的主人还是尽心竭力地保留艺术村里的一些历史旧物。在一个小庭院花坛里的铁架子上挂着早期加州人在井里打水时挂水桶的吊钩。在一个工作室的外墙上方，房子的主人在维修保养房子的工程中刻意保留原始房子中木制的挂电灯的架子。在这个旧电灯架旁边，有几个支撑房顶的圆形木横梁头裸露出墙外。这些原始木梁的外表没有油漆，经历了几十年的日晒雨淋，表皮脱落得凹凸不平，呈现出岁月留下的痕迹。

西班牙村里有三十七个工作室和画廊，在这儿二百多位艺术家、工匠、手工艺人展示他们的艺术作品。他们之中有本地画家、雕塑家、珠宝设计师、黏土艺术家、葫芦艺术家、摄影师、版画、纤维艺术家、篮制造商、混合媒介艺术家、玻璃艺术家、搪瓷艺术家。

在四号工作室，我们遇到了一位在美国颇有名气的台湾国画家Lucy Wang。在与她简短的交谈中，我了解到她在西班牙乡村艺术中心工作了二十多年。这位毕业于国立台湾艺术学院的画家兼作家，把国画与西方绘画艺术相结合，独创了一种有 3D 效果的丝绸水彩画，在电视节目上被许多美国主流媒体报道。

在西班牙村的艺术家工作室里，游人可以亲眼目睹艺术家们的创作过程。我看到一位艺术家正在把一个玻璃球放进华氏二千多度的高温熔炉里打造玻璃花瓶，一位陶器工人正用手里的红泥土做陶瓷碗，一位剪纸艺术家用微小的碎纸片贴成一幅抽象派的微图案……

不知不觉，我们在这宁静优雅的西班牙村游荡了两个多小时，我感到有些疲惫，便独自在一个工作室的庭院里找了一张木椅坐下来休息。而内子仍然兴致盎然地继续在工作室里参观。

正当我坐在这庭院里休息时，两只可爱的小松鼠突然出现在我眼前，它们似乎对我毫无戒备，在庭院的一棵树上悠然自在地爬上爬下。仔细一看原来工作室的主人在这棵树下放了一碗松鼠最喜欢吃的瓜子。显然这个工作室的主人与这两个松鼠建立了非常亲密的关系，成了一家人。

四月的加州，金色阳光懒懒地散落在五颜六色的鹅石砖地上，西班牙村的庭院里静谧、安宁，我惬意地坐在木椅上，打了一个盹儿，舒适地沉浸在一个短暂的睡梦中。

写于二〇一五年，三月十三日

春游圣地亚哥——海军码头

圣地亚哥有个海军码头，码头上停泊着许多老旧船只供游人参观，其中最著名的是退役的美国海军航空母舰 "中途岛" Midway。这艘航空母舰长达三百米，远处看上去仿佛是一座灰色的巨山，每年她吸引了上百万游客前来参观。

在这次的春假中我与内子也来到了海军码头。但我们没有去参观游客熙来攘往的 "中途岛"，而是选择了一般游人不太留意、规模较小的一个海上博物馆 Maritime Museum。这个海上博物馆搜集了十艘具有航海历史意义的老旧船只，其中的几艘船让我们大开眼界。

海上博物馆的镇馆之宝是"印度之星" Star of India，这是一艘现今世界上仍然可以航行的最古老的帆船。这艘帆船建于一八六三年，最初以掌管音乐和诗歌的希腊缪斯女神 Euterpe 命名。它的早期航海生涯并不顺利，第一次处女远航去印度，船身不巧被撞，几乎沉入海底。第二次去印度，在孟加拉海湾遭遇强烈的旋风，船的中桅被旋风削掉，差点不能靠近码头。它的第一任船长不久死在船上，被海葬在印度洋。以后"印度之星"又去印度运了四次货，它于一八一七年开始从伦敦运送移民去新西兰、美国加州、澳大利亚与智利。这些来自英国、爱尔兰、苏格兰的移民大多数是穷苦的工人，他们后来在新大陆都事业有成。

"海豚" Dolphin 是一艘退役的美国海军潜艇。它独特的、极度深潜的能力使它成为一艘与众不同的潜艇，创下了潜水最深的世界纪录，而这个世界记录迄今仍然没有被其他潜艇打破。在它服役的四十年里，它立了许多个 "第一"：它是世界上第一艘从深海中发出 email 的潜艇，它从海洋的最深处发射出一枚鱼雷。它装备的高科技精密仪器仪表可以同时从事多种军事任务，并由此取得了惊人的科学和军事方面的成就。虽然已经从海军退役，目前这艘潜艇仍然从事于大面积的深度水声学研究、海洋调查工作、传感器试验和工程技术评估。

在海上博物馆，我们惊讶地看到了一艘苏联海军潜艇，在这艘潜艇上部突出的舰桥围壳外表醒目地标示着一颗代表共产主义的五角星。这是一艘柴油电动潜艇，名字叫 B39，它长三百英尺，重二千多吨，是有史以来建造最大的常规动力潜艇。这艘 B39 建于七十年代初，服役于苏联太平洋舰队，专门用来跟踪在世界各大洋、美国和北约的军舰。它携带多达二十四枚鱼雷，甚至可以携带小核弹头。这艘曾经在五大洋给予美国海军极大威胁的敌舰，现在竟然静静地停泊在美国海军码头供游人参观，令人不禁庆幸我们不再生活在剑拔弩张的冷战时期。

除了参观停泊在码头上的旧船之外，我们还乘坐海上博物馆提供的游船游览了圣地亚哥海湾。不同于在同一条街上的另外两个旅游公司提供的大型豪华游轮，博物馆提供的是一艘体积很小的汽艇。这艘小汽艇曾经服役于美国海军，参加过越南战争。美国海军官方称这艘小汽艇为巡逻快艇 Patrol Craft Fast，但越战时，在这艘小汽艇上服务的官兵通称它为"斯威福特快艇" Swift Boat，意思是"快速小船"。这艘快速小船在越战临近结束营救难民的过程中发挥了极大的作用，把许多逃难的越南难民运送到停泊在远离海岸的美国军舰上。

"快速小船"可以容纳大约二十位游客，其中六人可以坐在狭窄的船头，其余十几人坐在比较宽敞的船尾，船中央是船长与水手操作的区域。我和内子喜欢僻静，选择坐在人少的船头。

四月初春的圣地亚哥碧海蓝天，金色的阳光照在海面上，粼粼的波光分外闪亮耀眼。我们乘坐的"快速小船"在海面上迎着海浪快速前进，所到之处溅起一片片白色的水花，时而凉爽的浪花还会飞溅到我们几个坐在船头上人的身上，让我仿佛返老还童，兴奋不已。海岸快速地从我们身边退去，圣地亚哥沿海的城市美景尽收眼底。城市里耸立着许多漂亮的高楼大厦，这些高层建筑设计得朴素大方、风格迥异，从远处眺望，令人爽心悦目。

不一会儿，"快速小船"驶进著名的科罗拿多大桥 Coronado Bridge。这座连接圣地亚哥大陆与科多拿多岛的大桥全长二千四百米，桥宽十九米，由二十七个桥柱支撑，这些桥柱高达二百米，桥柱之间的距离相当宽阔，可以让巨型航空母舰穿越。桥面上有五条车道，我和内子曾经多次开车经过这座大桥，但过去我们从未乘船在桥下的海面上穿越过。这次当"快速小船"穿越桥底时，我拿起相机在桥下仰头向上拍摄了几张难得的近距离的大桥画面。

"快速小船"的船长身兼两职，他一边开船，一边当导游，通过主机室的话筒向船上的游客讲解沿海的风光。也许由于船长是个

退伍军人，当"快速小船"经过海军造船厂时，他把快艇的速度减慢，详细地向我们解释停泊在海军造船厂码头上的各种不同类型的军舰。这些大小不同、种类不同的军舰一字排开、停泊在水面，非常雄伟壮观。

在造船厂码头上停泊的各等舰船让我们这些游客看得眼花缭乱、大长见识，大家拿着手机猛拍个不停。我看到一艘正在建造的巨轮，它的船头与船尾已经建造好了，但是船中间仍然是一个空心。船长解说这是一艘补给军轮，在战争中专门用来为其他战舰提供后勤支援。我还看到一艘巨大的军舰船尾有一个极高大的起动铁板。船长说这是一艘用来运输坦克与军车的运输舰。美国在伊拉克打仗时所用的几百辆坦克，大概就是用这种运输舰运送的。

在返程的水道上，我看到一艘巨型的现役航空母舰静静地停泊在科罗拿多岛的码头上，心里不禁产生了一个外行人的傻问题：这些五花八门的军舰，特别是那些正在建造的新型军舰，怎么成了

旅游景点？而没有当作军事要地，禁止游人拍摄呢？难道美国海军就这么自信，不担心有 "境外敌人" 混入游客中，偷拍他们正在建造的最新式军舰？

"快速小船" 上有位热情的老年工作人员，他是个海军陆战队退伍军人，在越战时期曾经在"快速小船"上从事救援越南难民的任务。在我们的小船快返回码头时，这位老人取出他以前当兵时穿戴的钢盔与防弹衣来到内子面前，询问她是否有兴趣一试。机会难得，我在一旁帮着内子穿上沉重的防弹衣，为她拍摄了一张头戴钢盔、身穿防弹衣的照片。

"快速小船" 驶过一个浮在海边上的浮标，在浮标上有几只海豹，它们躺卧在那儿享受着南加州温暖阳光。而小船在海面上随着浪波一起一伏，我们好像婴儿在摇篮里任意地让波浪摇晃着似的。

我深深地吸了一口略带湿润新鲜的海洋空气，心情极为舒畅。周围的一切都如此的美好、安宁、和谐。我想起了冷战时期那场残酷的越战，昔日在战场上打得你死我活的宿敌国，现在都握手言和，变成了友国。昔日"美国侵越军"士兵头上戴的钢盔与身上穿的防弹衣，现在变成了游客拍照的道具。我暗自祈祷，愿上帝保佑我们的下一代远离战争，让他们和平地生活在这片自由的土地上。

写于二〇一五年，四月七日

波兰总理在伦敦"洋插队"

今天看到英国广播公司 BBC 报道的一条有趣的新闻。目前波兰总理 Artur Debski 在英国访问。但他的这次访问没有任何政府官员簇拥随从，没有警卫前呼后拥，没有记者跟踪、炫耀的报道，没有专机送行。

这位波兰现任总理静悄悄地买了一张廉价的飞机票，到伦敦后在一位波兰妇人家租了一间简陋的小房间住下来，他口袋里每星期的生活费仅有一百英镑。

但是这位孤身一人低调出访的总理还是被消息灵通的英国 BBC 记者发现了。在去伦敦的一家求职中心的路上，他告诉 BBC 记者，他想在伦敦找一份工作，在这座城市里打两个星期的工。他说，他将忠实地告诉职业介绍所他自己的简历，但他不晓得人家会分派给他一份什么样的工作。他对记者叹息："找份工作不会那么容易"。他在自己的个人网页上写道："我已经四十五岁了，我的英文也不好，我可能只会找到一些体力活，或者在一个小店里打工"。

为什么贵为波兰总理的 Debski 先生要屈身，以一介移民身份在伦敦"洋插队"，去职场介绍所乞讨一份低下的工作呢？

原来自从波兰加入了欧洲共同体之后，根据二〇一一年的统计，有近五十八万波兰人背井离乡来到英国打工，与十年前相比这个数字增长了十倍。这位总理说："对波兰来讲，这是一个危险的问题"。对于一个人口只有三千八百万的国家来说，五十八万人占据了波兰总人口的百分之二，一个小国家在十年间流失了百分之二的臣民。另外据调查，百分之七十的年轻波兰人想移民外国，这可真是个关乎民族存亡的潜在危机。怪不得这位波兰总理说在伦敦打工"洋插队"期间，他必须思考这个问题，找出一个解决的答案来。

读到这条新闻，我想起多年前我在北美工作的公司把我们财务部的付款部门外包到波兰去了。外包的原因美其名曰"全球经济化"，因为波兰人的平均工资比美国要低很多，公司由此可以节省出不少开支。但许多在这个付款部门工作多年的老员工们从此丢掉了饭碗，成了这项外包的牺牲品。

实际上波兰的低工资吸引了许多跨国企业。我知道有个叫 CSC 的跨国企业，多年前把电脑网络服务部从北美搬迁到波兰。去年我因病退休前，因为上班时电脑出了故障，曾经打电话去 CSC 的电脑网络服务部求助。接电话的网络维修员是个年轻人，当他在电话里指导我如何去复修我的网络时，我与他闲聊了几句。因为在电话里听他讲话有浓厚的英国口音，我问他是否是位英国人？为了什么原因跑到波兰工作？他告诉我英国失业率太高，因为无法找到合适的工作，自己才来到波兰做网络维修员，工资虽然比在英国低，但总比失业好。

从今天英国广播公司的这条新闻看来，尽管波兰的低工资吸引了许多跨国企业，尽管波兰是欧洲共同体内在经济上成功的一枝独秀，但这仍然无法阻止波兰的年轻人向往移民英国。但愿这位现任波兰总理在伦敦的"洋插队"期间，与波兰的"打工仔"们促膝谈心，了解他们为什么甘心背井离乡地跑到英国去打工，回国后殚精竭思，制定出一套可以把波兰人留在自己家园生活工作的国策。

与东欧小国波兰相比，世界上人口最多的泱泱中华大国倒是不必担心有多少百姓移民出走。即使有百万人，甚至千万人想远离故土、移民他国居住也不会对傲有十四亿人口的中华民族的存亡有什么影响。然而据《福布斯》报道，近些年来，国人疯狂海外置业上千亿美元，使得中国多年流血、流汗积累的财富釜底抽薪地反哺了其他国家的经济。许多富裕的家庭综合考虑孩子教育、养老和生活环境等问题，最终他们将眼光投向了海外。

也许中国的政府高级官员们应该像波兰的这位现任总理一样放下身段走到老百姓中间，倾听他们的心声，探讨一下正在努力实现"四个现代化"的国家如何赢得民心，吸引自己的国民把上千亿美元的资产投资在故土，安居乐业地生活在蓝蓝的天，清清的水的神州大地上。

写于二〇一四年，四月七日

一个宁静的加州小村

在美国西海岸的两大城市旧金山与洛杉矶之间有一个宁静的海边小村，它看上去一点儿也不起眼。经常路过小村的那些满载着来自中国大陆游客的大客车，即使到距离小村以北仅六英里的"赫氏古堡"参观时，也不会在这儿停留下来。在旅游公司导游的眼里，这是一个不值得让游客们下车、停留的地方。

这个宁静的海边小村名叫坎布里亚 Cambria，是这次我与内子出门远游的目的地。

第一次听说小村的名字还是二十五年前。当时我的三个孩子只有二、三岁，我向我们教会的美国老牧师请教，公司放假时我与家人应该去哪儿度假？老牧师建议我们去一个叫 San Simeon 的海边小村，而距这个小村 San Simeon 南边十英里的邻村就是坎布里亚 Cambria 了。老牧师告诉我，每当他休假时，他总是与牧师母开车北上去这个地区度假。他说那儿远离城市的喧嚣，人烟稀少，是一个与大自然亲近，心灵得到释放与休息的绝佳去处。

二十五年过去了，我们的三个孩子都已经长大成人，离开家独立生活了。今年初春我们二老决定旧地重游，去坎布里亚小村度春假。

从我家开车沿着一零一号公路北上，再转换到一号公路，如果中间不停留，应该只需三个小时就可以达到坎布里亚。沿路上风景如画，我们走走停停，尽情领略一号公路左右两边的旖旎风光——浩瀚的太平洋海洋、高低起伏的丘陵、巍峨的山脉、漫山遍野盛开的野黄花。原本三个小时的路程，花了五个小时才到达目的地。

我们预定的旅馆叫 El Colobri Hotel and Spa，它坐落在坎布里亚小村的月石海滩街上 Moonstone Beach。月石海滩名字的得来是因为在这个海滩上，人们曾经可以捡到珍贵的月石玛瑙。

旅馆 El Colobri 是六年前建成的，不大，只有二层楼，三十多个房间。房间的设施很新，每个房间都有一个马力强大的按摩浴缸。虽然旅馆建筑在月石海滩街上，但没有海景。从我们住的一楼房间的窗户向外望去是一片望不到尽头的湿地原生态森林。

我们房间的窗帘是一层薄薄的透明白纱布，开始我有些顾虑，心想，要是有人从森林里冒出来从窗外向室内窥视，这房间里就没有任何隐私了怎么办？但后来又仔细一想，也许这就是旅馆主人的高明之处。他希望到他旅馆住宿的客人，既享受了现代化的设施，又可以感受到窗外别有一番洞天的原生态自然景色吧。

这种人与大自然融为一体的理念在坎布亚里小村许多地方都可以窥见，也许这就是为什么我与内子迷上了这个小村的原因，把原本打算在这个小村住两天的计划临时延长到第三天才离开。

与许多历史悠久的中国乡村相比，加州中部的这个小村实在是没有什么太久的历史。坎布亚里 Cambria 是在一七六九年被来自西班牙的探险队发现的，那一年是太平洋彼岸中国的清朝乾隆三十四年。

小村于一八六九年被命名为 Cambria，这名字取自拉丁字 Wales（鲸鱼），也许是因为这儿的海域曾经是鲸鱼经常光顾的地方。二百五十年后的今天，小村海岸的自然环境仍保留着原生态，迁徙的鲸鱼仍季节性地到这儿歇息，小村仍然被世界上稀有的蒙特丽松树 Monterey Pine 所环抱。这儿空气新鲜，没有污染，没有过度的商业开发，村民们生活在一个宁静的世外桃源中。

我很好奇，在当今这个物欲膨胀的社会，小村的村民是如何做到如此逍遥洒脱的呢？

在我们住宿的旅馆 El Colobri 东南方向有一片自然保护区。这片没有被人类污染的原始净土给了我答案。

这片占地四百三十英亩的自然保护区曾经被一个叫菲斯卡利尼 Fiscalini 的意大利瑞士家族拥有。用中国人的话来说，这个 Fascalini 家族就是一个大地主。老菲斯卡利尼出生于意大利，他于 1800s 末期从墨西哥人手里买下了 Cambria 的大片土地用来做牧场。牧场出产的瑞士乳酪远近驰名，老菲斯卡利尼牧场的生意很兴隆。

中国有句俗语：富不过三代。这还真应验在菲斯卡利尼家族后代的身上了。七十年代，菲斯卡利尼的后代人继承遗产时手头上没有足够的钱交遗产税，不得已于一九七九年把牧场卖给了一个开发商。这个野心教教的开发商把他计划开发公寓与商场的提案交给村民讨论，不料遭到村民们的强烈反对，计划失败，这个开发商因此而破产。

九十年代，牧场以三百万美元的价格又卖给了一群富有的地产开发商，但这群开发商的商业开发提案还是被村民们否决了。开发商"赔了夫人又折兵"，眼睁睁地看着自己投资的三百万美元打了水漂，村民们就是不买他们的账。

为了保护自己的家乡不再受到贪婪的地产开发商的威胁，小村里的村民意识到这片土地最终应该由一个非营利原生态保护机构来管理。二〇〇〇年十月，这片土地以一千一百万美元的价格转卖给了 American Land Conservation———一个以保护原生态土地为宗旨的非营利机构。其中的一百万美元是这个小村的六千村民自己筹款捐献出来的。

现在这片美丽的原生态土地仍然采用它原来主人的名字：菲斯卡利尼牧场。这是村民们对原来的大地主菲斯卡利尼的尊敬与纪念。但实际上牧场是属于坎布里亚六千名村民的，现在他们是这片四百三十英亩土地真正的主人。他们以及他们的子孙后代可以随意在这片美丽的原生态土地上亲近大自然，与栖息在这儿的许多野生动物为友。

我不禁感慨万分，小村的"土地革命"没有通过"打土豪、分田地"的流血暴力运动，便这样和平地从一个大地主家族转移到"贫下中农"的手里了。面对着势力强大的开发商利益集团，小村的村民们团结一致否决了两个地产开发商的提案，甚至导致其中的一个开发商破产。小村的村民们为了保护这片大自然的净土纷纷慷慨解囊，使得土地使用权顺利地转移到以保护原生态土地为宗旨的非营利机构。

我和内子原本计划去菲斯卡利尼牧场散步，领略一下这个牧场的原生态自然风光。不料当我们把车开到海边时天气突变，从海面上吹来时速六十英里的大风几乎把我这个病号吹倒在地。我们只好匆匆在月石海滩边上拍摄了几张照片，狼狈不堪地钻回车子里。在其中的一张照片中，内子的头发在强烈的海风中飞舞，把她的整个脸部都遮盖住了。

除了诱人的原生态月石海滩与菲斯卡利尼牧场之外，坎布里亚Cambria 小村的魅力还在于她朴实无华的乡村文化。这种深厚的文化积淀从村里的许多房屋建筑上折射出来。

在小村主街道上的黄金商业区地段有一个不起眼的白色小教堂Santa Rosa Chapel，建于一八七零年。如果按照以中国大陆盛行的"建设新农村"的理念，这个年久失修的老、旧建筑物早就被地产开发商与政府合力拆除、盖建一幢有经济价值的新楼房了。

然而小村的村民们似乎并不仅热衷于"建设新农村"，同时他们也珍惜、保护、承传先人遗留下来的文化遗产。因为这些老房子代表了小村独特的文化、历史、与风格。村民们不希望自己的家乡文化在"建设新农村"中消失。一九八七年村民们成立了一个民间组织，号召村民们捐款，花了七年的时间把小教堂整修一新。

坎布里亚的村民们很注重新建筑的风格。我们在村里的主街 Main Street 上散步时看到一个叫林斯 Linn's 的饭店。从外表上看饭店非常老旧，外墙是用赭红色的砖垒砌起来的。但当我们走进这家饭店时，发现房子的内部设计非常现代化。人们可以体会到建筑师的巧思：为了使室内光线充足，建筑师把房子的窗口设计得很大，另外还在屋顶上开了几个天窗。

坐在这个明朗的现代化餐厅里吃午餐，我心里一直在纳闷，为什么这个建筑如此"表里不如一"呢？一位女侍者解答了我心中的疑问。她告诉我，原来这家餐厅的房子是七十年代建筑的，原来它不是一栋老房子！我被它外表上的赭红色墙砖给忽悠了。她说由于紧邻这块土地有一栋建于一九二八年，用赭红色砖建筑的老房子，所以设计新楼房的建筑师决定也采用相似颜色的砖，使得这两座相隔半个世纪建造的楼房在视觉上统一。

我们在邻近坎布里亚的另一个海边小村的餐厅吃饭时，我看到这个餐厅的中央摆放了一个老旧的火炉。在美国的家庭里这种旧式的火炉几乎绝迹了。估计餐厅的老板把它放置在这么一个显要的地方是想让来吃饭的顾客们怀旧一下这个稀罕的老古董吧。这旧式的火炉勾起了我的回忆，儿时在青岛龙江路三十二号的老宅里我的父亲也有一个与这个极为相似的火炉。但在一九五八年，那个沉重的美制火炉被父亲捐给街道办事处大炼钢铁了。

写于二〇一六年，四月十五日

钓鱼记

自从因病从公司退休后，我蜗居家中养病，平时除了去医院看病，很少出门探访朋友或参与其他活动。而过去认识的老朋友们也都对我"敬而远之"，体谅我虚弱的身体与低下的免疫力很少前来登门拜访。我基本上过着一种类似当前武汉人因新冠病毒（coronavirus）而被隔离的生活，只不过我的"自我隔离"期比武汉人要长久得多，至今已经十二年了。在这期间我经常接触到的人除了自己的家人之外，就是在我们社区里根总统小公园（Ronald Reagan Park）与我一起锻炼身体的几位打八段锦的老人了。

我们这个"老人帮"都处在七老八十的耄耋之年，这些年来我们几个从萍水相逢的陌生人逐渐变成了相识恨晚的朋友。我们之间有一个共同点，大家都活在当下，很珍惜活着的每一天。因为我经常要去医院看医生，不能够像他们一样坚持每天都去小公园锻炼，他们也都十分理解。我经常对他们说："若是我连续一、两个星期失踪了，那就证明我可能去见上帝了。" 我这么讲是因为近几年来，我们这个 "老人帮" 已经有三位老人先后过世了，而我又是一个经常进出急诊室，经历了八次外科手术，游走在生死边缘的末期癌症患者。每次当我从死亡线上挣扎着活过来，重新在小公园出现在他们面前时，他们都好像是见到了一个死而复活的人，对我的归队给予热烈的欢迎。

每天清晨打完八段锦之后，我们通常都会在小公园聊一会儿天，大家随意讲一下儿女家常或柴米油盐之类的琐事，然后再回家吃早餐。我们之中的杨池勇先生是一位钓鱼高手，他经常开长途车越过美国与墨西哥边境，到墨西哥的海边租一条渔船出海钓鱼。有时他会与我分享他的 "战利品"，送给我他在墨西哥钓到的红石斑鱼。上个星期他又去了一趟墨西哥，在他向我展示他这次钓鱼的照片时，我突然有个冲动，想跟他去钓一次鱼。我对他说："虽然我的身体状况不允许跟你去墨西哥出海钓鱼，但我可以去附近公园的湖边钓鱼。"

杨老告诉我，在离我家不远的 Chino 市有一个公园，Prado Regional Park 那儿有一个很大的湖泊可以钓鱼，但我需要去买一个钓鱼许可证。这个许可证件是由加州政府管理的，一天十五美元，一年五十五美元。我对他说："让我回家请示一下我家的女主人吧，如果能够获得她的批准，我将去买一个当天使用的钓鱼许可证。但若是她担心我的身体状况，不同意我去钓鱼，这事也就没戏唱了。"

回到家后，我把自己想钓鱼的念头对内子讲了，原以为她会否决我的这个提议。因为最近一年来，我的身体状况越来越差，除了癌症复发、我所服用的抗癌药物引发的严重副作用之外，我的心脏又出了问题，体内积存了许多水分，令我的心脏负荷量过重，走几步路就气喘吁吁。去年圣诞节期间我甚至以为自己马上就要死了。但让我意想不到的是内子非常支持我的想法，说："你有这个念头说明你现在还有求生的欲望，我支持你去钓鱼。"

得到内子的同意之后，我这个很少去商店的人兴冲冲地开车去一个叫作 Sport 5 Store 买了张一天的钓鱼许可证。这是一个很大的专卖运动休闲器材与服装产品的连锁店。卖钓鱼许可证的柜台是在一个专门卖枪的部门，在那儿我看到了柜台上陈列着各种不同类型的枪支与弹药。一位年轻的店员知道了我的来意之后，让我出示我的驾驶证，原来如同人们买枪一样，钓鱼许可证是不可以转让给他人的。他把我的姓名、住址以及我选择的钓鱼日期都一清二楚地输入在电脑里，并在打印出来的钓鱼许可证上显示出来。当我从年轻的店员手里接过这张印有我的名字的钓鱼许可证时，半开玩笑地对他说："也许，这是我人生中第一张也是最后一张钓鱼许可证。

除了钓鱼专家杨老之外，这次与我一起去钓鱼的还有我们"老人帮"里的陈培德先生。陈老是我很敬重的一位老人，他出身于军人家庭，他的父亲——陈鞠旅先生是位抗日英雄——国军第一军军长，而他本人则是留学美国的双硕士、退休的美国国防部长准将总工程师。他的母亲年轻守寡，一个人养育了四个儿子，几年前，近百岁的她去世之前，我曾去拜访过她老人家，一直很想写下她感人的人生故事，但由于担心自己文笔拙劣，不能够准确地把这位伟大的中华民族女性形象完美展现出来，所以迟迟不敢动笔。

杨老说：既然我有了钓鱼的欲望，又获得了太太的批准，那他就会积极配合去实现我的愿望，因为我这个大病号的病情随时都可能突变。杨老为我们选择的钓鱼日期是二月二十六日，星期三。他说他会准备好所有的钓鱼工具：鱼竿、鱼线、鱼钩、鱼饵、冰盒。我与陈老只要跟着他去就可以了。我们约定中午十二点我开车先去杨老家接上他，然后再去陈老家。临出门之前，我把我们家那部十七年车龄的老爷车洗刷了一下，这部二〇〇三年出厂的老爷车雷克萨斯 LS350 原来是我的小儿子马可开的，但后来因为我们二老担心这部经常出毛病的老爷车耽误小儿子的实习医生工作，就把我们的一部比较新的旧车与他交换了。

中午十二点，我开着老爷车准时来到杨老家，看到他已经在家门口等候我了。在去陈老家的路上，杨老似乎对我这部老爷车持保留态度，他有点担心地问我说："你这车子可以开到公园吗？半路上可别抛锚了呀！"

"没有问题！"我胸有成竹地回答他道："别看我这个老爷车已经跑了二十多万英里了，它的性能良好，仍然是一部八个汽缸的豪车！"我这样讲，是因为不久前我们花了两千美元把这个老爷车大修了两次。

接到陈老之后，我便驾驶着我的老爷车，向 Prado Regional Park 的方向开去。我突然意识到我这个司机的责任重大，平时去医院我都是独自一个人开车，但现在坐在这辆车里的三个人的年龄加起来一共二百一十五岁，我可要对另外二位老人的安全负责，所以一路上我开得很小心。

其实这个公园 Prado Regional Park 离我家并不太远，在高速公路上只开了二十多分钟便到了。这是一个占地二千英亩的公园，位于

San Bernardino County。公园内有一个自然湖泊，是一个休闲放松的好地方，人们可以在这儿钓鱼、野营、骑马、射击。这儿曾经是一九八四年奥运会射击比赛的场地。公园的入口处有一个收费站，一部车要交八美元，外加每一个前来钓鱼的人十美元门票钱。

这是我第一次来这个公园，当我们的车开进公园之后，我发现自己仿佛进入了一个与世隔绝的世界。也许因为这儿是郊区的原因，偌大的公园里几乎看不到几个游人，我一下子就喜欢上这个远离喧嚣城市的宁静环境。公园里最令我感兴趣的是那个占地六十英亩的自然湖泊。午后的阳光撒在湖上波光激滟，看上去是如此得美丽。在远处的湖面上有一大群鸭子在悠闲地游荡着，想想目前因新冠病毒而被封城的九百万武汉人，一个多月来被禁足在家里不能出门，而我却可以在这个二千英亩的公园里自由行走与呼吸，这真是一种奢侈的享受，心里充满了感恩。

我们在湖边找到一个角落扎下营来，杨老开始做钓鱼前的准备工作。这次他带来了两种鱼竿。一种叫齿轮鱼竿（Reel fishing pole），这种鱼竿可以插在湖边的地上，若是看到鱼竿的顶端弯曲变形了，就知道可能是有鱼上钩了。另一种是手杆，这是最简单原始的一种鱼竿，需要钓鱼人一直用手握着鱼竿，等待着鱼来上钩。我这个门外汉一直以为鱼竿是用竹子制作的，其实现在人们用的鱼竿，都是用玻璃纤维（fiberglasd）与石墨（graphite）合成材料制作的。它们比竹子更富有弹性与韧性。杨老有一个手杆非常漂亮，如同一件艺术品，四十三年前他花了当时他半个月的工资买的。

杨老用的鱼饵不是传统上人们用的蚯蚓，而是他用煮熟的红薯与面包渣混合在一起加入香料与糖制作而成的。我与陈老戏称他的这个特制鱼饵配方为"杨家将鱼饵"。但他的这个自制鱼饵因为太柔软，挂在鱼钩上时间久了，便会在水里脱落掉。可杨老似乎并不太在意，总是不厌其烦地在鱼钩上挂上新的鱼饵。他对我说，其实鱼饵脱落到水里有其好处，会帮助把附近的鱼吸引过来。有时候他甚至把鱼饵故意扔进湖里的一个固定点。

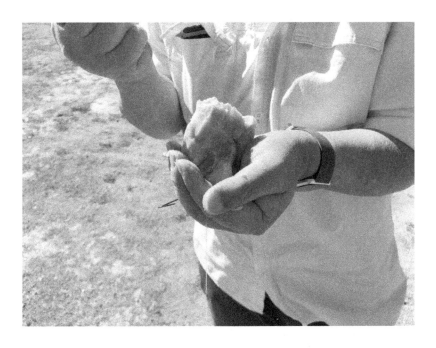

杨老叮嘱我，用手杆钓鱼的关键是眼睛要盯住浮出水面的浮标。他所说的浮标是一个五颜六色的细长小塑料制品。他把这个浮标挂在钓鱼线上，前面留下一段与湖水深度相等的距离，在钓鱼线的线头上缠上一块小铅石，使鱼饵可以沉入水底。这可真是一个技术活儿，因为要使浮标不多、不少，垂直地露出水面二公分左右，他要不断地测水的深、浅度，不停地调整鱼标与挂着铅石和鱼饵的鱼线头的距离。杨老解释说：让鱼饵沉入水底的原因是因为在这个湖里生长的鱼大都是鲤鱼（carp），它们的习性是喜欢贴在水底游荡、寻找猎物。

为了照顾我这个大病号，陈老特地带来了两个折叠小椅子。我把这小椅子放置在靠近湖水的岸边上，坐在上面开始体验我人生第一次钓鱼的乐趣。

一开始我心情有点紧张，双手紧紧握住杨老的那根漂亮的"古董"鱼竿，聚精会神地盯着远方的浮标。但过不了多久我就发现这不是件容易的事儿，因为杨老的这个手杆的长度是四米，加上甩出去的鱼线的长度大约有三米，长时间地盯着七米开外的一个露出水面仅二公分的小小浮标，真是需要有强大的耐心与定力。

大约半小时之后我感到双手开始有点酸溜溜的，于是我试图放松一下肌肉，调整手握鱼竿的姿势与坐在小椅子上的姿势。湖边四周的一切是如此得静谧、安宁，在微风轻柔的吹拂下，湖水发出微弱的潺潺水声。一只白色的鸭子在我们身旁悠闲地游来游去，对我们丝毫不存戒心。在湖中心，一只巨大的长嘴巴鹈鹕展开她的翅膀，时而贴着水面飞翔着寻找猎物。

"看着这水面上的波纹，你会觉得头晕吗？"离我不远的陈老问我。

"是有点晕头转向的。"我望着湖面上泛起的一圈一圈的涟漪，点头表示赞同。湖面上微风轻拂，把这些水波纹慢慢地荡漾开来。长时间凝视着这些富有节奏与规律，充满了动感的涟漪，我感觉仿佛是在听一首催眠曲，又仿佛是在喝一杯香浓的红酒，陶醉晕眩，心旷神怡。我不知不觉地打了一个盹儿。

"上钩了，赶紧拉杆呀！"我被杨老的突然吼叫声惊醒，一时脑袋一片空白、不知所措。这时只见杨老一个箭步地窜到我身边，迅速地从我手里接过鱼竿，把鱼竿向后上方拉起。这时我才发现我注视许久的浮标不见了。

在空中杨老四米长的古董鱼竿呈弧形状，鱼竿的最尖头低垂着，在鱼线落水处有一团急速漩涡，这团漩涡随着杨老的鱼竿逐渐地向湖边移动，不一会儿一条硕大的鲤鱼浮出水面！

杨老对我说："你去把这条鱼从水中拉上来吧。"

我费了九牛二虎之力才把这条活蹦乱跳的大鲤鱼拉出水面。这是一条大约三、四磅重的鲤鱼，它披着一身排列有序的整齐鱼鳞，两只大眼睛似乎泪汪汪、无助地看着我。陈老在一旁担任了新闻记者的角色，为我拍摄了几张手持这条大鲤鱼的照片，留作纪念。杨老把鱼钩从鲤鱼的嘴巴里取出，然后把它放入带来的大冰盒里。这条鲤鱼的生命力极其顽强，在接下来的两个多小时里，一直可以听到它在冰盒里面挣扎的声音。

这是我们这次钓到的唯一的一条鱼。杨老说：其实他看到我的鱼线上的浮标至少下沉了四、五次，也就是说至少有四、五次在我的鱼钩上的鱼饵被鲤鱼吃掉了。但由于我的反应太迟钝，在鲤鱼吃鱼饵的那一霎间没有立即把鱼竿拉起，错失了几次良机。另外他说：他这次用的鱼钩可能太大了，小一点的鱼无法一下子把鱼饵连同鱼钩吞下。看来这钓鱼还真有许多学问呵。

在回家的路上，杨老告诉我，其实每天钓鱼的最佳时间是一清早和傍晚，因为鲤鱼在中午或下午大都不怎么活动，躲在水底睡午觉。如果我感兴趣，他可以找一天傍晚的时候再带我来钓鱼。

写于二〇二〇年，三月八日

第五部　为神歌唱

我要作一棵野黄花

出远门旅游是我这个长年蜗居家中养病的癌症患者从不敢奢望的梦想。因为在过去的八年里，每个星期我都必须去医院接受临床试验治疗。

然而发生了一件出人意外的事儿使这个不敢奢望的梦想成真。去年十月研制临床试验药物的公司宣告破产，借此机会我的主治医生决定给我"放假"，在"假期"中我不需要去医院接受治疗了。

时间过得很快，转眼六个月的"假期"即将结束了。四月初我将去医院做"假期"中的第三次 CT 扫描。如果体内的肿瘤略有增长，我就要重返临床试验室去当"小白鼠"了。

为了尽情享受上帝对我这个末期癌症病人的特别恩典，趁我仍然在"假期"中，我与内子决定出远门旅游一趟。

我们这次远游的目的地是距离我家只有三百五十英里的一个海边小镇 Cambria，如果中途不停车，只需四个小时就可以到达。

出门远游的准备工作不是一件容易的事情。除了在网上预定旅店之外，我还得准备足够的测试血糖用的针、测试条、胰岛素、消化酶等药物。这些都是维持我生命延续每天必需的药品，缺少其中的任何一个，我们就得打道返回，半途中断这次春游。

临走之前我们托付邻居老侯照料后院里的"海、陆、空家庭成员"——鱼池里十几条锦鲤、两只白鸽子、三只非洲鹦鹉、两只狗。当我们开车离开家门，与铁门内的两只爱犬默默挥手道别时心里还真有点依依不舍。

我们的车沿着一号公路北上，远离了喧嚣、吵闹的洛杉矶市区，进入一片人烟稀少的地区。过去虽然我曾经多次驾车来回行驶在这条被人们称之为"黄金海岸线"的一号公路上，但在这次的旅途中，我第一次看到了令我震撼不已的壮观景色。

加州三月的雨水催生了野地里的野黄花，仿佛织成了一幅幅形状不同的金黄色的地毯铺设在绵延起伏的丘陵上。春寒料峭，乍暖还寒，这些野地里的野黄花在寒冷的春风吹拂下微微摇曳，无声地歌唱，这一望无际的宛如金黄色地毯般的野黄花散发出迷人的生机。我不禁赞叹创造天地万物的上帝用神秘的画笔即兴挥洒出这一幅令人神魂颠倒的大自然美图。这些野黄花的生命极为短暂，估计只有一个月左右的时间，便会在南加州雨水短缺的五月天里枯萎、凋谢，但她们在短暂的生命中没有显露出丝毫的忧伤。她们看上去活得如此欢乐、惬意。

我欣赏着美景，触景生情，脑子里想起《圣经》里面的一段经文："野地里的草今天还在，明天就丢进炉里，神还给它们这样的装饰，何况你们呢！所以，不要为明天忧虑，因为明天自有明天的忧虑，一天的难处一天当就够了。"（太7：30，34）

是呵，上帝不正是借着这漫山遍野的野黄花告诫我，不要为"假期"的即将结束而忧虑吗？不管即将到来的CT扫描结果如何，我要作一棵野黄花，尽情地在短暂的人生旅途中为神歌唱。

沿途中我沉浸在这美不胜收的壮观景象中，甚至忘记了手中的相机，没有拍摄下一张照片。幸好在旅游结束返家的路上补拍了几张不尽理想的照片，以作纪念。

在距离目的地还有二十五英里的地方有一个海边小镇 Morro Bay。我们在这里逗留了一会儿。这个小镇曾经是个渔村，村民们以捕鱼为生。我在网上找到一张一八八三年小渔村的原始画面——天然的纯净、宁静。

RANCH, RESIDENCE & CARP LAKE OF JOHN GREENING, NEAR MORRO, SAN LUIS OBISPO CO. CAL.

海边小镇 Morro Bay 现有一万居民，小镇的热门景点是在海面上徒然升起的一个高大的火山岩石。这个大块岩石高出海水平面五百八十英尺，端端正正地坐落在港口的海面上。它仿佛是被《圣经》里的那个大力士——参孙，以他巨大无比的、超人的力量随意扔在这海面上，供陆地上的人们欣赏。

我举起手中的相机拍摄了几张照片留念。其中我最喜欢的一张是镜头捕捉到的一只大海鸥正展开她的长翅，意欲飞离她原来休憩的木栏杆的一瞬间。因为我用的是四千分之一的快门速度，照片中可以清晰地看到她美丽的白色羽毛、优雅的黑色翅膀、鲜黄色的嘴巴以及她那两只还没有完全离开木栏杆的双脚，照片的背景是巍然屹立在水中的巨大火山岩石。

我的另外一张得意之作是在小镇以北的一个海滩上拍摄的。沙滩上两个男子把食物撒向空中，一群海鸥在他们头顶飞舞，盘旋着争夺食物；另一群海鸥在沙滩上观望，背景是波光粼粼的海浪，远方依稀可以看到那个巨大火山石块的身影。人、海鸥、浪涛、天空、沙滩……一副动与静、人与鸟、海与浪、天与地的美妙和谐画面。虽然小镇风景秀丽，但也有一个大煞风景的丑八怪。在这个被媒体称为"太平洋的直布罗陀"海港小镇的中心与海面上升起的大圆石块遥遥相对的陆地上，有一个占地一百零五公顷的废弃发电厂。这个发电厂里竖立着三个四百五十英尺高的烟囱。五十年代初，此发电厂是美国举国上下以发展经济为纲时建造的。但随着人们环保意识的提高，小镇市民们逐渐认识到这个发电厂的厂址显然选错了地方。它的三个高大的烟囱吐出的滚滚黑烟污染了小镇原本清洁、新鲜的空气长达几十年。

虽然两年前发电厂关闭了，但空无一人的废弃厂房仍在。据说拆除这个废弃的发电厂需要三千万美元，小镇政府的年预算只有一千万美元，无力且无钱去拆除这个怪物。

从十里之外就可以看到这三个高大的烟囱，多年来它们竟然成了 Morro Bay 的另外一个景点，一个人们曾经一味地追求工业化，忘记了保护自然环境的败笔。

写于二〇一六年，四月六日

今天我在哭泣

今天我在哭泣
心里突然有个冲动
挥毫落笔
写下了我人生的
第一首诗

今天我在哭泣
在父亲逝世四十周年的日子里

写完一篇思念他的文章
把我对他的爱
凝聚到我的笔墨之中

今天我在哭泣
上午收到医生的邮件
告诉我最近 CT 扫描的结果
分布在我体内不同部位的癌细胞
没有明显的增长

今天我在哭泣
我思念我的故乡
青岛的碧海蓝天，山岩苁秀
嘉峪关路与龙江路上的老宅
还有那故土的亲人

今天我在哭泣
上帝听到了我的心声
给了我一个意外的惊喜
在太平洋彼岸的西海岸上
一所俯瞰蔚蓝海洋的小屋

今天我在哭泣
躺在海边小屋的沙滩上
倾听着海浪涛声
闭眼在酣睡中
感谢上帝恩赐的甜蜜

写于二〇一四年，八月十三日

窗　外

从窗外望去
新种下的芭蕉树活了
顶尖长出了
三支新的绿叶

清晨的阳光
射透芭蕉树的绿叶
把扇形的树叶
变成了耀眼的轻舟

在芭蕉树的身旁
一株粉红色的玫瑰花
微笑着打开她的心扉
尽情地歌唱

从窗外望去
芭蕉树顶的轻舟
和他身旁的玫瑰花
在阳光中互诉衷肠

写于二〇一四年，八月十七日

后　记

　　我从来没有想过用中文写文章，因为我十四岁读完初中一年级那年席卷而来的"文革"风暴就让我失学了。我的中文程度充其量

也不过是一个小学生的水平。我更没有想过把自己的文字以传统文学的纸媒形式出版，因为纸媒出版要涉及财务预算，以及政府机构严格且烦琐的审批手续（如果在中国大陆出版的话），这些都是新媒体网络作者不需要去费神考虑的。

然而近一年来发生了两件事令我改变了对传统纸媒出版的看法。

第一件事是去年我被推荐为《海外文轩》作家协会的终生会员。接到通知后，我受宠若惊，因为我知道《海外文轩》作家协会有规定：申请作为其作协会员必须要有出版的作品，即传统纸媒的个人作品集。而我只是一名网络作者，从来没有出版过一本纸媒作品。由此我想也许现在是我应该出版一本个人作品集的时候了，否则我这个《海外文轩》作家协会的终身会员就徒有虚名，无功受禄了。

第二件事情是最近我的病情开始恶化。在接受了长达十年之久的抗癌药物之后，我的肾功能终于衰竭了，主治医生决定停止对我进行标靶药物治疗。我的第六感告诉我，我在这个世界上剩余的时间不多了。与世界上大部分末期癌症患者相比我是很幸运的，因为他们在很短的时间内就撒手人寰，很难有机会在离开这个世界前把所思所想用文字表达出来。而上帝却给予我这个末期癌症患者充足的时间，去醉墨淋漓地把自己的心灵世界写下来，因此我萌生了以传统纸媒的形式出版这本《与癌共舞十二年》的念头。

汇集在这本书里的文章是六年来我在病榻上写的部分拙文。这些文章涉及许多诸如死亡、生命、信仰等比较严肃的人生主题，其中也有一些涉及儿女情长、北美见闻等轻松、愉悦的生活话题。其实在书店里类似这种话题的书籍举不胜数，但从一个末期癌症患者的视角来书写这些人生主题却并不多见。这些文字是被圣灵感动而喷薄跃然于纸上的，有时候甚至连我本人也惊异其本身蕴含的神秘色彩与力量。

此书能够得以出版，首先要感谢《美国南方出版社》的编辑夏媚女士。虽然我从没有见过夏媚女士，但因我曾在她主编的《海外文轩》《微信》公众号上发表过文章，与她在网上有过联系。当我在《微信》上冒昧地向她提及出版这本书时的意向时，得到这位七〇后天才美女作家的大力支持，她向我提供了许多宝贵的建议。

感谢《境界》的主编刘阳，在百忙之中为此书写的序言。在过去的六年期间，刘阳主编与他的妻子沈颖主编在《境界》杂志上为我开设了《常约瑟专栏》，把我的文章介绍给世界各地的中文读者。几年前他们在美国读书时，还曾经两次去美国 "希望之城" 癌症医疗中心 City of Hope Hospital 去探望当时正在接受临床试验治疗的我，为我祷告。特别令我感动的是刘阳主编在为这本书写序言时，他的妻子刚动过一个脑部大手术。他身兼数职，除了全职事奉之外，他既要照顾两个年幼的孩子，又要照料妻子，但他并没有放弃当初答应为我写序言的承诺。

正当我下决心准备出版此书时，却因为肾功能衰竭被送进了急诊室，后又被当成重病号转入病房接受治疗，原来打算自己校对文稿的计划也因此泡汤了。就在我几乎要放弃的时候，友人利百加女士主动提出愿意为此书提供校对服务。她仿佛是上帝派来的一位天使，在我陷入困境中伸出援助之手，尽善尽美地完成了此书的文字校对。

最后我要衷心地感谢我的读者们，谢谢你们的陪伴、支持与鼓励。《圣经》（提后 4：7）说："那美好的仗我已经打过了，当跑的路我已经跑尽了，所信的道我已经守住了。" 不久我会毫无遗憾地离开这个世界，我把这本纸版的书留下，作为我人生的见证。

常约瑟

写于二〇一九年，三月十四日

美国"希望之城"癌症医疗中心病房 City of Hope Hospital